AF349195

BARBARA SCHERMER

Astrología VIVA

Una guía para la astrología
por la experiencia y las artes sanadoras

EDICIONES OBELISCO

Si este libro le ha interesado y desea que le mantengamos
informado sobre nuestras publicaciones, escríbanos
indicándonos qué temas son de su interés (Astrología,
Autoayuda, Ciencias Ocultas, Artes Marciales, Libros Infantiles,
Naturismo, Espiritualidad, Tradición) y gustosamente le complaceremos.

Puede consultar nuestro catálogo en www.edicionesobelisco.com

Colección Astrología
Astrología viva
Barbara Schermer

1ª edición: septiembre de 2005

Título original: *Astrology Alive*

Traducción: *Verónica d'Ornellas*
Ilustraciones Segunda parte «Planetas y signos»: *Gustave Doré*
Diseño de cubierta: *Enrique Iborra*
Fotocomposición: *Text Gràfic*

Edita: Ediciones Obelisco, S.L.
Pere IV, 78 (edif. Pedro IV) 3.ª planta 5.ª puerta
08005 Barcelona - España Tel. 93 309 85 25 - Fax 93 309 85 23
E-mail: obelisco@edicionesobelisco.com

Depósito legal: B- 32.809-2005
ISBN: 84-9777-224-5

Printed in Spain

Impreso en España en los talleres gráficos
de Romanyà/Valls, S.A. de Capellades (Barcelona)

*A Shellyji y a quienes le precedieron;
a Kriyananda y a quienes vinieron después de él.*

Agradecimientos

No soy una de esas personas que sale corriendo del cine justo cuando aparece la palabra «Fin» en la pantalla. Suelo permanecer en mi asiento mientras se encienden las luces y contemplo el desfile de los créditos, maravillándome ante el número de personas que se necesita para hacer una película. Y ahora, después de escribir *Astrología Viva*, recuerdo maravillada cuánta gente ha hecho falta para realizar este libro. A todos aquellos que me han ayudado ofrezco estos «créditos» y mi más sincera gratitud.

A Shellyji, por compartir su profunda sabiduría yóguica y su humor escorpiano, y por su permanente fe en mí.

A Kriyananda, por enseñarme a sostenerme con mis propios pies.

A mi padre, quien con su suavidad me enseñó lo que era la fortaleza.

A Jeff Jawer, por el apoyo, los ánimos y la inspiración de este colega y amigo.

A Clay Bodine, a Noel Tyl, a Paula Walowitz y a Rick Tarnas, por sus sugerencias para la edición, sus comentarios sensibles y sus sensatos consejos.

A Eileen Campbell, por estar dispuesta a publicar mi primer libro.

A Bobby Skafish y a Dixie Sue Botari, por ayudarme a encontrar la música planetaria apropiada.

A B. J. Johnson, por su magnífica ilustración del sistema de chakras del Kriya Yoga.

A Greg Vlamis, por su conexión cósmica.

A Michael Cox, por sugerirme que escribiera este libro.

A Judith Pynne, por una llamada inesperada que acabó llevándome a la publicación de este libro.

A mis colegas y amigos, Margie Nicholson, Debra Trimmer, Moira Canes, Betsey Means, Susie Cox, Anne Trompeter, Carl Fitzpatrick, Tom Brady, Ramona Lucero, Dan Urban, Randi Wolferding y a mi madre y a mi familia, quienes me animaron, me proporcionaron buenas ideas y, en dos casos, me permitieron contar sus historias personales.

Sobre todo, deseo agradecer a mi marido, Bob Craft, por su constante y cariñoso apoyo a mí y a mi trabajo, especialmente en mis momentos de frustración y duda; por leer y comentar con interés cada capítulo, cada frase y cada palabra del libro.

Introducción

Al principio, la astrología estaba *viva.* La vida, y especialmente ese aspecto de ella al que denominamos *mente*, está formada por pautas recurrentes de relación entre los seres vivos y el mundo circundante.[1] Cuando la humanidad ha ido evolucionando, siempre lo ha hecho en el contexto de la existencia en una esfera giratoria, expuesta cíclicamente al Sol, a la Luna, a los planetas y las estrellas, e interactuando con ellos. Así pues, podemos decir que, ciertamente, los patrones de movimiento celeste son inherentes a la vida, a la mente y a la humanidad. Y cuando hombres y mujeres empezaron a considerar a las estrellas como sus compañeras errantes, la regularidad diversa de los cielos continuó informándoles de las sutilezas de las pautas. Ellos, a su vez, colocaron sobre ellas una plantilla que revelaba las cualidades de la mente emergente.

Inicialmente, la vida humana no estaba separada del resto de la creación. Es probable que las estrellas fueran una parte íntima de la vida cotidiana. Sin embargo, queda muy poca información sobre los primeros intentos de nuestros ancestros de comprender los cielos. ¿Subían a las montañas para situarse más cerca de las estrellas? ¿Apilaban ladrillos o piedras para marcar su rumbo a través de los cielos? Sabemos que lo hacían hace cuatro mil años en la antigua Mesopotamia y, al menos, antes del año 1500 aC. en Stonehenge. ¿Y quién puede decir desde hace cuánto tiempo se alza la Gran Rueda Medicinal, con su precisa alineación astronómica de piedras, en las montañas Bighorn

---

1. Gregory Bateson y Mary Catherine Bateson, *Angels Fear*, Nueva York, Macmilan, 1987, pág. 18.

en Wyoming? En cualquier caso, podemos suponer que en el esplendor de las noches oscuras y silenciosas, mientras contemplaban la bóveda estrellada, los primeros humanos eran transportados, elevados al reino de los dioses. En el primer siglo I dC., el poeta romano Manilius capturó lo que los primeros hombres y mujeres podrían haber sentido:

Esas noches sin Luna, cuando incluso las estrellas de sexta magnitud
encienden sus apretados y relucientes fuegos, comillas de luz
en medio de la oscuridad.
Los resplandecientes templos del cielo brillan con antorchas más
numerosas que las arenas de la orilla del mar, que las flores del prado,
que las ondulaciones del bosque. Si la naturaleza les hubiese dado
multitud de poderes en proporción con su número, el mismo éter
no habría sido capaz de mantener sus propias llamas, y la conflagración
del Olimpo habría consumido al mundo entero.[2]

Y más adelante (hacia 1150 aC.), Ptolomeo escribió: «Mortal como soy, sé que he nacido para el día, pero cuando sigo a la apretada multitud de estrellas en su curso circular, mis pies ya no tocan la Tierra; asciendo hasta el propio Zeus para que me agasaje con ambrosía, el alimento de los dioses».[3] Incluso con el refinamiento de las civilizaciones griega y romana, los seres humanos permanecieron cerca de la Tierra que tenían debajo y de las estrellas que se encontraban arriba. Hombres y mujeres mantenían una relación con el mundo natural, y la contemplación de los cielos era una comunión vital, primordial, que daba significado a sus vidas.

Actualmente, es evidente que hemos perdido contacto con gran parte de esta experiencia primordial. Y la astrología, hija de esta unión de la necesidad contemplativa con la luz de los cielos, corre peligro de perder su vitalidad original al tornarse excesivamente abstracta, teórica y analítica. Los científicos que investigan el cerebro nos han demostrado en los últimos años que no tenemos un cerebro sino dos (aun a riesgo de simplificar en exceso): un he-

---

2. Manilius, *Astronomics*, vol. 5, parafraseado en Franz Cumont, *Astrology and Religion among Greeks and Romans*, Nueva York, Dover, 1960, pág. 79.

3. Ptolomeo, *Antología*, IX, 577, citado en Franz Cumont, *Astrology and Religion among Greeks and Romans*, Nueva York, Dover, 1960, pág. 81.

misferio izquierdo analítico, verbal y racional, y un hemisferio derecho intuitivo, visual y holístico.[4] La forma tradicional de educar a la gente en nuestra cultura ha cultivado y reforzado el cerebro izquierdo, fomentando la abstracción, al tiempo que ignora el desarrollo de nuestro cerebro derecho, imaginativo e intuitivo. Las matemáticas, la ciencia y las habilidades verbales se enseñan a expensas del arte, la música y la expresión creativa. Aunque algunos educadores informados han respondido en reconocimiento a este hecho, sus programas son los primeros en desaparecer cuando se recortan los fondos.

Es importante señalar que muchos de nosotros no aprendemos bien con las palabras o los símbolos abstractos, sino que dependemos de esa parte del cerebro que «pinta cuadros». «Numerosos estudios han confirmado el hecho de que las imágenes que se experimentan vívidamente, las que se ven y se sienten, pueden afectar sustancialmente a las ondas cerebrales, al riego sanguíneo, al ritmo cardíaco, a la temperatura de la piel, a las secreciones gástricas y a las respuestas del sistema inmunológico; de hecho, a toda la fisiología.»[5] Y la investigación continúa señalando el papel fundamental de las imágenes en el aprendizaje.[6] La tiranía de la dominación del cerebro izquierdo ha ido demasiado lejos. ¿Es de extrañar que la mayor parte de los impulsos artísticos de los niños empiece a desaparecer a la edad de nueve años, cuando les han «lavado el cerebro» desde los seis años para que utilicen únicamente su cerebro izquierdo? El actual sistema educativo deja de lado a niños que, por naturaleza, podrían ser pensadores visuales, imaginativos.

El manejo de la enseñanza en la astrología no ha sido distinto. Al principio, la mayoría de nosotros se sentaba delante de un profesor o profesora, memorizando pasivamente los planetas, los signos, las casas y su significado. A continuación, asistíamos a otra clase para aprender a sintetizar dichos planetas, signos y casas dentro de una interpretación con significado. ¿Qué otros medios de aprendizaje tenemos actualmente? Tenemos libros que leer y conferencias a las que asistir. Una vez más, la mayoría de estas últimas están diseñadas con el conocido estilo del cerebro izquierdo: un participante activo

---

4. Sally P. Springer y George Deutsch, *Left Brain, Right Brain* (Edición revisada), Nueva York, Freeman, 1985.

5. Jean Houston, *The Possible Human*, Los Ángeles, Jeremy Tarcher, 1982, pág. 11.

6. *Ibídem*, págs. 134-145.

(el conferenciante) que habla ante un grupo pasivo de veinticinco personas. Y, con demasiada frecuencia, nuestros libros son una seca parodia del mismo formato. Hemos sido educados únicamente para *pensar* sobre astrología, y sigue siendo así. A estas alturas, la conclusión debería ser obvia: para aprender una astrología del cerebro derecho tenemos que utilizar su lenguaje; no uno de palabras, sino de imágenes.

Imagina esto: eres un astrólogo y una clienta te está consultando sobre el tránsito de Neptuno. En lugar de hablar, le muestras una imagen de la ciudad de San Francisco cubierta de niebla para ilustrar su próximo encuentro con dicho planeta. O, estando con un grupo de estudiantes, les entregas lápices de cera y les pides que dibujen «cómo sienten» a Marte cuadratura Urano. Podrías llevarlos con los ojos vendados a dar una vuelta a la manzana para ofrecerles una experiencia directa del aspecto Neptuno cuadratura Mercurio. O, para comunicar mejor la esencia de Plutón, podrías trabajar con ellos en un desparramado *collage* de imágenes del planeta, plagado de magos, líderes mundiales, explosiones atómicas y volcanes en erupción. Yendo todavía más lejos con un grupo, podrías estimular el uso del holístico cerebro derecho haciendo que sus miembros representen sus imágenes internas de Marte: con la ayuda de una energizante música de baile, contactando con el planeta y dándole expresión mediante el movimiento y la danza. (A esta forma de representación de las energías planetarias se le ha adjudicado el término *astrodrama*.) El grupo podría refinar aún más el proceso explorando lo distinta que se siente la energía de Marte en Escorpio o en Tauro, o percibiendo los diferentes tonos de sentimiento entre las expresiones de una conjunción Marte/Júpiter, Marte/Saturno o Marte/Urano.

La música es, quizá, el medio más habitual para comunicarnos con el cerebro derecho. Podemos encontrar la que produce la energía particular de cada planeta. *The Planets* de Holst y la reinterpretación de Tomita son clásicos. El álbum *Deep Breakfast* de Ray Lynch sugiere a Venus/Júpiter y la canción «Icarius» ejecutada por diversos artistas nos hace pensar en una hermosa Venus. La colección *Hearing Solar Winds* de David Hykes y el *Harmonic Choir* evocan a Neptuno y a Plutón.

Incluso sin estas técnicas más expresivas, puedes intensificar la respuesta del cerebro derecho con el uso de imágenes verbales mediante el hábil empleo de metáforas, analogías y cuentos de hadas. Por ejemplo, podrías explicar a

un cliente o a una clase que Neptuno es como «utilizar gafas con la graduación equivocada». O ilustrar un retorno de Saturno como «un pollito saliendo de su cascarón». Milton Erickson, hipnotizador por excelencia, y los
psicoterapeutas de la PNL (programación neurolingüística) han demostrado
que el uso correcto de una metáfora hace algo más que ilustrar: sana.[7] Para
mejorar tus habilidades en esta área, podrías contar la historia de «El príncipe
rana» de los cuentos de Grimm para dar vida a la naturaleza transformadora
de Plutón, o podrías recurrir a la mitología griega y romana en busca de
historias en las cuales los propios arquetipos planetarios son los personajes
principales.

Ciertamente, que los cuentos antiguos expresen arquetipos astrológicos
no es ninguna casualidad, pues la comprensión de que tanto las energías
planetarias como los dioses ejercen una profunda influencia sobre la humanidad (cuando no idéntica) surge de las mismas fuentes de la antigüedad. De
hecho, *Astrología Viva* argumenta que la «nueva» astrología descrita aquí es,
en realidad, la reaparición de una más antigua, proveniente de una época en
la cual las energías arquetípicas eran fácilmente accesibles y profundamente
sentidas. El capítulo 1 ilustra este punto con el mito de Deméter-Perséfone,
que para los griegos fue la base de los «Grandes Misterios» de Eleusis, un
ritual repetido en forma de espectáculo, pompa y reverencia en cada equinoccio de otoño, consecutivamente, ¡durante dos mil años! Cada año, los residentes en Atenas abandonaban la ciudad para realizar el Camino Sagrado de
catorce millas que conducía a Eleusis y participar en este «teatro sagrado» y
sus ritos. Como veremos más adelante, este mito tenía un gran poder dentro
de la cultura griega y en el inconsciente de los griegos. No nos centraremos
únicamente en las tradiciones occidentales, pues la astrología ha florecido en
Oriente durante siglos, a menudo integrada dentro de la tradición espiritual.

Astrología Viva mostrará la relevancia de estos mitos y ritos para un nuevo tipo de práctica astrológica que proporciona un correctivo para la «pro-

---

7 Para Erickson, véase Jay Haley, *Uncommon Therapy*, Nueva York, W. W. Norton,
1973. Milton Erickson y Earnest Rossi, *Hypnotic Realities*, Nueva York, John Wiley e hijos,
1976.

Para Programación Neurolingüística, véase Richard Bandler y John Grinder, *Frogs into
Princes*, Moab, Utah, Real People Press, 1979.

Steve Lankton, *Practical Magic*, Cupertino, California, Meta Publications, 1980.

pensión al cerebro izquierdo» tanto en la astrología como en la cultura en general. Actualmente, en Occidente, pareciera que nuestra mitología se ha empobrecido y debilitado por una adherencia demasiado estricta a la visión científica newtoniano-cartesiana del mundo. Y deberíamos sospechar que, en dicha cultura, la astrología como «institución» se halla también en un estado debilitado. Quienes estamos interesados en la astrología hemos sido arrastrados por las mareas tecnológicas de nuestros tiempos, a menudo para nuestro beneficio (con los nuevos métodos de computación e investigación), pero también para nuestro detrimento. Hemos olvidado que originalmente nuestro encuentro con los cielos era inmediato, directo y estaba vivo. ¿Acaso no estamos hambrientos de un conocimiento más profundo de nosotros mismos y de los demás? ¿No es eso, precisamente, lo que la astrología pretende ofrecer? ¿No nos pone más en contacto con nuestra verdadera naturaleza? Pareciera que, con demasiada frecuencia, nos hemos limitado a dejarnos llevar por nuestra cultura, simplemente *pensando* sobre astrología. ¿Qué tal si empezamos a *sentirla* también?

Con metáforas, música, mitos, prácticas espirituales y expresiones dramáticas y artísticas podemos establecer un contacto más directo con las energías planetarias y, al hacerlo, redescubrir las profundidades de nosotros mismos. Entonces, la astrología empezará a ser no sólo una herramienta para la abstracción y para intelectualizar, sino también un camino de conocimiento de uno mismo y un medio para una comunicación vital, primordial, con lo trascendente. Y esto me conduce hasta el propósito de este libro: la intención de *Astrología Viva* es presentarte y enseñarte lo que se ha denominado «astrología por la experiencia». Se trata de un libro para todos aquellos que estén aburridos de los enfoques tradicionales, que deseen resucitar sus sentimientos de conexión y comunión con los planetas y que estén deseosos de alcanzar niveles más profundos de experiencia. Está diseñado para ser de utilidad a cualquier persona que esté aprendiendo o enseñando astrología, o que forme parte del ámbito del arte o de la psicología y sea versado en el lenguaje astrológico. Si nuestro propósito es acertado, el material será particularmente útil para el creciente número de individuos que están empezando a combinar la astrología con otros campos como la psicología Gestalt, la psicosíntesis, la mitología, las artes y la espiritualidad para producir nuevas formas de sanación.

Considera este libro como una invitación a un banquete en cuya amplia mesa encontrarás el tipo de comida que tienta a los sentidos y que atrae: sabrosas y nutritivas formas de trabajar y jugar para dar vida a la astrología. Cualquier mesa de este tipo necesita un apoyo, por supuesto. Las cuatro «patas» de la nuestra incluyen a tres importantes pensadores y un «movimiento». El primero de ellos es Dane Rudyar, que se esforzó a lo largo de su vida por desarrollar una astrología «humanística». El segundo es Carl Jung, quien (junto con las ideas de la psicología arquetípica del alma inspirada en Jung, desarrollada por James Hillman y continuada por Thomas Moore, entre otros) nos regaló un viaje enormemente fructífero al funcionamiento de la mente humana. Sin sus conceptos de los arquetipos, el Yo y el inconsciente personal y colectivo, difícilmente podríamos tener una manera de hablar de asuntos importantes de la consciencia. El tercer miembro del apoyo es Jacob Moreno y su psicodrama, el cual fue un estímulo directo para el astrodrama, una forma particularmente bien desarrollada de astrología por la experiencia. Y, como detallará el capítulo 3, la cuarta fuente de apoyo es «el movimiento del potencial humano» que llevó la psicología a la cultura popular en la década de los sesenta.

El astrólogo Stephen Arroyo ha señalado un importante obstáculo tanto para los estudiantes como para sus colegas practicantes: la falta de orientación para sintetizar los numerosos elementos dispares de una indagación astrológica.[8] Es difícil encontrar un texto astrológico que consiga explicar la combinación de símbolos en la carta astral. No obstante, la síntesis cede el paso velozmente a métodos de experimentación que enseñan mediante el hacer, y éstos serán ilustrados mediante técnicas recogidas de mis propias experiencias con la representación y el teatro experimentales, la enseñanza, el asesoramiento y sesiones maratonianas de terapia grupal.

Después de una dosis adecuada de antecedentes y teoría, la primera parte de *Astrología Viva* se concentrará en transmitir las técnicas básicas que te ayudarán a aprender a través de la experiencia. Los capítulos posteriores te proporcionarán numerosos ejemplos recogidos de mi propia práctica de la enseñanza de astrología por la experiencia en el mundo entero, incluyendo incursiones

---

8. Stephen Arroyo, *Astrology, Psychology and the Four Elements*, Davis, California, CRCS Publications, 1975, pág. XIII.

en el astrodrama, la sanación con personas y grupos, el trabajo con imágenes y sueños, y la integración de la astrología y la práctica del yoga. La segunda parte presenta y comenta un planeta y el signo o signos que están relacionados significativamente con él. En ella presento numerosos ejercicios detallados para llevar el planeta o el signo a su plena expresión experimental. Además, aporto películas que ilustran a cada signo astrológico, así como selecciones musicales que pueden ser utilizadas para evocar y comprender la energía apropiada. Mi propósito es colocar en tus manos todas las herramientas de la astrología por la experiencia.

Es especialmente importante que permitas que este libro estimule tu sentido de la exploración, la participación, la espontaneidad y la mera diversión. Harvey Cox lo dice bien: «La supervivencia del hombre como especie ha sido puesta en grave peligro por nuestra represión de las facultades humanas de la celebración y la imaginación... El hombre es, por su propia naturaleza, una criatura que no sólo trabaja y piensa, sino que también canta, baila, reza, cuenta historias y celebra. Es un *homo festivus*».[9] Te invito, entonces, a unirte a las festividades. Pero recuerda que nuestro juego puede tener un propósito serio: Plutón está transitando ahora por Sagitario y, con la consecuente agitación en la profundidad de la psique, las personas necesitan cada vez más formas de hacer emerger de las profundidades aquellas fuerzas que inspiran e iluminan. La astrología por la experiencia, tal como se describe aquí, puede servir como herramienta para ello. Te invito a utilizarla sabia y placenteramente.

Nota del editor:

Muchos de los libros citados por la autora han sido publicados en español. Para posibles consultas, véase la bibliografía.

---

9. Harvey Cox, citado en Doris La Chapelle y Janet Bourque, *Earth Festivals*, Silverton, Colorado, Finn Hill Arts, 1976, pág. 63.

Primera parte

Principios y prácticas de la astrología por la experiencia

1

Introducción a la astrología por la experiencia

Una de las verdades de nuestro tiempo es esta ansia profunda en las personas de todo el planeta de relacionarse unas con otras. La consciencia humana está atravesando un umbral tan poderoso como el de la Edad Media al Renacimiento. La gente está hambrienta y sedienta de experiencias que puedan sentir como auténticas en su interior.

MARILYN FERGUSON, *La Conspiración de Acuario*

Primera escena: Un hombre joven con capa roja se acerca a una mujer grande y robusta pavoneándose agresivamente. Ella tiene el cuerpo rígido, los brazos cruzados sobre su pecho, y se mantiene firme. Al fondo resuena el movimiento de Marte de «Los Planetas» de Holst que sale de un altavoz oculto. Como arrastrado a la acción por el frenesí de la música, el joven intenta repetidamente abrirse paso frente a su adversaria. Cuanto más empuja, menos se mueve la mujer. Cuanto más se «calienta» él, más se «enfría» ella. Reprimiendo su frustración, cambia de táctica, intentando seducirla con palabras dulces. «¡Vuelve cuando hayas crecido!», le ordena ella. A medida que la escena progresa, una mirada de reconocimiento destella en los ojos de la mujer. Súbitamente, ella empieza a comprender la parálisis creativa que ha experimentado en su trabajo como artista durante las semanas en que Saturno ha estado en cuadratura con su Marte natal.

Segunda escena: Un grupo de estudiantes de astrología está desparramado sobre un amplio suelo cubierto de periódicos, expresando sensualmente, con pintura de dedos, sobre cartulina la energía y el carácter del planeta Júpiter. Con las manos azules y pegajosas, giran y dan vueltas con una serie de grandiosos movimientos dramáticos. Obviamente, ¡se están divirtiendo muchísimo!

Tercera escena: Sentada en el centro de un círculo (su carta astral), una mujer joven está rodeada de los rostros ilusionados de diez «planetas», posicionados tal como aparecían en el momento en que ella nació. Uno a uno, se van presentando. Comenzando por la primera casa, su Luna está en Cáncer. Acurrucada a los pies de la mujer, arrulla: «Soy tu Luna en Cáncer. Soy tímida y tranquila. Me gusta retirarme del mundo para nutrirme. Me *encantan* los baños de hierbas, pasear con mi pareja y abrazar a mi gato». Cada planeta, después de completar su introducción, empieza a interactuar con los demás de acuerdo con los aspectos en la carta de la mujer. La Luna entra en el círculo junto con su Plutón en Escorpio. (Su Luna está en trígono con Plutón). Respondiendo a la influencia de Plutón, la Luna se mueve de una forma más sensual, con más gracia y pasión. Entonces llega la repentina interrupción de un beligerante Marte en Aries. (La Luna de la mujer está en cuadratura con Marte.) Mofándose de la Luna, ruge: «¡No seas tan pusilánime! Por tu inseguridad y tu necesidad de gustar, siempre estás dando. ¿A quién le importa si gustas? ¡A mí no me importa!». La carta de la muchacha se despliega ante sus ojos, trayendo consigo los sentimientos que cada combinación de los aspectos produce en su inconsciente. Cuando su horóscopo vivo finaliza, ella está profundamente afectada, hechizada por su drama personal único.

Cuarta escena: En un gimnasio convertido en un teatro de escenario central, rodeado de una extensión de ventanas de cristal, la Luna llena se eleva en el cielo nocturno. En el jardín del exterior, una procesión de diez «planetas» (actores disfrazados) se aproxima. Aunque muchas de las personas del público no saben nada de astrología, cada planeta, desde el Sol hasta Plutón, enseña, entretiene, y empuja al observador a un reconocimiento y una comprensión de su función psíquica interior.

Quinta escena: Teniendo como objetivo aprender acerca de los cuatro elementos, tus alumnos y tú habéis realizado un viaje nocturno al bosque.

Para comunicarse con la Tierra, el grupo se sienta en el suelo, medita e imagina la fuerza de la Tierra fluyendo desde abajo y entrando en cada uno de sus cuerpos inmóviles. Para experimentar el Aire, todos suben hasta la cima de una colina donde corre la brisa y respiran profundamente aspirando a fondo el viento. Para encontraros con el Fuego, os dispersáis para buscar ramas y leña para encender una fogata rugiente. Para experimentar el Agua, seguís un sendero hasta una fuente termal y relajáis vuestros cansados músculos mientras la Luna os da la bienvenida por el este.

Sexta escena: Una mujer joven contempla el círculo de imágenes y símbolos caleidoscópicamente coloreados sobre el papel que está delante de ella: un «mandala natal» de su horóscopo. Ella ha dedicado las últimas dos horas a un proceso artístico y de reflexión para crear esta vívida y rica representación de su psique.

Séptima escena: Un joven serio, sentado en el centro de su propia carta natal, profundamente meditativo, la espalda recta, sintoniza con las energías psíquicas planetarias que hay en su interior. Sabe que llegará un tránsito de Saturno en oposición a su Sol y está a punto de realizar un ritual que ha creado para ayudar a suavizar y neutralizar este desequilibrio.

Cada uno de los esbozos de arriba es un ejemplo de una aproximación contemporánea a la astrología que quizá sea nueva para ti: el campo de la astrología por la experiencia. Estas innovaciones en la antigua disciplina muestran una gran promesa al añadir impacto, profundidad y significado a su ya extenso repertorio. La principal característica que define a la astrología por la experiencia es que sus métodos ofrecen una participación directa de las energías vitales simbolizadas por el horóscopo. Al extraer la carta astrológica del papel y llevarla al movimiento, al arte, al teatro y a la danza, no sólo permitimos la participación del intelecto, sino también la implicación de los sentidos y las emociones. Aunque sus métodos pueden estudiarse, la astrología por la experiencia es, esencialmente, ¡una aventura que debe vivirse!

Mis propias aventuras personales se iniciaron en 1979, cuando enseñaba astrología elemental. Estábamos hablando de Saturno y su correspondencia con la vejez. Atrapada por el deseo de transmitir mi mensaje, dejé de hablar y empecé a caminar hacia atrás y hacia delante ante la clase. Comencé como una alegre jovencita de paso ágil y, lentamente, dejé que mi modo de andar y mi porte se transformaran avanzando hacia la edad madura: un poco más contenido, más inclinado hacia delante, albergando algún nuevo dolor de espalda. Luego, más fatigada por el paso del tiempo, me arrastré y me tambaleé, hasta que, convertida en una vieja, caí al suelo, claramente muerta. Los efectos de esta representación de dos minutos de duración fueron palpables. En mi intento de comunicar un símbolo planetario, había visualizado mi propia muerte y la había actuado, lo cual me permitió probar la «píldora amarga» de Saturno. Y la discusión con mis alumnos que surgió después de un profundo silencio reveló que su encuentro con este planeta también había sido real.

Varios meses más tarde, mientras ojeaba una revista, vi la fotografía de un volcán en erupción. Ahí estaba Plutón, ¡más claro ahora en mi mente que lo que cualquier descripción verbal podría conseguir! Así, inspirada por el reconocimiento de que las imágenes pueden enseñar principios astrológicos, pasé una semana revisando una pila de revistas viejas, creando *collages* de imágenes y fotos para cada uno de los diez planetas. Coloqué delante de mi nuevo grupo de alumnos el «tablero de imágenes» de Mercurio que había creado. Sin tener un conocimiento previo del planeta, ¡*me explicaron* lo que significaba!

Con estas ideas llegaron métodos de enseñanza que aportaron a mis clases un nivel de interés, energía y comunicación que había percibido sólo fugazmente en mi experiencia como profesora y como estudiante en la forma tradicional. Debido a que mis clases fomentaban la espontaneidad y el juego, los alumnos se relajaban más y les resultaba más fácil ser ellos mismos. Se sentían más inclinados a «contar sus historias» y a compartir sus reflexiones con los demás. Esto creaba un ambiente de creciente participación grupal, comunicación profunda e intimidad. .

Poco tiempo después leí en *Astrology Now* un artículo de Jeff Jawer sobre el astrodrama y el trabajo que estaba realizando en Atlanta.[1] En «Living the Drama of the Horoscope», Jeff describía sus primeras experiencias con la representación de los aspectos individuales en el horóscopo, tanto para la enseñanza como para el asesoramiento. Citaba como influencias en su práctica el trabajo de J. L. Moreno con el psicodrama y el de Dane Rudhyar. Este

---

1. Jeff Jawer, «Living the Drama of the Horoscope», *Astrology Now*, vol. 22, 1979, págs. 12-15, 55-58.

artículo me aportó una inspiración renovada y multitud de ideas para probar. Confirmó mi propio sentimiento de entusiasmo ante el potencial de una «astrología interactiva»; entusiasmo que compartimos, entonces y ahora, a lo largo de quince años de invención y descubrimiento.

De 1982 a 1984, convoqué una serie de extensos talleres en Chicago, en los cuales, durante una semana, representamos las cartas natales de al menos dos participantes al estilo del astrodrama. En un grupo particularmente emocionante había dos hombres altos, fuertes y guapos, uno de rasgos morenos y el otro más claros, que además eran excelentes bailarines. En lugar de usar sus voces para representar sus papeles (normalmente el Sol, Marte o Júpiter), ¡bailaban expresando la energía de sus cuerpos! Recuerdo que un día, mientras calentábamos para nuestros personajes de Marte con *Birds of Paradise* de John McLaughlin como música de fondo, estos dos hombres explosionaron en la habitación, corriendo uno hacia otro con grandes saltos desde los extremos opuestos. Eran tan marcianos, ¡que el resto de nosotros tuvimos que correr para esquivarlos! Habíamos descubierto otra manera de representar a los planetas: *¡bailándolos!*

Teatro planetario

En octubre de 1984 nos llegó la oportunidad de probar todas estas nuevas herramientas para la astrología. Durante dicho mes tuvo lugar el congreso «Nuevo Centro de la Luna», una extraordinaria combinación de astrología por la experiencia y teatro público que las aproximadamente doscientas personas que fuimos a Santa Fe todavía recordamos con cariño. El evento, organizado por Tom Brady, un astrólogo del lugar, fue representado teniendo como telón de foro el tránsito del Sol/Mercurio/Plutón en conjunción con Libra/Escorpio en sextil con Neptuno en Sagitario. Tom reunió un grupo de actores único para crear y participar en un teatro astrológico en el exterior, abierto tanto a los participantes en la conferencia como a los habitantes de Santa Fe. Este «Teatro de la Memoria Planetaria» fue construido en Cathedral Park, una espaciosa plaza que se encuentra junto a una antigua y majestuosa iglesia española. La parte central era un planetario inflable de bóveda negra con las paredes interiores decoradas con un mapa luminoso del cinturón zodiacal y otras constelaciones. Alrededor de la bóveda central había diez «habitaciones planetarias» y cada una de ellas creaba la experiencia de un determinado planeta, completada con iluminación, música e imágenes. Éstas cobraban vida con la ayuda de un creativo productor de videos, de técnicos de luces y de una dotación de carpinteros. En la habitación rojiza de Marte, por ejemplo, un soldado Boina Verde con uniforme de batalla permanecía de pie, en un silencio vigilante, transmitiendo fortaleza y un suave matiz de amenaza. ¡Ahí estaba Marte encarnado!

Cuando uno se acercaba a los jardines, pasaba debajo de un enorme cartel luminoso que ponía «Teatro de la Memoria Planetaria» y entraba en un espacio definido por doce signos del zodíaco de neón colgados en lo alto de los árboles. Al entrar en la habitación de Mercurio, la primera parada en el *tour* planetario, cada visitante proporcionaba los datos necesarios de su nacimiento, los cuales eran introducidos en un ordenador que calculaba su carta astral y la transmitía a un monitor que se encontraba en la bóveda estrellada.

Dentro, diez actores vestidos con sus trajes planetarios tenían menos de tres minutos para encontrar los aspectos clave de cada visitante, hablar de cómo podrían representarse y correr a colocarse en las posiciones que ocupaban los planetas en la carta natal. Sabiendo que yo tenía experiencia con el astrodrama y el trabajo experimental, Tom me había invitado a ser la directora teatral. Mi trabajo consistía en moldear a los diez actores planetarios convirtiéndolos en una *trouppe* eficaz, y en dirigir sus actuaciones. Únicamente dos de ellos tenían una formación teatral o habían actuado con anterioridad.

Cuando los actores estaban listos, nuestra «psicopompa», el payaso «*Wavy Gravy*», que se hizo famoso en el festival musical de Woodstock, conducía al expectante sujeto hasta el interior de la oscurecida bóveda celeste para que tomara asiento en el centro, en una elevada butaca de director. Mientras aparecían las luces, el visitante se encontraba con el espectáculo de su propia vida interior, dinámicamente representada. Los actores planetarios, completamente disfrazados, con maquillaje y accesorios, representaban las luchas y cooperaciones planetarias de la carta natal de la persona. En apenas tres minutos, el grupo era capaz de representar una serie de breves estampas, moviéndose rápidamente de un contacto natal a otro. Con la revelación de su naturaleza interior, deleitaban a los participantes y los conmovían hasta las lágrimas. Al no haber conocido de antemano el poder del astrodrama, muchos de ellos partían con una expresión de absoluto asombro.

Si el efecto del encuentro era tan grande para los visitantes, puedes imaginar el impacto que tenía en quienes habían creado el astrodrama. En las dos noches que funcionó el teatro, los actores bien pudimos realizar más de cien representaciones de cartas astrales. Cada uno de nosotros interpretaba una sola energía planetaria, pasando por los doce signos y en todas las relaciones aspectuales posibles. A mitad de la actuación ya estábamos prácticamente *zumbando* con nuestras energías planetarias y, aunque en ocasiones las limitaciones de tiempo eran un poco estresantes, nos sentíamos vigorizados, mas no abrumados. Mucho después de que el teatro hubiese cerrado por la noche, la energía de los actores parecía continuar dando botes en torno a la bóveda, y nos quedábamos hasta mucho después de la representación, reviviendo nuestras experiencias con una astrología que pocas personas habían encontrado con anterioridad. El impacto de nuestro experimento con el astrodrama se extendió también por los congresos y nosotros, los actores, de incógnito sin nuestros disfraces, oíamos muchas conversaciones en las que se elogiaban nuestros esfuerzos. Y es posible que ésta y otras presentaciones de Astrología por la experiencia hayan tenido un efecto incluso más extenso. Lentamente, estamos empezando a ver que muchas de nuestras conferencias incluyen alguna forma de teatro o actuación, así como talleres con métodos experimentales.

El fin de semana de conferencias resultó ser especialmente importante para mí por otra razón. En un momento dado, Tom Brady mencionó de una forma casual algo que iba a impulsarme hacia una investigación que, hasta cierto punto, iba a culminar en este libro. Mientras investigaba en la biblioteca de la Universidad de Nuevo México, Tom encontró una muestra de los primeros escritos órficos griegos con una enigmática referencia a que «los horóscopos se danzaban». Esta idea cautivó mi imaginación de tal modo que inicié una extensa investigación sobre los orígenes del teatro sagrado griego y las escuelas de misterio grecorromanas. Extrañamente, la referencia en sí misma ha continuado siendo un misterio: ni Tom ni yo hemos conseguido encontrar la cita. Finalmente, hube de pasar un mes en Grecia en una serie de lugares sagrados. Aunque Delfos, Epidauro y Delos tenían su magia, lo que más me atrajo fue el teatro sagrado y los ritos y ceremonias de sanación de Eleusis.

Los antiguos misterios

Estuve en Eleusis en el equinoccio de otoño de 1985, en el mismo día en que, varios siglos antes, se llevaba a cabo la celebración anual de los «Grandes Misterios» en honor a la Gran Madre. Pasé largos días a solas, visualizando, meditando y «entrando en el sentimiento» de lo que sabemos y lo que debemos imaginar de aquellos eventos sagrados. Desde el espectáculo de la caminata procesional de veintiséis kilómetros por el Camino Sagrado hasta la danza ritual en el manantial de Kallichoron, los participantes en los misterios bailaban en las ceremonias de iniciación y veían la reconstrucción del mito de Deméter y Perséfone en la Dromena. Había estado absorta en el estudio de los libros de los expertos en Eleusis y ahora caminaba por los jardines una y otra vez, esperando que mi alma vislumbrara las danzas sagradas. Medité delante de la cueva de Plutón, el Plutonion, y realicé mi propio ritual privado. Desde la colina con vistas a la ciudad, observé los contornos ruinosos del recinto sagrado intentando colocar de nuevo mentalmente columna sobre frontón, poner el conocimiento por encima de la intuición, hasta que finalmente creo que fui capaz de captar la esencia del lugar. Eleusis y su ritual sanador de base mitológica hace tiempo que murieron. Sin embargo, en ese día, fui capaz de imaginar que los arquetipos míticos estaban siendo convocados una vez más. Esto es lo que vi, oí y sentí...

Eleusis, equinoccio de otoño, Boedromion 20 (530 aC.)

Soñé, bailé, por lo que puedo recordar. Para ello, sólo necesitaba estar a solas entre las pequeñas criaturas de montaña que había alrededor de mi ciudad natal, Mandra. Las flores y los pájaros eran mi público. La elevada pradera donde cuidaba de las ovejas de mi padre era mi escenario. Yo tenía diez años cuando mi madre y mi padre me llevaron montaña abajo, hacia el sur, para asistir al gran festival en Eleusis. Nunca lo olvidaré. Por primera vez, vi que el gozo secreto que sentía al bailar era compartido por otras personas. Recuerdo que apenas podía quedarme sentada mientras observaba la danza en honor a la Diosa del Maíz. Mi corazón latía con fuerza. Aunque no entendía mucho acerca del significado secreto de lo que veía, mi alma se encendió con la magia del festival.

Y esta noche, cinco años más tarde, debido a mi sueño, bailo por primera vez en honor a la Diosa Deméter. Incluso su nombre nos enseña algo: «De», es «la letra de la vulva», la *delta*, el triángulo de la trinidad femenina de virgen, madre y anciana. He trabajado duro durante todo el año para absorber sus enseñanzas, para prepararme para este momento, instruida por las sacerdotisas que exigen que las bailarinas conserven las tradiciones con detalle y precisión. Hay cientos de movimientos de danza que aprender.[2] Los errores le restan poder a nuestro ritual. La danza está sumamente estructurada y nos transporta mientras serpenteamos a través del tránsito de la vida a la muerte y de vuelta a la vida otra vez.

Ayer Iacchos condujo la larga procesión desde Atenas. Mis hermanas y yo, con miles de otros ciudadanos, escoltamos a la estatua sagrada de nuestra Gran Madre hasta los jardines del templo, el lugar santificado por la propia Diosa. Durante la procesión, cantamos la antigua canción de llamada:

> Ven, levántate, del sueño despertando,
> ven, las feroces antorchas agitando,
> ¡oh Iacchos, oh Iacchos!
> Estrella matinal que brilla por las noches,
> el prado está resplandeciente,
> la edad olvida sus años y sus tristezas,
> rodillas envejecidas curvadas de alegría,
> eleva tus centelleantes antorchas por encima de nosotros,
> dirige a todo el inocente séquito,
> condúcenos, muéstranos el camino que tenemos por delante.[3]

Esta noche es la sexta del festival y la primera de la danza del templo y de la Dromena, la representación sagrada. Ahora debo irme. Comienza la danza.

Junto con otras cien bailarinas, paso a través de la gran piedra del Arco del Triunfo, que lleva la inscripción que pronto conoceré como una verdad: «Únicamente quienes bailan los Misterios conocen los Misterios».[4] Entramos en el nuevo patio oriental del templo, construido sobre las ruinas antiguas sobre las cuales otros, como nosotras, bailaron durante casi mil años. En el exterior puedo ver una multitud de personas sentada en las inclinadas terrazas orientales que

---

2. Jamake Highwater cita los «95.140 movimientos corporales combinados que han sido laboriosamente calculados» para la antigua danza griega en su *Dance: Rituals of Experience*, Metheun, Toronto, 1985, pág. 42.

3. Aristófanes, *Las Ranas*, versos 340-350, trad. B. B. Rogers, citado en Mylonas, *Eleusis and the Eleusinian Mysteries*, Princeton University Press, Princeton NJ, 1961, págs. 254-255.

4. Luciano, sobre la danza, 15, citado en S. Angus, *The Mystery Religions*, pág. 90.

hay alrededor del patio, mirando hacia el altar de la Diosa, que se encuentra en la esquina sudoeste de la plaza. Siento que una suave brisa proveniente del mar me lleva con maña hacia mi sitio en el manantial de Kallichoron, el «Manantial de las Bellas Danzas». Me coloco en mi lugar. Observo mis pies descalzos. Estoy emocionada y, al mismo tiempo, asustada. Tengo la boca seca. Siento que mi corazón empieza a latir a un ritmo más acelerado. Mantengo la mirada en los pies, respiro profundamente y empiezo con las demás.

Lentamente, suavemente, nos movemos con pasos medidos, estableciendo un ritmo que adormece la percepción. Nos tomamos el tiempo necesario para establecer el diseño, serpenteando, entrando y saliendo del laberinto. Sigo el ritmo de los tambores con mis pies.

Entrar y salir. Entrar y salir. Repetir. Repetir. Repetir. No hay ninguna parte de mí que no sea parte de la Diosa. «Muévete más profundamente. Utiliza tu conocimiento del ritual.»

Doy cada paso con amorosa atención, sin forzar, sino avanzando suavemente más allá de mis límites, de mi cansancio, paso a paso, entrando en un lugar de quietud. «Recibe el poder de la danza.» Un paso. Otro paso. Otro paso. Mi corazón late al ritmo de los tambores y de mis pies. Éstos, al no estar trabados ya por el miedo, bailan como el sonido de una lluvia constante, sintiendo que han dado estos pasos mil veces con anterioridad.

Ya no hay solamente cien cuerpos girando en la danza. Ahora puedo ver y sentir muchas más formas dando vueltas y vueltas, comunicándose con Ella, honrándola. Las sombras de mis ancestros están bailando con nosotras en el círculo.

Mis pies se mueven con rapidez como peces en aguas agitadas, mi cuerpo es el ritmo, el círculo, la danza. Respiro al compás de mis movimientos, dentro y fuera, dentro y fuera, mientras giro intensamente entrando en el círculo y saliendo de él, y cada repetición del diseño sagrado me hace entrar en un trance cada vez más profundo. Fuera de mí, como el propio ciclo de la naturaleza, de los viejos inviernos surge una infinita sucesión de nuevas primaveras.

Mis ojos se empañan mientras los cierro y luego los abro de par en par, sin saber qué es lo que veo en esta envolvente niebla plateada. Cobro vida en el sueño que tuve la primavera pasada, ¡viviendo la visión que me trajo hasta este momento! Estoy girando con torrentes de luces en movimiento, que dan vueltas y vueltas en círculos, y estoy siendo atraída hacia un pozo antiguo y tenebroso. El oscuro abismo me da miedo, pero no puedo evitar ser succionada hacia su centro, ser empujada y atraída cada vez más hacia su boca abierta.

Busco en mi interior y siento mi poder. Con la presión de las fuerzas giratorias contra mis piernas, soy capaz de permanecer de pie frente al abismo. Puesto que ya no temo ser arrastrada, mis pies se mantienen firmes. Sigo con la mirada el torrente de rayos de Luna que penetran en el cielo nocturno y veo que la Luna llena ha alcanzado elegantemente su punto más alto. Dejo que su tenue luz me bañe. Ella fluye hacia mi interior, a través de mí. Siento que sus suaves pero fuertes «brazos-alma» llegan a mí, me abrazan y me transforman. Mientras ella ilumina mi rostro y mi cuerpo, una sombra danza conmigo. Tomadas de la mano, nos detenemos, nos decidimos, ¡y saltamos al abismo!

Alcanzo mi centro; Ella está en mi interior; la sólida sustancia de la Tierra está dentro de mí. Constante. Permanente. Me fusiono con la antigua raíz espiritual femenina, aceptando un linaje de millones de años de antigüedad, que se remonta a nuestros antepasados que vivieron el primer principio de la armonía. Bebo de Su fuerza y adquiero poder. Bebo de Su sanación y estoy entera. La respiración continua y eterna de la Gran Madre resuena en mis oídos.

Siento cómo cae mi cabello delante de mis ojos mientras giro. Siento que las lágrimas se secan sobre mis mejillas. La Luna, ahí arriba, me deja boquiabierta. La Diosa está presente. ¡La Diosa está aquí!

Oigo el débil gemido de una mujer en la distancia. Las otras bailarinas también La oyen y, unidas, avanzan en dirección a Sus gritos, en la «Piedra Triste», junto al camino Sagrado. Comienza la Dromena en sí misma. Deméter, nuestra Madre Tierra, acaba de descubrir que su hija Perséfone ha sido secuestrada por Plutón, Señor del Inframundo. Consumido por la pasión, ha hecho pasar a la muchacha por las Puertas del Infierno para convertirla en su Reina. Deméter gime de dolor por la pérdida de su hija. Me doy cuenta de que yo también estoy llorando. Veo una imagen, grabada permanentemente en mi memoria, que pasa por mi mente: es el día en que mi padre murió el invierno pasado. Lo veo dando su último aliento, el escalofrío de su muerte. Me siento impotente; deseo hacerme con su fuerza vital y devolvérsela. Lloro. Ella llora. Miles de personas lloran. Me enfurezco con la Diosa, rabiando arriba y abajo, agitada, con el cuerpo bañado en sudor. Viajo a la fría oscuridad, enfrentándome a mi miedo, a mi terror, estremeciéndome y temblando. Caigo, absolutamente exhausta por haber vivido esta catarsis mística.

¡Siento una ligera sacudida! Un sentimiento de éxtasis sube por mi columna vertebral y avanza en una oleada hacia mi cabeza. Miro hacia arriba. Vuelvo a mirar, con mis ojos cansados casi hasta la ceguera. Veo la bruma y, en su interior, la Visión. Veo el Retorno. Vuelvo a sentir una ligera sacudida y luego soy transportada, elevada hasta una región de luz pura, un lugar de un brillo celestial, bañada por los sonidos amorosos de las voces sagradas y rodeada por la danza de la Diosa. Paseo libremente en este alegre reino, en comunión Conmigo misma... con Ella y con Todo Lo Que Es, fusionada con el ritmo cósmico. No puedo decirte lo que realmente vi. Han colocado un sello sagrado sobre mis labios. ¡No debo decir más!

Innumerables labios permanecieron sellados, de modo que la revelación que sostuvo a una multitud de iniciados se perdió para siempre con la muerte del último. Así, un velo descendió sobre Eleusis. La fuente de Kallichoron se secó.

¿Qué se hacía exactamente en Eleusis para crear un efecto tan poderoso? No lo sabemos. Lo que sí sabemos es que los ritos provocaban una experiencia del ciclo de muerte-Renacimiento, estimulando una comprensión más profunda del significado esotérico espiritual de este evento humano colectivo. Temístocles, inspirándose en Plutarco, un iniciado en los Misterios, escribió: «El alma (en el momento de la muerte) tiene la misma experiencia que quienes están siendo iniciados en los Grandes Misterios».[5] Y Píndaro escribió: «Feliz es aquel que, habiendo contemplado estos ritos, va por debajo de la ahuecada Tierra, pues él conoce el final de la vida y conoce su inicio creado por Dios».[6] George Mylonas concluye su libro sobre Eleusis diciendo que, cualquiera que fuese la sustancia de los Misterios, sigue siendo un hecho que los ritos de Eleusis satisfacían las ansias más sinceras y los más profundos anhelos del corazón humano.[7]

El ritual que se llevaba a cabo en Eleusis creaba un clima extático en el cual se liberaban las discordias y las tensiones psíquicas. El miedo se convertía en alegría y los participantes experimentaban una poderosa catarsis sanadora. La acción de elevación siempre incluía una actividad física intensa y repetitiva para provocar la receptividad adecuada. Después de horas y horas salmodiando, cantando, bailando, tocando los tambores y produciendo ritmos musicales, los participantes eran transportados fuera de la consciencia cotidiana y se abrían a reinos más sutiles. Las danzas eran precedidas por días de purificación, de ayuno y muy pocas horas de sueño, durante los cuales todos caminaban en procesión con cientos de almas animadas por los mismos sentimientos. Había un despliegue de magníficos trajes ceremoniales y símbolos sagrados, y se pronunciaban palabras y fórmulas sagradas. El im-

---

5. Temístocles, preservado en *Stobaios, IV,* pág. 107, (Meineke), citado en Mylonas, *Eleusis and the Eleusinian Mysteries*, págs. 264-265.

6. Píndaro. *Fragm.* 102 (Oxford) citado en Mylonas, *Eleusis and the Eleusinian Mysteries*, 1961, pág. 285.

7. George E. Mylonas, *Eleusis and the Eleusinian Mysteries*, Princeton NJ, Princeton University Press, 1961, pág. 284.

32

pacto de toda la experiencia alcanzaba su cumbre en un momento mágico en el cual el inspirado participante tenía una experiencia directa de las fuerzas cósmicas. Con una *participación* así, se producía una comunión divina y la persona dejaba de ser una observadora del cosmos para convertirse en una parte activa, dinámica, de él. Devenía un cocreador del drama cósmico.

La astrología y los dioses

Los ritos de Eleusis representaban la experiencia muerte-Renacimiento que los astrólogos reconocen como el proceso del arquetipo de Plutón en la psique individual. Los arquetipos y mitos astrológicos de los dioses y las diosas se inspiran en las mismas fuentes. La mitología contiene las manifestaciones particulares de los arquetipos en sus distintos patrones. La astrología incorpora diez de estos arquetipos esenciales básicos (y muchos más) a un lenguaje para su comprensión.

Está particularmente claro, al menos para la cultura occidental, que las mismas fuerzas culturales e históricas que produjeron los mitos de los dioses y las diosas hicieron la forja con la que se formó la astrología. Los dioses de los griegos (Urano, Cronos, Plutón, Poseidón, Hermes y Afrodita) eran la encarnación de las diversas cualidades psíquicas de las fuerzas planetarias a las que ahora llamamos por sus nombres romanos (Urano, Saturno, Plutón, Neptuno, Mercurio y Venus). Así pues, Saturno, que puede indicar muerte y destrucción en el horóscopo, es el mismo poder representado por Cronos, el cual devoró a sus hijos y quien, bajo el disfraz del Tiempo, podría decirse que destruye cualquier cosa que haya sido traída a la existencia.

El hecho de unirse en un acontecimiento ritual y representar un mito que resonaba con una verdad que estaba más allá de las fronteras culturales proporcionaba a los fieles eleusinos una experiencia cumbre de comunión cósmica. Si los arquetipos astrológicos surgen de los mismos reinos profundos e inconscientes de la mente como dioses y diosas, entonces dar vida a los símbolos astrológicos debería proporcionar el mismo tipo de comunión. Si, por ejemplo, aprendemos a expresar activamente nuestro Plutón, dándole vida conscientemente, entonces ya no negamos o reprimimos su poder, y así podemos evitar las acostumbradas explosiones de emoción o conflicto que caracterizan a este planeta. Al encarnar la verdad simbólica de este planeta aprendemos a utilizar a nuestro propio Plutón de una forma más consciente: penetrando en su poder, transformándolo y asimilándolo.

Con esto no quiero decir que los astrólogos deban pasar dos días bailando y ayunando para llegar a conocer un arquetipo planetario, aunque este nivel de intensidad podría ser una experiencia apropiada para algunos de ellos. Lo que *sí* estoy sugiriendo es que, como hacían los antiguos, demos un paso más allá de las fronteras de la observación y el pensamiento y utilicemos la experiencia directa para entender nuestras propias fuerzas planetarias internas. Cuando lo haces, dejas de ver a los planetas como imágenes mentales aisladas y empiezas a experimentar los ritmos vitales de sus interacciones, las cuales revelan sentimientos subconscientes más profundos y aspectos del ser que no habían sido expresados anteriormente. El horóscopo deja de ser, entonces, una colección de datos estática, en blanco y negro, unidimensional, con símbolos y signos inanimados, y se convierte en un campo en movimiento de acción planetaria: ¡vibrante, interactivo y vivo!

2

Las raíces antiguas: nada nuevo bajo el Sol

Nunca podrás llegar a los límites del alma, no importa cuántos caminos hayas recorrido, tan profundo es su misterio.

HERÁCLITO

He llegado a comprender que gran parte de lo que en la formulación de este libro parecía nuevo ya se había anticipado, hace unos quinientos años, en la obra del filósofo renacentista Marsilio Ficino. A continuación, presentaré a Ficino y su método, y luego describiré la relevancia de su pensamiento y experiencia para el tema que nos ocupa. A lo largo del camino fortaleceré la relación entre la astrología por la experiencia y el pensamiento junguiano y, especialmente, las ideas postjunguianas de James Hillman y Thomas Moore. Por último, intentaré ofrecer un entendimiento del gran esfuerzo de colaboración de Ficino con Botticelli en la producción de *La Primavera*, probablemente la pintura más estudiada y la más hermosa de todos los tiempos. Puedes llegar a la misma conclusión que yo: que Marsilio Ficino fue el Primer Astrólogo por la Experiencia.

El Primer Astrólogo por la Experiencia

Marsilio Ficino fue un auténtico «Hombre del Renacimiento». Fue el principal traductor de Platón, así como de los textos filosóficos y mágicos atribuidos a Hermes Trismegisto, y el primer director de la Academia Platónica, establecida por su protector, Lorenzo de Medici. De un talento prodigioso, fue teólogo y clérigo cristiano, mago hermético, médico y psicoterapeuta, músico y astrólogo. El eminente sabio renacentista, Eugenio Garin, subraya la importancia de esta persona: «Después de Ficino, no hay escrito o pensamiento en el cual no pueda hallarse un rastro directo o indirecto de su actividad».[1] Ficino nació cerca de Florencia, en Figlini Valdarno, el 19 de octubre de 1433, a las 12:40, hora media de Greenwich.[2] Vivió entrando y saliendo de Florencia hasta el día de su muerte, el 1 de octubre de 1499.[3] Y fue en esa misma ciudad, centro rico y tumultuoso del Renacimiento italiano, donde desarrolló una notable «terapia del alma» que incluía ideas platónicas, astrología, psicología, magia hermética, imaginación, contemplación, arte y música.

En sus diversas búsquedas, Ficino reservó un lugar especial para el «alma», esa esencia indefinible pero omnipresente, principal preocupación de todos aquellos filósofos que, después de Platón, fueron denominados «neoplatónicos». Para Ficino y sus colegas: «No hay nada tan deformado en todo el mundo vivo que no tenga alma, que no tenga un don del alma contenido en él».[4] El Alma, entonces, no es tan sólo un atributo individual (el «fantasma» del cuerpo), sino que es inherente a todo lo que es. Así pues, por un lado, el Alma *es* nuestra experiencia de los mundos interior y exterior, el factor mediador adecuado entre espíritu y cuerpo, el «proponedor original», el agente que desarrolla nuestra sensibilidad psicológica sintonizando con las múltiples presencias que hay en nuestra psique. Por otro lado, la Psique, como Alma del Mundo, según Ficino, y siguiendo a Platón, está en todas partes.

---

1. Eugenio Garin en Victor A. Velen y Elizabeth Velen (Trad.), *Portraits from the Quattrocento,* Nueva York, Harper & Row 1972, pág. 156.

2. Charles Boer (Trad.), *Marsilio Ficino's Book of Life,* Dallas, TX, Spring Publications, 1980.

3. *Grolier Enciclopedia,* Grolier Electronic Publications, 1992.

4. Marsilio Ficino en Charles Boer (Trad.), *Marsilio Ficino's Book of Life,* Dallas, TX, Spring Publications, 1980, pág. 87.

La psicología de Ficino es también profundamente astrológica, tanto en sus términos como en sus modos de pensamiento. Él veía el horóscopo como un «teatro del alma, un Teatro Circular de la Memoria, un recipiente alquímico para el funcionamiento planetario de la imaginación y para los sufrimientos de la psique».[5] Los planetas no eran meras entidades materiales, ni siquiera «energías» psicológicas, sino «Dioses planetarios, cada uno de ellos presidiendo ciertos alimentos, flores, animales, metales y formas de comportamiento», dice Charles Boer, quien señala que, al dar este paso, «Ficino eleva el mundo y la vida humana por encima de la inercia categórica de sus contemporáneos aristotélicos y le infunde un alma profundamente... Súbitamente, todo vuelve a nacer, y... vemos el *Renacimiento*».[6] Ficino ve a estos Dioses (estos *arquetipos* planetarios, utilizando el término que Jung hizo conocido) como múltiples presencias en la psique, cada una de ellas con su propia personalidad que interactúa con las demás y forma relaciones complejas, siempre cambiantes. Cada uno de estos arquetipos es una fuente infinita e inacabable de «imágenes del alma» que se recrea continuamente a sí misma de nuevas maneras: lo hace a diario a través de la vida de nuestras propias almas y eternamente a través del Alma del Mundo, nuestra *Anima Mundi*. Dicho sucintamente, para Ficino, planetas en movimiento = psique en movimiento.

Si el alma es la sustancia esencial de la psicología de Ficino, la *imaginación* es el proceso esencial. «Donde Ficino es original es en su vasta y cuidadosa conceptualización de toda esta fisiología y psicología bajo un politeísmo imaginario.»[7] El psicólogo James Hillman, a quien retomaremos más adelante, señala que Ficino realiza una división tripartita de la psique en mente o intelecto racional, cuerpo e *idolum*-imaginación o fantasía, en apoyo de la psicología arquetípica emergente de Hillman, en la cual es, a través del vehículo de la imaginación, como se conocen los arquetipos del alma: «El alma está compuesta de imágenes... La fuente de imágenes (imágenes oníricas, imágenes de fantasía, imágenes poéticas) es la actividad autogeneradora de la propia alma».[8]

---

5. Noel Cobb en su Prefacio de Thomas Moore, *The Planets Within: The Astrological Psychology of Marsilio Ficino*, Lindisfarne Press, 1982, páginas no numeradas.

6. Charles Boer (Trad.), *Marsilio Ficino's Book of Life*, Dallas, TX, Spring Publications, 1980, pág. XIV.

7. *Ibídem*, pág. XVI.

8. James Hillman, *Archetypal Psychology*, Dallas, TX, Spring Publications, 1983, pág. 6.

La psicología astrológica de Ficino nos enseña a abrirnos a una perspectiva arquetípica, imaginativa, estética, de todo lo que vemos y experimentamos, aprendiendo a *ver* a los Dioses con nuestro ojo interior que imagina, transformando todo lo que nos ocurre y lo que ocurre en nosotros en imágenes significativas y valiosas para el alma, y siendo transformados por ellas. Es precisamente esta perspectiva de Ficino la que es tan crucial para los astrólogos psicológicos de la actualidad. Él nos anima a imaginar activamente a los Dioses planetarios en nuestra vida diaria y a desarrollar, de este modo, tanto una sensibilidad mística como una imaginación disciplinada. Al utilizar métodos imaginativos para contactar directamente con el Alma interior y experimentarla, sacamos del caos a las imágenes arquetípicas de los Dioses y las Diosas y los devolvemos a un orden interno reconocido. ¿Y qué le ocurre a cada uno de nosotros cuando realiza este cambio de perspectiva tan importante? Nos convertimos en los *protagonistas centrales* de la historia de nuestra propia vida. Al aprender a «invitar a los Dioses» a que entren en nuestra existencia, empezamos a cocrear con ellos nuestra historia única; de este modo, encontramos nuestro lugar en el cosmos y recuperamos la inspiración divina. En lugar de sentirnos criaturas aisladas, impotentes, a merced de las divagaciones de la existencia, devenimos artistas arquetípicos, cocreadores de nuestras propias vidas y actualizadores de nuestros horóscopos.

La forma de pensar de Marsilio Ficino, olvidada durante tanto tiempo, ha sido reintroducida recientemente en la psicología, tal como la desarrollaron James Hillman y sus seguidores. En sus escritos teóricos, Hillman, analista junguiano durante mucho tiempo, renuncia a las especulaciones científicas iniciales de Jung a favor de las ideas más neoplatónicas que resurgen en el pensamiento junguiano posterior. El objetivo declarado de Hillman es «la revisión de la psicología, la psicopatología y la psicoterapia en función de la imaginación cultural occidental».[9] Al hacerlo, se ha inspirado en Ficino y en los neoplatónicos relacionados con él, especialmente en «Plotino, Ficino y Vico», un discurso contemporáneo con su *Re-Visioning Psychology* seminal. En la primera obra, Hillman presta fe a Ficino, especialmente por la idea de

---

9. *Ibídem,* pág. 10.

la centralidad del alma, por su comprensión del papel de la imaginación y por establecer tanto una «psicología de profundidad» como un «psicoanálisis» que nos enseñan «a colocar la realidad psíquica en primer lugar y a considerar todos los hechos en términos de su significado y su valor para el alma».[10] En *Re-Visioning Psychology*, Hillman elabora y amplía estas ideas para establecer una psicología basada en el alma y en su formación, centrada en los procesos de la imaginación y que debe «devolver la perspectiva mítica a la psicología de profundidad mediante el reconocimiento de la afinidad intrínseca del alma con el amor por los Dioses».[11] Ciertamente, una psicología así tiene mucho que aportar a la astrología en general y, en particular, a la astrología por la experiencia. Remito al lector a una literatura sustancial sobre la psicología arquetípica: el prolífico Hillman mismo continúa aumentando un «catálogo» de 1988 cuyo contenido asciende a más de doscientas publicaciones, mayormente eruditas.[12] A principios de 1997, *The Soul's Code*[13] de Hillman fue un *best seller* del *New York Times*, precedido por *El Cuidado del Alma*[14] de su colega Thomas Moore. Los principios de la psicología arquetípica han entrado en la cultura popular.

The Planets Within, trabajo anterior de Thomas Moore, es más importante en relación directa con la astrología por la experiencia y es «lectura obligada» para cualquiera que desee ir más allá de las ideas aquí expuestas. En efecto, Moore deriva (de Ficino) y desarrolla (siguiendo a Hillman) una teoría psicológica que es sumamente compatible con la aproximación experimental. Moore es diestro y completo en su presentación de ideas arquetípicas ficianas como (1) la centralidad del alma, (2) la naturaleza personificada y politeísta de la psique, (3) la naturaleza fundamental de la imagen arquetípica, (4) el papel de la imaginación como el método del trabajo arquetípico y (5) la comprensión de que el alma impregna el mundo como *Anima Mundi* o Alma del Mundo. Para muchos astrólogos, quizá la mayoría, es una psicolo-

---

10. James Hillman, «Plotino, Ficino y Vico», *Loose Ends,* Dallas, TX, Spring Publications, 1975, pág. 155.

11. James Hillman, «Preface: A Memoir from the Author». *Re-Visioning Psychology,* Nueva York, Harper Perenial Edition, 1992, pág. XI.

12. James Hillman, *Archetypal Psychology*, Dallas, TX, Spring Publications, 1983.

13. James Hillman, *The Soul's Code*, Nueva York, London House, 1996.

14. Thomas Moore, *Care of the Soul,* Nueva York, Harper Collins, 1992.

gía que les resulta familiar; después de todo, la astrología sirvió durante cientos de años como recipiente para las ideas neoplatónicas y, por ende, ha contribuido a «salvar el fenómeno» que un mundo postilustración, dominado por la ciencia, ha intentado suprimir. La psicología arquetípica pretende hacer lo mismo y presenta a un público más amplio un estilo de pensamiento que podríamos considerar «astrológico», al tiempo que afirma su relevancia para la vida y el pensamiento contemporáneos. Algunos ejemplos particulares de *The Planets Within* de Moore podrían ilustrar lo que los astrólogos de la experiencia pueden ganar si tienen en cuenta sus ideas.

El capítulo 3 presenta tres conceptos que caracterizan a la astrología por la experiencia: *experimentar, representar* y *encarnar*. Aquí, en relación con la obra de Moore y de Ficino, pondré énfasis en un concepto todavía más fundamental: *imaginar*. En su discusión sobre las ideas de Ficino, Moore define varios procesos de la actividad de la imagen, incluyendo la constelación, el cultivo, la disolución/coagulación, la sublimación/condensación y la adaptación. La *constelación* es un poco como la técnica de compensación sugerida en el capítulo 10, «Equilibrar los tránsitos difíciles»: esencialmente, minimizar el efecto de una influencia invocando a su opuesto. Como señala Moore, «La recomendación de Ficino es doble: encuentra una manera de contrarrestar la tendencia invitando a un tipo de espíritu opuesto; y, al mismo tiempo, experimenta al poderoso *daimon* (esto es, el «dios» en la imagen) hasta la saciedad», con la intención de «mantener una variedad de espíritu sin deshacerse de la dominante».[15] El «monoteísmo» patológico de la sumisión a una sola imagen es combatido a favor de un «politeísmo» que deja espacio para todas las Diosas y Dioses, aceptando así sus diversos dones. No obstante, recibir verdaderamente estos dones es entrar en el proceso imaginativo del *cultivo* del entorno; es decir, buscar y experimentar las cualidades del alma de los acontecimientos y de los regalos materiales del mundo. Porque Ficino se deleita con el mundo; sus recetas para la enfermedad y la depresión, en lugar de ser hierbas amargas y medicamentos horribles, aprueban los buenos vinos, el azúcar más blanco reforzado con oro, la compañía estimulante, «la visión frecuente de agua resplandeciente, de los colores verde y rojo, el uso de jardi-

---

15. Thomas Moore, *The Planets Within: The Astrological Psychology of Marsilio Ficino*, Hudson, Nueva York, Lindisfarne Press, 1982, pág. 58.

nes o bosques, pascos y ríos».[16] Entiende que la sanación consiste en utilizar las energías de los arquetipos planetarios tal como se presentan en cada cosa existente. Moore está en lo cierto al señalar la conexión del cultivo con la adherencia de Ficino a la magia y el ritual, temas que se amplían en este volumen.

En la época de Ficino, la alquimia, la combinación de elementos de espiritualidad y psicología para comprender el funcionamiento de la materia y del alma, era un arte afín a la astrología. Moore argumenta que los procesos alquímicos de *disolver* y *coagular* se relacionan con la obra de Ficino en el sentido de que ambos enfoques luchan por «mantener el alma en el centro y no dejar que desaparezca en la mente o en el cuerpo».[17] Pues el alma realiza una contribución especial que, con demasiada frecuencia, se pierde en la visión intelectual, o en una búsqueda excesiva de fines espirituales remotos, o en el puro materialismo, o en la satisfacción mecánica de las necesidades corporales que tiende hacia las obsesiones y adicciones de todo tipo. Como declara Moore: «La alquimia se mueve en dos direcciones: espiritualiza lo que de otro modo sería denso y literal y concretiza aquello que es intelectual o espiritual».[18] El primero es el proceso de *solutio*, o «disolver», el segundo de *coagulatio*, o «coagular», y los dos pueden ayudarnos a mantener la posición central y esencial del alma. Moore utiliza la *sublimación* y la *condensación* alquímicas para esclarecer todavía más los riesgos de una espiritualización o una literalidad excesivas: «Psicológicamente, las ideas y los planes caprichosos necesitan una concretización (condensación), mientras que los asuntos excesivamente literales requieren una vaporización (sublimación)».[19]

La *adaptación*, en el comentario de Moore sobre Ficino, es el último «proceso de actividad de la imagen» a ser discutido aquí. *Adaptar* es llevar a cabo el título de *De Vita Coelitas Comparanda* de Ficino: ordenar (o «correlacionar», o incluso «preparar») la propia vida de acuerdo con los Cielos. Esta es la esencia de su mensaje: entrar en armonía con el propio contexto astroló-

---

16. Marsilio Ficino, en Charles Boer (Trad.), *Marsilio Ficino's Book of Life,* Dallas, TX, Spring Publications, 1980, pág. 20.

17. Thomas Moore, *The Planets Within: The Astrological Psychology of Marsilio Ficino*, Hudson, Nueva York, Lindisfarne Press, 1982, pág. 65.

18. *Ibídem*, pág. 66.

19. *Ibídem,* pág. 70.

gico, con las imágenes arquetípicas expresadas a través de la materia, la energía y el tiempo, y conectadas por el alma encarnada. Ciertamente, éste es el objetivo de la astrología por la experiencia, y quizá de la astrología en su totalidad. Consecuente con su visión psicológica, Moore nos lleva más allá del simbolismo astrológico:

Podemos empezar a comprender el proceso de adaptación mediante el estudio, junto con Ficino, de los planetas como imágenes arquetípicas, pero no tenemos que detenernos ahí... Un sueño nos servirá, o una novela, o la ciencia, o un paseo por el bosque. Todo es una metáfora y un alimento para el alma. Todo lo que hay en el mundo material contiene chispas del cielo afín, destellos de lumen psicológico.[20]

Hemos dedicado varias páginas a Moore y a Ficino para mostrar la continuidad de la psicología ficiniano-arquetípica con la astrología por la experiencia y para ilustrar algunas de las formas de actividad de las imágenes que pueden contribuir a nuestra comprensión de la astrología como experiencia. No obstante, debe aclararse que la psicología arquetípica y la astrología por la experiencia no son, en modo alguno, idénticas; de hecho, al ser un aspecto de la astrología, a menudo el tema de este libro está más cerca de Ficino de lo que lo están Moore y la psicología arquetípica. Porque Ficino era astrólogo por convicción y, aunque en ocasiones dudaba y llegó a condenar los excesos de la astrología de su época, no evadió asumir la postura de que los acontecimientos en la Tierra están real y significativamente correlacionados con los movimientos de los cuerpos celestes; que no son «simplemente» psicológicos, tal como a veces parecen sugerir los psicólogos arquetípicos. Además, Ficino parece ser más afirmativo que los psicólogos respecto a la veracidad de la práctica de la magia. (D. P. Walker, estudioso de la magia en el Renacimiento, cree que los escritos «menos discretos» de Diacetto, alumno de Ficino, revelan que su maestro era un mago astrológico practicante en mayor medida de lo que suele suponerse.)[21] En cuanto a la magia, mi propia preferencia es

---

20. *Ibídem*, pág. 125.

21. D. P. Walker, *Spiritual and Demonic Magic*, Notre Dame, University of Notre Dame Press, 1975, pág. 31.

dejar esos temas abiertos a la interpretación. No obstante, en lo concerniente a la astrología, estoy de acuerdo con el intelectual, historiador y astrólogo, Richard Tarnas:

> No es que los astrólogos hayan utilizado arbitrariamente las historias de los antiguos sobre Venus, Marte, Mercurio y el resto para proyectar significados simbólicos en los planetas, que son en realidad meros cuerpos materiales sin una significación intrínseca. Antes bien, un considerable número de evidencias sugiere que los movimientos de planetas llamados Venus, Marte y Mercurio tienden a coincidir con una experiencia humana que se asemeja estrechamente al carácter de sus equivalentes míticos. La revelación del astrólogo es, fundamentalmente, empírica. A este empirismo se le da un contexto y un significado mediante una perspectiva mítica, arquetípica, una perspectiva que las correlaciones planetarias parecen apoyar e ilustrar con una consistencia notable.[22]

Para hacer justicia (y perdonando que los psicólogos arquetípicos raramente citan ni tan siquiera los mejores y más compatibles escritos astrológicos modernos), debería decirse que la psicología arquetípica parece estar acercándose, al menos un poco, a esta visión, y quizá por una razón similar: el hecho de que la Inquisición hiciese que Ficino renunciara a algunas de sus ideas[23] tiene su equivalente moderno en la exclusión de una consideración intelectual seria cuando se aprueba plenamente la astrología. Al menos desde el propio Jung, quienes siguen la tradición junguiana han buscado posiciones epistemológicas que pudieran ser defendidas, al tiempo que han evitado una multitud de fenómenos espirituales sumamente importantes. Dicho esto, las advertencias dadas por los psicólogos merecen una seria consideración. Todos concedemos una cierta realidad a nuestras percepciones y creencias, y en ocasiones nos hemos visto atrapados en «nuestras verdades relativas sostenidas de una forma absoluta». *Literalizar* define esta desafortunada tendencia, cuya peor expresión son los fundamentalismos, ya sean religiosos, científicos, étnicos o políticos, o incluso de la «Nueva Era». Mien-

---

22. Richard Tarnas, *Prometheus, the Awakener,* Oxford, Auriel Press, 1993, pág. 8.

23. Paul Oskar Kristeller, *Eight Philosophers of the Italian Renaissance,* Standford, CA, Standford University Press, 1964.

tras lees este libro, espero que conserves una actitud flexible, abierta, y el espíritu generoso que caracteriza al propio Ficino cuando aconseja al lector que no se deje impresionar por sus remedios particulares o por su gusto por las «imágenes astronómicas», que «puede, con mi permiso, o incluso si lo prefiere, con mi recomendación, dejar esas cosas de lado».[24] *Espiritualizar*, que «aparece como objetividad científica, como metafísica y como teología»[25] es igualmente sospechoso a ojos de los arquetípicos, pues nos eleva hacia una abstracción enrarecida e infundada que deja atrás la riqueza y la complejidad de la vida en la Tierra. Al igual que la propia psicología de Ficino, la aproximación a través de la experiencia funciona mejor cuando está centrada en el alma.

La astrología de Ficino

Si Ficino fue realmente el primer astrólogo de la experiencia, me parece justo utilizar su astrología para entender al hombre y las experiencias por las que pasó para llegar a serlo. Con este fin, me concentraré en un período de tiempo concreto (aproximadamente la última mitad de su vida, de 1460 a 1480) y en el tema de su *melancholia*, a la cual atribuyó en numerosas ocasiones un origen astrológico. En una carta a su amigo Giovanni Cavalcanti, escribe: «Saturno parece haber grabado un sello de melancolía desde el principio, es decir, prácticamente en medio de mi ascendente Acuario...».[26] La que viene a continuación es la carta natal[27] de Ficino (por supuesto, él no conocía los planetas exteriores descubiertos muchos años más tarde).

---

24. Marsilio Ficino, en Paul Oskar Kristeller, *Eight Philosophers of the Italian Renaissance*, Stanford, CA, Stanford University Press, 1964, pág. 49.

25. James Hillman, *Archetypal Psychology*, Dallas, TX, Spring Publications, 1983, pág. 25.

26. Marsilio Ficino, *The Letters of Marsilio Ficino*, Nueva York, Columbia University Press, 1985, vol. 2, pág. 33.

27. Para la fecha, véase Paul Oskar Kristeller. Prefacio de *The Letters of Marsilio Ficino*, Nueva York, Columbia University Press, 1985. Estoy de acuerdo con Ruth Clydesdale («A Solar Talisman: Marsilio Ficino's Holistic Astrology», en *Mountain Astrologer*, Agosto-Septiembre, 1996, pág. 24) en que muchas referencias en las cartas de Ficino sugieren la hora de 12:40 hora media de Greenwich.

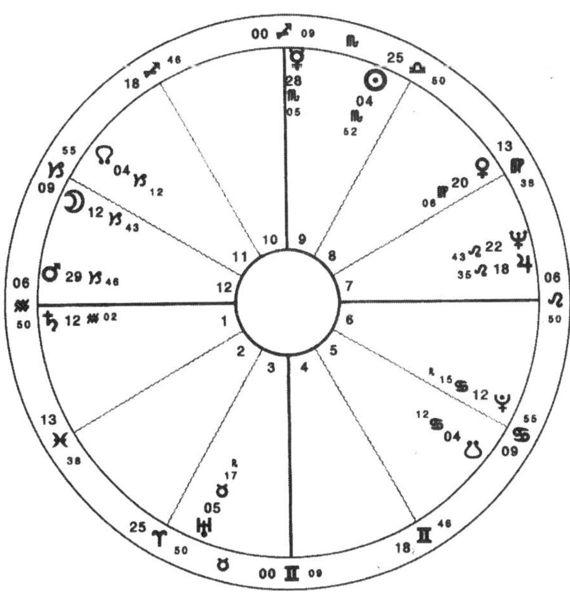

Lo primero que llama la atención al astrólogo es la cuadratura-T, que
implica al Sol, a Saturno y a Júpiter. Saturno en su ascendente es el clásico
indicador de depresión, y en combinación con la cuadratura con su Sol en la
novena casa hacía que fuese muy probable que la oscuridad estuviese intensamente presente en su estado de ánimo. Se llamaba a sí mismo un saturniano
y luchó durante toda su vida contra la tentación del abatimiento. El que
Saturno residiera en Acuario, en oposición a Júpiter en Leo, hacía que la
estabilidad y la moderación del estado de ánimo fuesen esquivos. Algunos de
los amigos que lo veían con regularidad decían que solía estar en uno de estos
dos estados: de seria desesperación o de profundo éxtasis.[28] En pocas palabras, en términos psiquiátricos actuales, Ficino parecía ser «maníaco depresi-
vo» o «bipolar». Sin duda, hay influencias moderadoras en su carta. Júpiter
en Leo establece un contexto para Ficino como un filósofo carismático y líder

---

28. Ioan Couliano, *Eros and Magic in the Renaissance*, Chicago, University of Chicago
Press, 1987, pág. 46.

de la Academia Platónica, el inspirado maestro de música e imagen que atraía a «los jóvenes y creativos artistas y poetas de la época visiblemente más brillantes: Lorenzo de Medici, Alberti, Poliziano, Landino, Pico della Mirándola, Botticelli, Miguel Ángel, Rafael, Durero, Tiziano y muchos otros».[29] Y, ¿debería sorprendernos encontrar a Mercurio en el medio cielo en sextil con Venus en trígono con la Luna en el caso de este «filósofo del amor»? Ciertamente, no ignoramos que Saturno da muchos regalos al alma, así como tribulaciones. Aun así, el argumento aquí es que la melancolía es crucial para su carácter y que sus intentos de manejar su propia depresión y las agonías y los éxtasis de su alma dieron nacimiento a lo que podríamos llamar su «Terapia del alma».

Las *Cartas*[30] de Ficino y los diversos comentarios sobre ellas nos proporcionan las fechas y los hechos que necesitamos para comprender los orígenes de la «Terapia» de Ficino. En primer lugar, hay que tener en cuenta que entre 1466 y 1468, Neptuno en tránsito fue conjuntado con el Sol en Escorpio de Ficino, y la confusión y el profundo desafío para la identidad que deberíamos esperar son evidentes en los datos históricos. La traducción de gran parte de Platón y del místico *Corpus Hermeticum* quedó atrás y «desde 1467 hasta 1469, Ficino estuvo seriamente desesperado... habiéndose sentido tan cautivado, tan estimulado por su nueva forma platónica de imaginar, que se encontró... queriendo revivir una religión pagana».[31] Se trata de ideas que podían llevar fácilmente a una persona al potro o a la hoguera. Sin embargo, al tener el Sol natal en Escorpio, Ficino no podía escapar a la verdad que salía de lo más profundo de su ser, ni negarla. En *Platonic Theology* llevó estas ideas tan lejos como osó ponerlas por escrito. Si bien el tránsito de Neptuno trajo confusión, también es probable que intensificara su compromiso con la magia que descubrió en los escritos herméticos. Sabemos, por muchos pasajes de su *Book of Life*, que practicaba el ritual mágico. D. P. Walker ofrece una imagen de él «alimentando su espíritu y haciéndolo más celestial» que encaja con esta época:

---

29. Paul Oskar Kristeller, Prefacio de *The Letters of Marsilio Ficino*, Nueva York, Columbia University Press, 1985, Vol. 1, pág. XXI.

30. Marsilio Ficino, *The Letters of Marsilio Ficino*, Nueva York, Columbia University Press, 1985, vol. 1-3.

31. Charles Boer (Trad.), *Marsilio Ficino's Book of Life*, Dallas, TX, Spring Publications, 1980, pág. VIII.

Está tocando una *lira da braccio*, o laúd, decorada con una imagen de Orfeo encantando a los animales, los árboles y las rocas. Está cantando... el Himno órfico del Sol; está quemando incienso y, por momentos, bebe vino. Quizá contemple un talismán. Durante el día está al Sol y por la noche «representa el Sol con el fuego». De hecho, está realizando un rito religioso o mágico, «un sacramento profano en el misterio del vino».[32]

Aproximadamente en la misma época, Urano en tránsito (en Libra en trígono con su Saturno natal en Acuario) estaba sembrando las semillas para la síntesis de los elementos paganos, mágicos y astrológicos, así como cristianos, que habían de caracterizar su filosofía, su psicología y el ejercicio de la sanación. Fue en algún momento durante este período cuando, en palabras de Charles Boer, «Ficino atravesó un umbral interior. Ciertamente, entró en esa área que Jung habría denominado psicología». Y, al igual que los alquimistas que más adelante Jung mostró como sumamente psicológicos, Ficino creó y descubrió una realidad de imágenes tan compleja y profunda que revelaba la naturaleza del alma.

El año 1468 fue una coyuntura crítica, crucial, para Ficino. En esta época de depresión, en la que estaba sufriendo tanto por una «amargura de espíritu», su amigo Giovanni Cavalcanti le aconsejó concentrarse y escribir sobre el amor como remedio a su enfermedad y «convertir a los amantes de la belleza transitoria al disfrute de la belleza eterna».[33] Ficino se sumergió en su devoción por las artes, por el amor y la belleza, entrando así en un extenso encuentro con Venus. Como resultado de ello, escribió la primera versión de *De Amore*, un comentario sobre el *Banquete* de Platón, que habría de convertirse en un gran clásico de la literatura sobre el amor; de hecho, es uno de los tratados más importantes del Renacimiento. Así pues, su Venus en Virgo en la octava casa en sextil con Mercurio en Escorpio, en sextil con Marte en Capricornio, no sólo halló su realización a través de la devoción por el Amor y la Belleza, sino que Mercurio en Escorpio, en sextil con Marte en Capricornio, le permitió convertir esas ideas en técnicas prácticas para la vida diaria y

---

32. D. P. Walker, *Spiritual and Demonic Magic*, Notre Dame University of Notre Dame Press, 1985, pág. 30.

33. Marsilio Ficino, *The Letters of Marsilio Ficino*, Nueva York, Columbia University Press, 1985, pág. 123.

para amar. Una vez más, los tránsitos son informativos. De 1473 a 1478, Plutón en tránsito estaba en conjunción con su Venus en Virgo, en sextil con Mercurio en trígono con Marte; de 1473 a 1479 Neptuno en tránsito estaba en sextil con su Venus en conjunción con Mercurio en sextil con Marte y, de 1477 a 1479, ¡Urano en tránsito estaba en sextil con su Venus en conjunción con Mercurio en sextil con Marte! ¿Cómo no imaginar que ésta fue una época de intensa exploración y transformación de su comprensión del amor? Los relatos históricos de Ficino confirman que emergió de su larga y profunda depresión como un hombre transformado y vigorizado. No sólo escribió su segunda versión de *De Amore*, sino que también reinterpretó la *Prisca Theologia* (la antigua teología), publicó la primera edición de *Corpus Hermeticum* (1471) y empezó a escribir el *Libro de la Vida*, una versión de todo lo que había aprendido de su encuentro con Saturno, la base de su Terapia y el paradigma para la astrología por la experiencia. Digo *una* versión porque la máxima expresión de las enseñanzas de Ficino podría estar contenida en una sola imagen, en *La Primavera*, la extraordinaria pintura de Sandro Botticelli, la más conocida y la más honrada evocación de ella.

Si alguna vez la esencia de una época fue capturada en una pintura sobre lienzo, *La Primavera* es esa imagen. Siendo una de las pinturas más estudiadas, según los eruditos, fue pintada en 1479.[34] Los astrólogos con conocimientos históricos estarían de acuerdo con esto, pues coloca su creación en la cima de la configuración astrológica más característica del Renacimiento: la conjunción Urano-Neptuno, en el último grado de Escorpio de 1487. Y hay sólidas pruebas de historiadores del arte de que el programa para la pintura de Botticelli fue proporcionado nada más y nada menos que por su mentor en la Academia Platónica, ¡Marsilio Ficino![35] (Urano-Neptuno estaba realizando entonces una conjunción exacta con su Mercurio.) Para el astrólogo, parece ser que esta conjunción Urano-Neptuno de 1479 actuó como un cable trampa, provocando una explosión alquímica de profunda intensidad y energía, lanzando fragmentos de sustancia arquetípica por todo el Renacimiento (por toda la historia) que, al ser imaginados, reunidos y convertidos en expresión artística por los maestros de la época, continuaban evocando la magia de sus orígenes. *La Primavera* es un mecanismo así, un *talismán* en el modo de pensamiento de Ficino que ha atraído poderes celestiales de los que todos podemos ahora apropiarnos si tenemos ojos para ver y voluntad de comprender. El arte de hacer esto es la práctica de la astrología por la experiencia.

Mi conclusión es que *La Primavera* y quizá *El Nacimiento de Venus* y *Palas y el Centauro* probablemente se pintaron en la misma época,[36] aproximadamente, y fueron la culminación visible de la lucha titánica de Ficino contra la melancolía. Ésta fue tanto un fin como un medio para el desarrollo de su Terapia y una de las muchas maneras en que transmitió sus conocimientos sobre Saturno a otros «saturnianos» de la Academia y a todos nosotros. El personaje central de la pintura es Venus, Diosa del Amor y la Belleza (¿quién más podría suavizar los golpes de Saturno?), en todas sus manifestaciones, desde lo vulgar hasta lo divino, en todas sus relaciones con los arquetipos celestiales y con todas las cualidades que una síntesis equilibrada del paganismo y el cristianismo podría conseguir. Limitaré mi comentario de la

---

34. E. H. Gombrich, *Gombrich on the Renaissance*, vol. 2: Symbolic Images, Londres, Phaidon Press, 1972, pág. 41.

35. *Ibídem*, 1972, pág. 36.

36. *Ibídem*, pág. 40.

obra, ya que Thomas Moore, apoyándose en el erudito clásico Edgar Wind,[37] ya lo ha hecho muy bien en su propia interpretación astrológica y psicológica, y porque preferiría que te acercaras a la imagen *a través de la experiencia*, como debe ser. Según la estudiosa Frances Yates, es «precisamente una imagen para ser utilizada en la práctica de la magia natural, un medio de exposición al espíritu de Venus, especialmente útil, en plena concordancia con el pensamiento de Ficino, para burlar al espíritu destructor de Saturno».[38] Moore, siguiendo a Frances Yates, ve *La Primavera* como un medio para educar a la memoria y cita la sugerencia de Yates de «que si una persona tuviera un modelo o una pintura así en su dormitorio, podría realizar las actividades de un día interpretándolas a través de dicha imagen familiar».[39] Ésta es la práctica que te recomiendo como una aventura de la astrología por la experiencia.

Mi marido Bob Craft y yo nos tomamos la sugerencia de Frances Yates muy en serio hace cuatro años, en el equinoccio de primavera, cuando colgamos una reproducción de *La Primavera* de 120 x 90 centímetros en nuestro dormitorio y nos convertimos en estudiantes de la «escuela de la imaginación» de Botticelli. Con esta inspiración decidimos llevar a cabo un estudio serio del amor: erótico, «platónico» (Ficino fue el primero en utilizar este término) y de los diversos matices que van desde lo sagrado hasta lo profano. Lo convertimos en una práctica semanal de las noches de los viernes (gobernados por Venus, por supuesto) para examinar y explorar nuestros pensamientos y nuestras experiencias a la luz de las imágenes de *La Primavera*. Empezaron a aparecer capas y capas de significado, tanto en la pintura como en nuestra comprensión. La hermosura y la riqueza de la imagen parecían ampliar la belleza y la complejidad de nuestras propias experiencias. Muchas de nuestras ideas han sido trasladadas a nuestros talleres y presentaciones en congresos de astrología, pero algunas de ellas siguen siendo nuestros tesoros personales. Todas las formas de comprensión que pusimos sobre la mesa (orientales, occidentales, chamánicas, de los nativos americanos, junguianas, alquí-

---

37. Thomas Moore, *The Planets Within: The Astrological Psychology of Marsilio Ficino*, Lindesfarne Press, 1982, pág. 138.

38. *Ibídem*, pág. 137.

39. Erwin Panofsky, *Renaissance and Renascences in Western Art*, Nueva York, Harper & Row, 1960. (Trad. esp.: *Renacimiento y renacimientos en el arte occidental*, Madrid, Alianza Editorial, 2004.)

micas, etc.) fueron relevantes en este intercambio entre nuestra percepción y este mensaje codificado en imágenes de 1479. Si decides hacer lo mismo, es posible que tu entendimiento sea un poco distinto, pues tu propio conocimiento, experiencia y maneras de conocer le darán forma. Pero aparecerá gran parte de la dotación celestial de la imagen, especialmente si aportas a tu empeño la sensibilidad de un astrólogo. El *Libro de la Vida* de Ficino o *Planets Within* de Moore podrían ayudarte a ello: Moore interpreta a cada personaje de la pintura a la luz de su asociación simbólica con los planetas. Nuestra propia percepción resultante de una exposición continua a la imagen es que la estructura de la pintura es, de hecho, *zodiacal,* pues se mueve en el sentido de las agujas el reloj (probablemente, la obra fue diseñada para ser colgada en un espacio a la derecha de una puerta) desde el Céfiro de alas negras en el extremo derecho, identificado con Aries, pasando por las ocho figuras, cada una de ellas representando todo un signo o parte de él. La siguiente tabla te dará una idea de los personajes tal como los describen los estudiosos[40] y de los signos asociados tal como yo los veo:

TABLA 1. LA PRIMAVERA: SIGNOS Y PERSONAJES

Personaje	Signo
Céfiro, el viento del Oeste	Aries (equinoccio de primavera)
Cloris	Tauro
Flora	Géminis
Venus/María	Cáncer (solsticio de verano)
Las Gracias	Leo
Belleza	Leo
Placer	Leo
Castidad	Leo/Virgo
Mercurio	Virgo (o Libra, equinoccio de otoño)
Eros/Cristo	Centro del horóscopo

Nota: El gesto de Mercurio hacia los cielos indica los seis últimos signos del zodiaco (de Libra a Piscis) y refleja el dicho hermético: «Como es arriba, así es abajo».

---

40. Véase, por ejemplo, Edgar Wind, *Pagan Mysteries in the Renaissance*, Nueva York, W. W. Dutton, 1968; Charles Dempsey, *The Portrayal of Love*, Princeton, NJ, Princeton University Press, 1992; Joanne Snow-Smith, *The Primavera of Sandro Botticelli*, Nueva York, Peter Lang, 1993.

Bob tiene una visión ligeramente distinta de la asociación de signos a las figuras de *La Primavera*,[41] pues ve a las primeras cuatro como yo, pero identifica a cada una de las Gracias (Placer, Castidad y Belleza) con Leo, Virgo y Libra; y a Mercurio con Escorpio. Además, identifica a las cuatro figuras «invisibles» restantes como: Sagitario = El Centauro (de *Palas y el Centauro*, de Botticelli), Capricornio = Cronos y Jehová, Acuario = Ouranos y Prometeo, Piscis = Psique y Cristo en el Cielo, Eros = El Dios Pagano del Amor así como el Cristo encarnado. Nosotros continuamos debatiendo con nuestros respectivos puntos de vista.

No te pedimos que elijas una u otra de estas dos sugerencias, sino que te encuentres con *La Primavera* en sus propios términos. Podemos conjeturar lo que el propio Ficino pretendía a partir de una carta notable que escribió a un joven para quien, probablemente, fue encargada la obra:[42] Lorenzo di Pierfrancesco de Medici, primo segundo de Lorenzo el Grande, quien tenía unos quince años cuando la recibió. Al parecer, se trata de una lección sobre el amor y la moralidad en lenguaje astrológico prácticamente en su totalidad. En primer lugar, Ficino pregunta al joven, «Si... os hago un regalo de los mismos ciclos, ¿cuál sería su precio?», y señala que «es mejor que no hable del precio, pues el Amor, nacido de las Gracias, da y acepta todo gratuitamente». Luego describe al «hombre más feliz» como alguien que no tiene aspectos malos de la Luna con Marte y Saturno y con aspectos buenos con el Sol, Mercurio y Venus. Luego pasa a interpretarlos para Pierfrancesco y a decirle de qué manera debería dejarse guiar por ellos. «Por último», dice, la Luna en un hombre debería ser dirigida para «fijar sus ojos en la propia Venus, es decir, en Humanitas».[43] Ficino se revela como un humanista y parece estar indicando al muchacho que busque lo que hay de bueno en la humanidad y que reconozca sus orígenes en el amor divino. Éste es el punto de partida recomendado para recibir el mensaje de *La Primavera*. Para el resto, no necesitas más guía que la propia declaración sucinta de Ficino sobre su enseñanza

---

41. Craft, Bob, «Psyche and Eros». Dirección no publicada. The Astrology World Congress, Lucerna, mayo, 1996.

42. E. H. Gombrich, *Gombrich on the Renaissance*, vol. 2: Symbolic Images, Londres, Phaidon Press, 1972, pág. 41.

43. *Ibídem*, pág. 41-42.

central respecto al amor: «Hay una atracción continua, empezando por Dios, pasando por el mundo y acabando finalmente en Dios; una atracción que regresa al mismo lugar donde se inició, como en una especie de círculo».[44]

Es posible que tú, al igual que nosotros, veas ese círculo como el zodíaco en su eterna renovación de la creación. Quizá busques aprender más sobre Ficino, a quien ahora estarás de acuerdo en considerar el Primer Astrólogo de la Experiencia, o aplicar sus métodos para investigar tu propia vida con brillo celestial. Quizá, a través de estas imágenes de antaño, verás que tu propia vida es impulsada por este interminable ciclo de amor.

---

44. Thomas Moore, *The Planets Within: The Astrological Psychology of Marsilio Ficino*, Lindesfarne Press, 1982, pág. 139.

3

Las raíces de la astrología por la experiencia

Dane Rudhyar y la astrología humanística

Podemos seguir el rastro de los orígenes modernos de la astrología por la experiencia hasta finales de los años setenta, cuando las doctrinas del movimiento del potencial humano en el campo de la psicología y de la cultura en general empezaron a encontrar su expresión en la astrología. El trabajo de Dane Rudhyar y la astrología humanística que desarrolló a lo largo de su vida son fundamentales para mi aproximación a la carta natal. Su trabajo cambió el enfoque de la astrología, llevándolo desde una postura desfasada, profética, orientada a los hechos e incluso fatalista, hasta otra orientada a la persona, con el énfasis en el crecimiento humano y la realización.

Astrology and the Modern Psyche es, quizá, la explicación más clara de Rudhyar sobre la relación entre la astrología y la «psicología de las profundidades» que subyace en el enfoque moderno. En su libro, rastrea el desarrollo de esta última hasta sus orígenes en las teorías de la evolución de Charles Darwin.[1] El psicólogo clásico, siguiendo a Platón, ve una determinada piedra, árbol o persona como una pálida copia de alguna forma preexistente. Para Darwin y quienes adoptaron sus ideas, toda vida, incluso la propia, evoluciona desde unos inicios más primitivos («las profundidades») y está en un continuo estado de recreación. Por ende, como afirma Rudhyar, «El "Yo" individual, en lugar de ser visto como un "Yo" a priori, arquetípico, como algún "patrón de perfección" trascendente para la vida en la Tierra, empieza a ser entendido como el resultado final de la vida humana, como una victoria a ser ganada, como el resultado del lento esfuerzo de integración y... de individuación».[2] Sigmund Freud fue el maestro original de la exploración de la mente humana en sus profundidades instintivas, y su obra, así como la de sus seguidores, es la base de gran parte de la visión moderna de la mente y de la vida humana.

El interés de Rudhyar por la psicología de las profundidades comenzó en 1932 con su introducción a la obra de C. G. Jung, un antiguo asociado de Freud.[3] Para el astrólogo, esto marcó el inicio de un esfuerzo de por vida por reformular la astrología «clásica» siguiendo las líneas de una psicología humanística en desarrollo; esfuerzo que habría de culminar en la ahora extendida «astrología humanística» asociada a su nombre. La deuda de la astrología por la experiencia con Rudhyar es clara: la orientación humanística aporta un marco teórico esencial para el uso experimental de la astrología con el fin de convertirnos en seres humanos completos y sanos, integrados en cuerpo, mente y alma. Pero la astrología por la experiencia va más allá del programa de Rudhyar, realizando una síntesis adicional de elementos de la psicología humanística y de las artes y la antigua tradición espiritual, produciendo una serie de técnicas para los propósitos de la actualización y la autorrealización.

---

1. Dane Rudhyar, *Astrology and the Modern Psyche*, Vancouver WA, CRCS Publications, 1976, págs. 2-34.

2. *Ibídem*, pág. 5.

3. *Ibídem*, pág. VII.

La contribución de la psicología junguiana

Introducir la astrología en una exposición sobre Jung no es algo que molestaría a este gran psicólogo. Él hablaba a menudo del arte del astrólogo y lo hacía favorablemente. En sus diversos escritos, Jung hizo énfasis en que la astrología era un «mapa de la psique» que incluía la suma total de todo el antiguo conocimiento psicológico, describiendo la predisposición innata de una personalidad individual y proporcionando una forma precisa de anticipar una crisis vital. Dada su relevancia para la astrología por la experiencia, estas ideas junguianas exigen nuestra atención: el proceso de individuación, los conceptos de totalidad y polaridad, el modelo de la psique con sus niveles consciente, inconsciente personal e inconsciente colectivo, y la teoría de los arquetipos. Además, en el pensamiento de Jung es sumamente importante el modo en que veía a la mitología como la clave para entender la mente humana.

Para Jung, cada uno de nosotros inicia su vida en un estado de totalidad indiferenciada. A medida que vamos madurando, emergemos del útero cósmico del inconsciente, evolucionando hacia estructuras cada vez más complejas para ser capaces de expresarnos de maneras cada vez más refinadas y elaboradas. Éste es el proceso de individuación. Lo primero que aparece es una polaridad fundamental. Afirma Jung:

> La psique consta de dos mitades disonantes que, juntas, deberían formar adecuadamente un «todo»... pero la consciencia y el inconsciente no forman un todo cuando cualquiera de los dos es anulado o dañado por el otro. Si han de contender, que sea una lucha justa con los mismos derechos para ambos lados. Los dos son aspectos de la vida. Dejad que la consciencia defienda su razón y sus maneras autoprotectoras, y que la caótica vida del inconsciente tenga una oportunidad justa para salirse con la suya, tanto como podamos soportarlo. Esto significa, al mismo tiempo, un conflicto abierto y una abierta colaboración... Se trata del viejo juego del martillo y el yunque: el hierro que sufre entre ellos acabará adquiriendo la forma de una totalidad inquebrantable, el individuo.[4]

---

4. Carl Jung, citado en Dane Rudhyar, *Astrology and the Modern Psyche*, 1976, pág. 24.

De modo que la individuación es el resultado de la continua integración de la consciencia y el inconsciente, y el crecimiento humano continúa organizando elementos separados para convertirlos en un todo complejo.

La astrología incorpora, al igual que Jung, las antiguas ideas de totalidad y polaridad. La carta astral en sí misma representa la totalidad de una personalidad individual. Está compuesta de dos mitades, una que simboliza el lado consciente, solar, activo, masculino y diurno de la consciencia, y la otra el lado inconsciente, lunar, pasivo, femenino y nocturno. Así como el discurso de Jung suele centrarse en la interacción de los opuestos emparejados (esto es, consciente-inconsciente, pensamiento-sentimiento, sensación-intuición, animus-anima), la carta también consta de polaridades de pares-de-poder de opuestos de signos (Tauro/Escorpio), de casas (segunda/octava) y de arquetipos (Venus/Marte). E incluso la consulta astrológica más inclinada al hemisferio izquierdo del cerebro tiene como resultado llevar a la consciencia lo que antes era desconocido, avanzando así hacia la individuación tal como Jung la describe. La astrología por la experiencia tiene como objetivo ofrecer unos métodos y una comprensión que vayan más lejos para favorecer el «conflicto abierto y una abierta colaboración» entre la consciencia y el inconsciente a los que hace referencia el psicólogo.

En 1909, Jung tuvo un sueño extraordinario que cristalizó su teoría de que la psique está compuesta de tres sistemas o niveles distintos pero interactivos: una mente consciente y otra inconsciente que consta de dos partes, el inconsciente personal y el colectivo.[5] Finalmente, este sueño lo condujo hasta la publicación de su obra seminal, *Símbolos de Transformación*. Joseph Campbell resume los temas de este gran esfuerzo:

> ... Las ideas esenciales... fueron, en primer lugar, que los arquetipos de los modelos de mitos son comunes a la especie humana, que no expresan inherentemente ninguna de las circunstancias sociales locales, ni tampoco ninguna experiencia singular del individuo, sino necesidades, instintos y potenciales humanos comunes; en segundo lugar, que en las tradiciones de cualquier pueblo dado, las circunstancias locales habrán proporcionado las imágenes

---

5. Carl Jung, *Memories, Dreams, Reflexions*, Nueva York, Vintage Books, 1965, pág. 158.

a través de las cuales los temas arquetípicos aparecen en los mitos de apoyo de la cultura; en tercer lugar, que si la forma de vida y de pensamiento de una persona se alejan tanto de las normas de la especie que le sobreviene un estado patológico de desequilibrio, de neurosis o psicosis, aparecerán sueños y fantasías análogos a mitos fragmentados; y en cuarto lugar, que estos sueños se interpretan mejor no retrocediendo hasta los recuerdos infantiles reprimidos (reducción a la autobiografía), sino por comparación hacia fuera con las formas míticas análogas (ampliación a la mitología), para que el individuo perturbado pueda aprender a verse despersonalizado ante el espejo del espíritu humano y descubrir por analogía el camino que lo conducirá hasta su propia realización más amplia.[6]

La publicación de este libro (en la edición alemana original) marcó la ruptura de Jung con Freud, en el sentido de que el método terapéutico ya no consistía únicamente en una «reducción a la autobiografía», el método freudiano, sino que ponía énfasis en la «ampliación a la mitología», la conexión de los contenidos inconscientes con las expresiones más amplias de la realidad subyacente, los mitos permanentes de la raza humana. Y es justamente este cambio lo que hace que el pensamiento junguiano sea tan relevante para la astrología por la experiencia. La gran percepción de Jung fue que, al igual que en la visión de Freud, la mente tiene un nivel inconsciente que alberga los contenidos reprimidos de la historia personal del individuo, pero también que «este inconsciente personal descansa sobre una capa profunda, que no deriva de la experiencia personal y no es una adquisición personal, sino que es innata». Jung llamó a esta capa el inconsciente *colectivo* porque «esta parte del inconsciente no es individual sino universal; en contraste con la psique personal, tiene contenidos y formas de comportamiento que son más o menos las mismas en todas partes y en todas las personas».[7] Por lo tanto, todos tenemos un nivel de mente que es «idéntico en todos los hombres y, por esta razón, forma parte de un substrato psíquico común de naturaleza suprapersonal que está presente en cada uno de nosotros».

---

6. Joseph Campbell, *The Portable Jung*, Nueva York, Penguin Books, 1976, pág. XXII.

7. Carl Jung, «Archetypes of the Collective Unconscious», en *The Archetypes and the Collective Unconscious*, Segunda Edición, Princeton NJ, Princeton University Press, 1968, págs. 3-4.

Lo principal entre los contenidos del inconsciente colectivo son los *arquetipos*, «las imágenes primordiales... universales, que han existido desde los tiempos más remotos».[8] Haciendo énfasis en que el arquetipo predetermina la forma, no el contenido, Jung nos ofrece la imagen vívida del arquetipo como algo similar «al sistema axial de un cristal, que forma de antemano la estructura cristalina en el líquido madre, aunque no tiene existencia material propia».[9] Continúa explicando que estos arquetipos, que son nuestra herencia universal, pueden emerger en cualquier consciencia individual, tocar una cuerda de respuesta en compañeros y elaborarse convirtiéndose en mito, ritual y creencia cultural, como lo han hecho a lo largo de la historia. Son la fuente de nuestra comprensión compartida de la Gran Madre, el Héroe, los propios Dioses y también de los símbolos planetarios de la astrología.

Podemos especular que el reconocimiento de Jung del nivel más profundo, mítico, al que denominó inconsciente colectivo es un redescubrimiento del mismo nivel que producía la comunión divina experimentada por los antiguos en Eleusis hace dos mil años. Está claro que Jung no ideó un concepto, sino que desveló una realidad psíquica. Los seres humanos inventamos conceptos como herramientas para comprender, categorizar y separar las cosas. Podemos sustituir conceptos, pero las estructuras arquetípicas de la consciencia son como órganos vitales: no existen sustitutos racionales para ellas. Estos arquetipos son fuerzas poderosas, invisibles, que dan forma a nuestro comportamiento e influyen en nuestras emociones y creencias. Jung (y ésta es la esencia de su método terapéutico), quería que llegásemos a conocer estas formas que están en nuestro interior y, así, pudiésemos ser más libres y más completos. La perspectiva junguiana nos da tanto la base lógica como la metodología para emplear los símbolos astrológicos como arquetipos. En la astrología por la experiencia, nuestro propósito es ofrecer métodos capaces de evocar arquetipos astrológicos para avanzar en el objetivo de Jung de consciencia, totalidad y libertad.

---

8. *Ibídem*, pág. 5.

9. Carl Jung, «Psychological Aspects of the Mother Archtype», en *The Archetypes and the Collective Unconscious*, pág. 79.

La astrología por la experiencia y el movimiento del potencial humano

No quiero dar la impresión de que la astrología por la experiencia fue diseñada por un comité de académicos que se tragaron volúmenes enteros de Freud, Jung y Rudhyar. De hecho, el típico contribuidor ha pasado más tiempo poniendo a prueba los límites del crecimiento personal que languideciendo en una biblioteca. Mi propia historia, que incluye talleres de crecimiento a los que ha asistido casi todo el mundo, peregrinaciones al Instituto Esalen en Big Sur, California, un extenso programa de entrenamiento en habilidades de liderazgo y quince años de estudio de Kriya Yoga, no es inusual. Éstas son, ciertamente, las oportunidades para el crecimiento psicológico, espiritual y artístico que surgieron, especialmente en Estados Unidos, como el «movimiento del potencial humano» a mediados de los años sesenta. De modo que, cuando empezamos a crear los elementos de una astrología «por la experiencia», aportamos una multitud de ideas teóricas y prácticas cuyo origen tiende a hacerse borroso. No obstante, hay algunas pautas distinguibles y serán tratadas brevemente más abajo bajo los títulos de «experimentar, representar y encarnar», no sin antes reconocer una deuda particular con Jacob Moreno y su contribución al «psicodrama».

El astrodrama, una forma de astrología por la experiencia que supone «actuar el horóscopo», en parte debe su inspiración al método terapéutico de Jacob Moreno: el psicodrama. Moreno fue un psiquiatra vienés, contemporáneo de Freud y Jung. Murió en 1974 y, por esa razón, su vida abarca casi un siglo entero de interés para nosotros, aunque el psicodrama ha empezado a tener especial prominencia desde los años sesenta. Moreno fue un director de teatro experimental en los años veinte. Su interés en los usos terapéuticos del arte se inició a raíz de una riña matrimonial entre miembros de su compañía, la cual él representó ante el público con resultados destacables.[10] A partir de este comienzo, vio la promesa de un teatro sanador y dio los pasos necesarios para darle vida. En efecto, abandonó el diván de psiquiatra y lo sustituyó con un escenario improvisado en el que «los individuos podían hacer una repre-

---

10. Joseph Moreno, *Psicodrama*, vol. I, Beacon House, Beacon, Nueva York, 1946.

sentación de sus propios problemas y de los del mundo con absoluta libertad de improvisación».[11] Como señala un observador: «Las teorías de Moreno son complejas y abstrusas, pero su método es sencillo, directo y poderoso. Una representación de psicodrama tiene participantes que representan escenas de sus vidas usando una variedad de técnicas para intensificar las emociones y aclarar conflictos. Los observadores, que quizá no están directamente implicados, también suelen beneficiarse de la experiencia».[12] Mientras que en el teatro clásico el propósito era provocar una *catarsis* (esto es, una liberación emocional sanadora) entre el público, el psicodrama invita a los actores a dicha experiencia, con un gran efecto. El astrodrama, en su forma más ligera, más orientada a la representación, puede estar dirigida al público o, cuando se utiliza como medio para el crecimiento personal, puede tener toda la intensidad y la inmediatez de un psicodrama. En cualquiera de sus formas de expresión, el astrodrama tiene lo que los astrólogos reconocerán como la marcada ventaja de recibir información de «el mapa de la psique», la carta astrológica.

Rudhyar nos ofrece un punto de vista humanista de la carta natal, Jung nos proporciona un marco teórico más amplio dentro del cual la astrología puede operar creativamente, y Moreno apoya la importancia de la participación individual como medio para retomar el papel central de protagonista en nuestro propio drama vital en desarrollo. Pero existen otras influencias en la astrología por la experiencia. Tres patrones o temas parecen emerger de una gran complejidad de posibilidades.

El primer tema influyente del movimiento del potencial humano es el «experimentar». Estamos experimentando cuando sintonizamos activamente, emocionalmente, con el momento, especialmente en una situación que ofrece oportunidades para el crecimiento personal. En un extremo, experimentar puede incluir una descarga profunda de sentimientos, emocionalmente catártica. El opuesto más cercano es intelectualizar de una forma desapasionada y abstracta. Ni más ni menos que Carl Rogers, el padre de la psicoterapia no directiva, consideró este factor suficientemente importante como para desa-

---

11. Rudhyar, *Astrology and the Modern Psyche*, pág. 69.
12. Michael P. Nichols y Melvin Zax, *Catarsis in Psychotherapy*, Nueva York, Gardner Press, 1977, pág. 73.

rrollar, junto con sus colegas, una escala para su medición.[13] Incluso una observación casual respalda la afirmación de que la forma habitual de comunicación en astrología es abstracta y desapasionada, lo cual quizá funcione para transmitir meros datos, pero no refleja la experiencia, la cual facilita el crecimiento. La astrología por la experiencia busca poner remedio a esto.

Una segunda característica de la práctica orientada al crecimiento podría denominarse «representar». Nos hemos referido a la representación en su forma más obvia en la «actuación» psicodramática de episodios de la vida en el trabajo de Moreno. Pero representar, especialmente en la terapia *Gestalt* ideada por Fritz Perls, incluye la actuación y la integración de contenidos inconscientes y desconocidos de la mente inconsciente.[14] Un astrodrama intenso puede incluir estos elementos como algo señalado por determinados tránsitos en la carta astral, pero puede implicar también la plena expresión emocional de un arquetipo como Venus, el Sol o Plutón. La representación hace explícito lo que está implícito en nuestro inconsciente y, de este modo, nos permite darle forma y sentimiento, e integrarlo en nuestro ser.

La «encarnación» es el tercer factor que influencia a la astrología por la experiencia. Quizá empezando con Wilhelm Reich, otro miembro del círculo inicial de Freud, Occidente comenzó a redescubrir que, en un sentido muy real, *somos* cuerpos. No sólo tenemos cuerpos como si fuesen un infeliz apéndice de nuestras mentes. La contribución de Reich (elaborada más adelante en los años sesenta y más tarde por seguidores como Lowen y Keleman) incluía el reconocimiento de que el cuerpo es un sistema energético con unos bloqueos característicos al libre fluir de las emociones y los sentimientos, e ideó técnicas para eliminarlos.[15] No obstante, en un sentido más general, encarnación significa que los astrólogos podemos dejar las sillas de nuestro

---

13. M. H. Klein, P. L. Mathieu, E. T. Gendlin y D. J. Kiesler, *The Expiriencing Scale: A Research and Training Manual*, Bureau of Audio-Visual Instruction, University of Wisconsin Extension, 1970.

14. Claudio Naranjo, «I and Thought, Here and Now: Contributions of Gestalt Therapy», capítulo III en F. Douglas Stephenson, ed., *Gestalt Therapy Primer*, Nueva York, Jason Aronson, 1978, pág. 38.

15. Wilhelm Reich, *The Function of the Orgasm*, Nueva York, World Publishing, 1971. Véase también: Alexander Lowen, *The Language of the Body*, Nueva York, Collier Books, 1971 y Stanley Keleman, *Your Body Speaks Its Mind*, Nueva York, Simon & Schuster, 1981.

consultorio y expresar los significados de los arquetipos astrológicos con el movimiento, el sentimiento, la danza y el tacto, y eso es algo que nos enriquecerá.

Tradiciones espirituales y psicología transpersonal

La tradición humanística occidental nunca tuvo una influencia absoluta sobre el movimiento del potencial humano. Desde el inicio del movimiento, los líderes espirituales y sus tradiciones antiguas (principalmente de Oriente) tuvieron su sitio al lado de terapeutas y grupos de terapia. La astrología tiene una afinidad particular con algunos elementos de esta afluencia espiritual, en parte debido a algunos orígenes comunes. En el Kriya Yoga, por ejemplo, los preceptos astrológicos y yóguicos han estado íntimamente entremezclados durante mucho tiempo, iluminándose unos a otros.[16] Más adelante, en este libro, encontrarás los aspectos yóguicos de la astrología por la experiencia.

Las psicologías de Oriente y Occidente nombradas arriba se combinan en un campo relativamente nuevo denominado «psicología transpersonal».[17] Los escritos de algunos de sus defensores, como Ken Wilber, Stanislav Grof y Jean Houston, pueden ser fuente de continua inspiración para nuestras exploraciones en la astrología por la experiencia. Resulta interesante que la «psicología clásica» desplazada por el humanismo esté regresando bajo la tutela de la psicología transpersonal. Grof es explícito respecto a esto, particularmente en relación con la astrología:

> ... la astrología, una disciplina rechazada y ridiculizada por la ciencia newtoniana-cartesiana, puede demostrar que es de un valor inusual como fuente de información sobre el desarrollo y la transformación de la personalidad. Sería necesaria una larga discusión para explicar cómo y por qué la astrología puede funcionar como un excelente sistema referencial. Esta posibilidad pare-

---

16. Paramahansa Yogananda, *Autobiography of a Yogui*, Los Ángeles, Self-Realization Fellowship, 1974, pág. 279.

17. Ken Wilber, *Up From Eden*, Shambhala, Boulder, CO, 1983. Véase también: Stanislav Grof, *Beyond the Brain*, Albany NY, State University of New York, 1985, y Robert N. Walsh y Frances Vaughan, (Eds.), *Beyond Ego*, J. P. Tarcher, Los Ángeles, 1980.

ce bastante absurda desde el punto de vista de la ciencia mecanística, la cual
trata a la consciencia como un epifenómeno de la materia. Sin embargo, para
un enfoque que considere a la consciencia como un elemento básico del universo que está entrelazado con los fundamentos mismos de la existencia, y que
*reconoce las estructuras arquetípicas como algo que precede y determina fenómenos
en el mundo material* (la cursiva es mía), la función de la astrología parecería
bastante lógica y comprensible.[18]

Afortunadamente, para utilizar la astrología por la experiencia no tenemos que resolver cuál es la visión correcta, si la de la psicología clásica o la de
la humanística, especialmente porque los filósofos no han sido capaces de
hacerlo en más de tres mil años. Tanto si creemos que los arquetipos surgen
en una dimensión de la realidad que está más allá de la nuestra (como lo haría
Grof o un seguidor de Platón), o que son una manifestación de la mente
como nuestra herencia compartida como seres humanos (al estilo Jung), o
incluso que son ideas corrientes pero sumamente importantes que reflejan
verdades culturales, podemos utilizarlos como una herramienta para la comprensión de nosotros mismos y para el crecimiento.

De modo que hemos dado la vuelta completa al círculo en nuestro viaje
a la teoría y, sin embargo, hemos tratado sólo algunas de las influencias en la
astrología por la experiencia. En parte, esto se debe a sus orígenes difusos,
pero quizá aún más porque lo que estamos buscando ya se ha conseguido
mediante la experiencia de vida, más que a través del estudio. Toda persona
que elija explorar la astrología por la experiencia tendrá la oportunidad de
experimentarla a su manera, de encarnar sus principios y de representarlos en
su propia vida.

---

18. Stanislav Grof, *Beyond the Brain*, Albany NY, State University of New York, 1985,
págs. 393-394.

4

La utilización de la astrología por la experiencia

Estamos representando, contando, siendo testigos de la historia de nuestras almas.

JAMES HILLMAN, Revisioning Psychology

La astrología por la experiencia ha sido utilizada principalmente de cuatro maneras: como una forma de teatro artística y expresiva; como herramienta de enseñanza para estudiantes y practicantes; como contexto para la sanación terapéutica; y, como veremos en los capítulos 5 y 6, para el estudio de uno mismo, para la contemplación y el ritual personal. En la antigüedad, la representación de las energías planetarias arquetípicas era una parte integral al teatro público. El teatro era un medio sagrado, catártico, diseñado para sanar a través del contacto directo con los niveles de consciencia más profundos. Por otro lado, es posible que el teatro moderno experimente ocasionalmente con la evocación de símbolos, pero la mayor parte del tiempo busca entretener, más que transformar. La representación del astrodrama descrita más adelante formó parte de una serie de pasos hacia la recreación del teatro sanador del pasado, utilizando los símbolos astrológicos como medio para la interacción directa con el inconsciente. Mientras continúas leyendo, observa los efectos sanadores de la forma, tanto en el público como en los actores, así como la facilidad con que el astrodrama transmite información astrológica a quienes probablemente sólo conocen su signo solar.

Esta representación fue creada para expresar las influencias astrológicas presentes en el momento mismo de la actuación. Lo que se describe aquí fue la primera de dos representaciones conectadas entre ellas, una escenificada en el eclipse lunar (Luna llena), Tauro/Escorpio de mayo de 1985 para un público general, y la otra en el eclipse solar (Luna nueva) en Escorpio para la Conferencia Regional del NCGR (*National Council on Geocosmic Research*) en Chicago, en noviembre de 1985.

El marco es el gran gimnasio transformado del *Noyes Cultural Arts Center* en Evanston, Illinois. A ambos lados hay grandes ventanales, del suelo al techo, con vistas al amplio jardín. Es una hermosa y cálida noche de primavera. Cuando el atardecer se convierte en oscuridad, el brillo de las velas parpadeantes refleja como un espejo el telón de foro sembrado de estrellas. La Luna llena se eleva perezosamente en el cielo nocturno. Un público de más de cien personas, la mitad de las cuales no tiene conocimientos de astrología, se instala en sus asientos para disfrutar de la representación. ¿Por qué no te unes a nosotros para ver la actuación?

Teatro - 4 de mayo de 1985

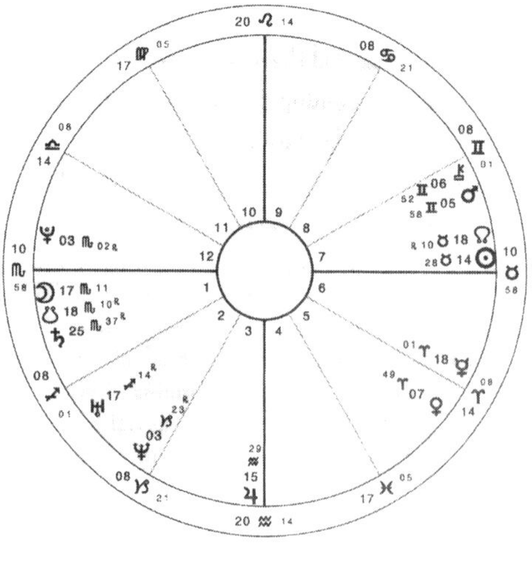

Mientras las luces languidecen hasta la negrura, la profunda voz resonante del narrador rompe el silencio: «Y Dios creó el Sol, la Luna y los planetas...».

Un foco ilumina a los «planetas» en sus radiantes disfraces mientras, uno a uno, van haciendo su entrada. Marte salta al escenario y avanza esgrimiendo su espada; Saturno entra con paso majestuoso, casi pesado. Cada planeta recita una «firma» de tres líneas: «¡Soy Mercurio! Soy tu poder para comunicarte, la mente que está detrás de tu cerebro, la lente de enfoque a través de la cual pasan todos los demás. Con la antorcha de la razón, ¡busco la *verdad*!». Venus entra en un remolino de gasa rosa y verde: «¡Soy Venus! Soy todo lo que amas y a lo que tienes cariño. Atraigo por mi espíritu amoroso, suave y armonioso». Cuando han entrado en el teatro, se dispersan, bromeando y mezclándose con el público. Venus se acerca a una mujer que está en la última fila. «¿En qué signo está tu Venus?». «En Tauro», responde sorprendida la espectadora. En menos de un segundo, la actriz comienza a improvisar. «Oh, ¡nos *encanta* comer! Vayamos a ese nuevo restaurante francés. He oído que tienen el mejor *paté de foiegras*. ¡Y un precio magnífico por una botella de Pomerol del '82!». Riendo con reconocimiento, la mujer toma cálidamente la mano de Venus. Hay una sensación de deleite e ilusión en torno a ella mientras los demás planetas se dedican a entretener.

Al poco rato, cada uno de ellos se dirige al escenario central y encuentra el punto en el círculo del zodíaco que representa su posición exacta en el cielo en ese momento. Entonces Mercurio, en su papel natural de comunicador, señala los cuatro puntos cardinales, el arco del cinturón del zodíaco, los planetas que se elevan y que se ponen, y los aspectos (relaciones angulares) de cada planeta con respecto a cualquier otro en esta noche en particular. Luego, cada uno de ellos dedica unos tres minutos a una presentación, evocando tanto como puede su identidad única. Con movimientos corporales, sentimientos, imágenes, sonidos, palabras, gestos y expresiones faciales, pintan un retrato vivo de su energía planetaria. Oigamos hablar a Mercurio:

Yo soy tu poder de comunicar, de pensar y reflexionar, de distinguir una experiencia de otra. Como Hermes, mensajero de los Dioses, soy el puente entre tu mente consciente y el mundo desconocido del Inconsciente.

Soy el medio por el cual hablas. Yo inventé toda la escritura, el lenguaje, los libros y las bibliotecas. Persigo el conocimiento y la comprensión. Busco nuevas formas de percibir el mundo. Hago las preguntas fundamentales: ¿De dónde vengo? ¿Por qué estoy aquí? ¿Adónde voy...? Puedo ser tu mejor amigo o tu peor enemigo. Como tu enemigo, puedo traerte infinitas distracciones para mantenerte desconectado de tus emociones reprimidas. Te mantengo ocupado para que no *sientas*. ¡Las emociones son tan poco razonables!

En Escorpio, penetro hasta las profundidades, buscando el núcleo. Conozco los secretos de la magia y del Tantra, ¡pero nunca te diré lo que he descubierto! En Virgo, soy claro, preciso y eficiente. Reconozco el error y la imperfección, pero he de admitir que estoy mucho más interesado en lo que he hecho mal que en lo que he hecho bien.

Esta noche, estoy en Aries. Soy osado, impetuoso e impulsivo. Mis pensamientos son como estrellas fugaces, haciendo explosión en todas direcciones, y hoy diré lo que pienso, ¡os guste o no!

Cuando todos los planetas han hablado, la intensidad de las luces se reduce, señalando la siguiente fase del programa, una narración del mito de Deméter y Perséfone, que fue escogido porque evoca las fuertes energías Tauro/Escorpio (traición y perdón) que están a nuestra disposición esta noche.

La primera escena presenta a Hades caminando de un lado a otro con una furia incontrolable, vociferando y despotricando, rezongando y haciendo muecas ante los ruidosos e iracundos Gigantes encarcelados en el Monte Etna que se encuentra por encima de él. Decidido a devolver la tranquilidad a sus dominios, huye hacia el mundo superior. Al llegar ahí, observa a hurtadillas a Perséfone, que se encuentra en un prado recogiendo flores. Al ver la escena desde un montículo, Venus, en un momento de ironía, envía a Cupido para que lance al desprevenido Hades la flecha del amor. Herido de este modo, su ira se convierte en deseo por la inocente muchacha. Absolutamente consumido por la pasión, da vueltas alrededor de ella, siseando y lamiéndose el carrillo con expectación.

Un agitado sonido de tambores hace eco del ritmo del corazón de Perséfone cuando ella ve al lujurioso Hades cercándola. Inmune a sus gritos de terror, el oscuro Dios prende a la muchacha, llevándosela a su cueva en el inframundo. Cuando Deméter, madre de la joven, se entera de lo ocurrido, empieza a gritar de rabia y luego cae al suelo con un llanto convulsivo, absolutamente golpeada por el dolor. Nadie puede consolarla, ni siquiera los dioses. Y por ello, todos deben sufrir. Como Diosa de los Cereales y cuidadora de todo lo que vive sobre la Tierra, descuida sus deberes. La tierra se seca. Lo que solía ser verde y hermoso se torna marrón y pelado.

Finalmente, con ayuda de Hermes/Mercurio y con la intervención del todopoderoso Zeus/Júpiter, se establece un amargo compromiso. Todos deben resignarse al nuevo acuerdo. El poder primitivo de Hades y Deméter juega en contra de la inocencia de Perséfone. Los tres son vinculados contra su voluntad por la pasión y la aflicción. Todos traicionaron y todos soportaron la traición del otro.

Las palabras finales de la obra son pronunciadas por Hermes:

Éste es un mito que revela nuestra pureza e inocencia, nuestros deseos y traiciones. Es una historia sobre la tolerancia de lo intolerable, la aceptación de lo inaceptable y, por último, del perdón de lo imperdonable. Presenta el misterio del hombre que reside en estas contradicciones, opuestos que se encuentran para siempre en la interacción rítmica y creativa de la luz y la oscuridad. La solución reside en la valentía del hombre y en su capacidad de cruzar el umbral, encontrarse con sus demonios y atravesar las llamas. El hombre es el fuego y el hogar, el tronco y el sacrificio...

Las luces se apagan y todo queda oscuro. La montaña rusa emocional de los últimos veinte minutos finaliza con un momento de silencio elocuente, de reflexión y, como dijeron más tarde muchos miembros del público, plagado de sentimientos agitados y del recuerdo de sus propias experiencias de traición.

Pero, rápidamente, el tono de la representación cambia con el inicio de una serie de improvisaciones lúdicas y creativas extraídas de las cartas astrales de los miembros del público. Desde la parte posterior de la sala llega la solicitud de ver a «Mercurio en Géminis en cuadratura con Urano en Virgo». Después de unos momentos de consulta, Mercurio y Urano avanzan rápidamente hasta el centro del escenario. Mercurio inicia un enérgico monólogo, revelando impulsivamente sus opiniones favoritas, los libros que va a escribir y las grandes preguntas para las cuales ha hallado respuesta. Urano, acercándose a Mercurio, parece irradiar una especie de energía errática a la que Mercurio debe responder. Ella es implacable en su crítica de las ideas de Mercurio, inundándola con alocadas opciones a considerar. La improvisación acaba con una Mercurio exhausta que ruega un poco de paz y tranquilidad.

Una petición para ver «al Sol en Aries en oposición a la Luna en Libra» invita a otra parodia espontánea. El Sol y la Luna entran en escena, metidos en una guerra psíquica sobre sus planes de matrimonio. El enérgico Sol insiste en que deberían programar la boda lo antes posible, mientras que la evasiva Luna arrastra los pies por el suelo con expresión de confusión. En un aparte, nos dice lo que está pensando: «¡Este tipo! Es guapo, pero *acabo* de conocerlo la semana pasada. Se parece un poco a Brad, pero en realidad actúa más como Tom». La escena acaba sin una solución, pero con el alegre aplauso del público.

Cuando se empieza a acercar el final de la producción nocturna, cada planeta da un paso adelante para ofrecer un regalo simbólico al público. Mercurio regala semillas de pensamiento positivo, Saturno arcilla para moldear una estructura para nuestras vidas, Marte una espada para inspirar el valor necesario para cortar con aquello que nos impide avanzar. El cierre de la representación une a los participantes de la velada, a actores y observadores en un momento de reflexión. Las últimas palabras de la noche fueron pronunciadas por Carl Fitzpatrick interpretando a Plutón:

Nueve hermosos regalos. ¿Pero no nos hemos olvidado de algo? Algo que podrías recibir de cualquiera, pero sin embargo... De todos modos, qué se puede pedir de Plutón, cuando en mi reino recojo todo lo que queda después de que tú hayas acumulado en Tauro todo aquello que valoras, a lo que le has puesto tu sello y con lo que te sientes a salvo. Algunos de esos desechos se pudren para envenenar tus profundidades y, para sobrevivir, tendrás que volver a mí para que los extraiga y encuentre el poder sanador. En cuanto al verdadero tesoro, nunca lo has reconocido. Y si te lo doy ahora, sólo conseguiré que lo vuelvas a tirar.

El eclipse muestra el misterio. La Luna está en Escorpio y tú te lamentas y lloras porque te traigo traición y muerte. Pero, ¿qué has aprendido sobre la confianza, o la vida? Pondré a prueba tu superficial inocencia en un crisol de desconfianza y quizá entonces puedas aprender a comprometerte totalmente y a inspirar confianza. ¿Traición? ¡Tú la provocas! Te llamo a transformarte a través de tus más profundas pasiones para que conozcas la plenitud de la vida. La Muerte, también, te la provocas tú.

El Sol está en Tauro y tú moras en un bloque de piedra, y yo soy tu escultor, extrayendo trozos de tu prisión, y ésta sangra cuando te aferras a los pedazos de lo que tienes en lugar de valorar lo que eres. Puedes traerme tu resentimiento y tu amargura porque todo lo que era más preciado para ti ha sido corrompido y robado. El único regalo que tendré para ti es la última cosa que pedirías: ¡Tu verdadero Ser!

Después de la actuación hay un grupo de música tocando en vivo, hay baile, bebida y un aperitivo. Ha sido una noche intensa y emocional, que nos ha hecho pensar, que ha reflejado los dramas más profundos que yacen bajo los símbolos conocidos del eclipse de Luna llena en Tauro/Escorpio.

Al haber sido coproductora, directora y planeta Mercurio, mi recuerdo del evento sigue siendo muy vívido. Nuestra compañía de actores fue capaz de evocar los aspectos del momento y de utilizarlos para crear un «happening» astrológico. El Mercurio en sextil con Júpiter, en trígono con Urano, nos permitió comunicar y enseñar principios y conceptos astrológicos. El fuerte Tauro/Escorpio en cuadratura con Júpiter nos dio acceso a un nivel de consciencia que permitió una liberación sanadora; y el Venus en sextil y el Marte en trígono con Júpiter aseguraron el éxito de la celebración y la fiesta del final de la noche. La representación también nos proporcionó un medio para llegar, no sólo a los astrólogos experimentados, sino también a muchas personas para las cuales la astrología era algo totalmente nuevo. En lugar de establecer un contacto con una sola persona, al estilo de las consultas individuales, llegamos a más de cien. En ese tiempo de Plutón en Escorpio, en que la gente buscaba experiencias catárticas profundas, fuimos capaces de mostrar un indicio del potencial psicológico del astrodrama y la astrología por la experiencia.

Quienes hicieron realidad este proyecto son personas que, desde una perspectiva astrológica, tienen un particular interés. Los coproductores del teatro fueron Clay Bodine (Saturno en conjunción con Plutón), Betsey Means (el Sol en Escorpio) y yo misma (Saturno en conjunción con Plutón). De los diez «planetas», cuatro eran astrólogos practicantes, tres eran actores o actrices y el resto eran terapeutas o sanadores. Cinco de nosotros veníamos de la astrología; los demás no tenían conocimientos de ella. De los diez, cuatro tenían el Sol en Escorpio, dos la Luna en Escorpio, dos ascendente Escorpio, ¡y tres Saturno en conjunción con Plutón! Lo que me pareció más que una coincidencia fue la fuerte energía escorpiana que había en este grupo que se reunió para realizar una representación en un eclipse Tauro/Escorpio. Este punto organizativo pareció atraer a un grupo que no sólo estaba interesado en una experiencia psicológica y emocional profunda, sino que fue capaz de evocar y comunicar las poderosas energías del eclipse.

Para los actores, por supuesto, la experiencia fue más allá de la actuación de aquella noche. Ensayamos dos veces por semana durante un intenso período de ocho semanas. Los ensayos incluían astrología, movimiento, consciencia del cuerpo, sonido, voces, imaginación guiada e improvisación creativa, además de la creación de la obra de teatro dentro de otra (Deméter y Perséfone). También tuvimos la suerte de contar con la experiencia especial de dos mujeres muy conocidas en el medio, la terapeuta de sonido Vickie Dodd y la terapeuta de danza Jane Siegel. Ambas hicieron mucho para ayudar a los actores a desarrollar sus voces y sus cuerpos como instrumentos de expresión. Cada uno de ellos pasó varias horas viviendo, literalmente, su identidad planetaria: pensando, percibiendo, sintiendo, convirtiéndose en su planeta y encontrando maneras de comunicar lo que experimentaban en su interior. Utilizando imágenes internas, imaginación creativa, meditaciones guiadas, voz, sonido, movimiento y expresión corporal, exploraron la conexión con el arquetipo interior. Durante estas semanas de preparación los miembros de la compañía se ayudaron unos a otros a desarrollar sus papeles planetarios, a pulir ideas, a escribir guiones y a diseñar y crear disfraces y maquillaje.

También compartimos nuestros sentimientos acerca de nuestros papeles. Plutón contó que, de regreso a casa después del primer ensayo, oyó una voz en su interior que le gritaba: «¿Qué estás haciendo? ¡No has actuado desde que estabas en octavo grado!». Y en otra ocasión, con lágrimas en los ojos, Neptuno nos habló de su lucha por encontrar la forma de expresar su planeta: «Me di cuenta de que una parte de mí había estado realmente desconectada de cualquier cosa que fuera espiritual. Me ha costado abrirme y confiar en que se hallaba en mi interior».

Los efectos de la representación fueron mucho mayores de lo que podíamos haber imaginado. David Hartiwick, fotógrafo y amigo, hizo la siguiente observación: «Mi impresión más fuerte de esta experiencia es que se trata de un teatro sanador. Quienes recibieron la mayor sanación fueron los propios actores. Al ser capaces de salir ahí fuera y *ser* esas cosas, fue cuando tuvo lugar la verdadera sanación. Siempre he admirado el teatro de la gente que da a la interpretación una cualidad de hombre corriente. Más adelante en este proceso deberíais intentar implicar a la gente de una manera más directa. Es ahí donde se podría producir la mayor sanación. Todos necesitamos levantarnos en algún momento y realizar una actuación de quienes somos».

Los comentarios de David fueron, ciertamente, proféticos a la luz de las experiencias que tuvieron los actores después de la representación. (Las palabras clave astrológicas asociadas han sido resaltadas en cursiva). El Sol (Clay Bodine), decidió *ampliar* el número de clases que iba a impartir y se puso la meta de *doblar* su espacio de trabajo/teatro, lo cual cumplió antes de seis meses. La Luna (Ann Trompeter) dejó de *vacilar* y decidió comprometerse con su carrera como actriz. Mercurio (Barbara Schermer) empezó a *escribir* este libro. Ambas intérpretes de Venus (Saren O'Hara y Randi Wolferding) decidieron quedarse *embarazadas*. Marte (Dennis Brittan), terapeuta de Chicago, se implicó más en el tratamiento psicológico de los aspectos de la *batalla* contra el sida.

Saturno (Betsey Means) señaló tres desenlaces relacionados: nuevas percepciones sobre la manera en que había estado *limitando* su vida, y un nuevo compromiso para *superar* estas limitaciones; la aceptación de un papel importante en una obra teatral en Chicago en el que representó a una mujer con muchas *cargas* que acaba volviéndose loca; y su papel catalítico para ayudar a «Urano» a *organizar* su nuevo negocio. Urano (Vicky Dodd), finalmente se aceptó a sí misma como una terapeuta *inconformista* y abrió un centro de conexión New Age llamado *New Voices Networking*. No debería sorprender que Neptuno (Gina Bader) tuviese la experiencia más *vaga*, aunque sí dijo que últimamente se sentía más *inspirada*. Júpiter (Jim Redmond) no percibió ningún elemento jupiteriano en particular en su vida, pero los astrólogos notarían que cualquiera de estos efectos probablemente fue contrarrestado por la influencia de su Saturno retrógrado a 26º de Escorpio y por el tránsito de Plutón en conjunción con su Marte a 4º de Escorpio.

Plutón (Carl Fitzpatrick) tuvo la experiencia más dramática. Unas semanas después de su actuación, cayó desde una escalera de doce metros, fracturándose la pelvis, destrozándose el pie y rompiéndose el brazo derecho. (Urano en tránsito se encontraba en conjunción con su Marte en Sagitario en la primera casa mientras Plutón hacía un sextil con Saturno. Carl siente que fue el sextil de Plutón el que le ayudó a salvar la vida). He aquí lo que escribió sobre su experiencia:[1]

> Poco después de nuestra actuación de noviembre, que coincidió con un eclipse solar en Escorpio, tuve un grave accidente el día de mi cumpleaños, en el que casi pierdo la vida. Puede que otras personas piensen que los aspectos de Plutón me causaron este desastre, pero en mi propio corazón y mi mente fue como si mi comunión con el arquetipo de Plutón me preparara para sobrevivir a un momento de crisis. Plutón, el sanador, me proporcionó la fuerza interior para sobrevivir a la crisis estando prácticamente entero.
>
> Mientras ensayábamos, yo meditaba sobre el significado de Plutón y la necesidad de transformación en todas las vidas y tomé consciencia subliminalmente de que me estaba acercando a una coyuntura en mi propia vida. Retrospectivamente, puedo concentrarme en la decisión que había estado posponiendo desde hacía años de que, por muchas razones, debía dejar el trabajo que venía realizando sobre escaleras. Hizo falta que un automóvil a toda velocidad se estrellara contra la escalera para ayudarme a tomar la decisión. Me parece gracioso llamar a esta experiencia un desastre. Quién hubiera sospechado que yo podía caer cuatro pisos y quedar con sólo una minusvalía leve. Me parece que está más claro que nunca que si es aceptado con una percepción instintiva, Plutón representa una profunda liberación del yo esencial.

En suma, nuestro astrodrama fue una extraordinaria experiencia grupal. El impacto que tuvo sobre los actores está claro. El efecto sobre el público fue evidente por los buenos sentimientos mostrados en el baile y la celebración que le siguieron. La gente estaba obviamente afectada y conmovida, y tomó más consciencia de su propia conexión, profundamente personal, con sus vecinos cósmicos. Tanto actores como público se unieron para ofrecer un excelente ejemplo de una consciencia astrológica renovada, ampliando y esclareciendo la experiencia humana con un toque sanador para todos.

La enseñanza de la astrología por la experiencia

Prácticamente toda persona que haya sido educada en la tradición occidental ha experimentado un método común «aprobado» para asimilar nueva infor-

---

1. Carl Fitzpatrick. Comunicación personal, 1986.

mación. El aprendizaje tenía lugar en un aula en la cual el profesor o profesora presentaba ideas verbalmente mientras los alumnos permanecíamos sentados en silencio en nuestros pupitres, registrándolas. Hemos sido condicionados a pensar que ésta es la única manera de aprender.

En tu primera clase de astrología básica, probablemente luchaste con lo que te pareció una impenetrable masa de datos. Había páginas y páginas de notas detalladas sobre alrededor de treinta y cuatro nuevos conceptos. Estaban los diez planetas, los doce signos y las doce casas, además de los cinco aspectos clave. Aprender lo elemental puede haberte impresionado de una forma similar a tu experiencia en tercer grado, con conceptos implantados principalmente a fuerza de memorización. Probablemente, sólo cuando finalmente conseguiste retener en tu memoria los treinta y cuatro símbolos empezaste a percibir cómo encajaba toda la información para formar una interpretación cohesiva.

Pero con los métodos de enseñanza a través de la experiencia, ahora podemos aprender y enseñar de maneras que se comunican simultáneamente con todo nuestro ser, en lugar de hacerlo únicamente con nuestro lado cognitivo en el hemisferio izquierdo del cerebro. No sólo podemos utilizar el «modo del Aire» (hablar) para enseñar; también podemos usar el Fuego (acción), la Tierra (sensaciones, herramientas pragmáticas) y el Agua (sentimientos). Con múltiples aproximaciones, la astrología se vuelve más interactiva, facilitando el aprendizaje y ofreciendo una síntesis más completa.

Actividades

Uno de los conceptos clave que aprendemos cuando empezamos a asistir a clases de astrología es la relación entre los cuatro elementos: Fuego (Aries, Leo, Sagitario), Aire (Géminis, Libra, Acuario), Agua (Cáncer, Escorpio, Piscis) y Tierra (Tauro, Virgo, Capricornio). Veamos cómo se aproximaría la astrología por la experiencia a estos cuatro elementos.

Si estás enseñando de una forma tradicional, podrías presentar a cada uno de ellos con una descripción verbal y quizá dibujar en una pizarra cuatro triángulos con sus respectivos elementos y signos. Este enfoque resulta atractivo para el intelecto. Para tener una experiencia más completa, podríamos añadir una actividad para cada elemento en la cual pudiera participar todo el grupo.

Para el elemento Fuego podríamos pedir a los participantes que se pongan de pie, se dispersen y se estiren. (Necesitarás un poco de espacio.) Cuando se hayan soltado, intenta poner un poco de música ardiente para Aries: ritmos activos, insistentes, agresivos. Luego anima al grupo a sentir, a *ser* la cualidad del Fuego: a moverse y arder como una hoguera. Sé directo, decidido, ten empatía. Pídeles que muevan los brazos, las piernas, el torso y la cabeza. Este proceso puede utilizarse para hacer que todo el ser entre en sincronía con el elemento Fuego. Cuando acabe la música, observa la energía tan cargada que hay en la sala. Observa cómo parlotean, jadean y resuellan para coger aire. ¡Eso es el *Fuego*! Para ampliar el aprendizaje, obtén información preguntando a los miembros del grupo qué les pareció el ejercicio. Esto puede conducir a una conversación sobre el elemento Fuego en sus cartas. Una persona con una carta ardiente probablemente no tendrá dificultad para hacerlo, mientras que una con una carta de agua podría sentirse más inhibida.

Después de una breve charla, pasa al elemento Aire. Después de hablar sobre el Aire, proporciona al grupo una experiencia de él. Intenta crear una situación imaginaria. Pide a los alumnos que imaginen que están en una fiesta. Los invitados acaban de empezar a llegar y su tarea consiste en hacer que todos se sientan cómodos. Pídeles que sean la mariposa social, moviéndose de grupo en grupo, interactuando con todos. Luego pon una música de fondo animada, con un toque de jazz para crear más atmósfera. ¡Eso es el *Aire*! Una vez que todo el mundo ha tenido oportunidad de interactuar, dedica una vez más unos momentos a preguntar qué les pareció la experiencia. ¿Tienen mucho Aire en sus cartas? ¿Ha sido más fácil para aquellos que tienen cartas con una fuerte presencia de este elemento? ¿Quién ha tenido más dificultad con este ejercicio? ¿Revela esto algo sobre los componentes elementales de sus cartas?

Pasa al elemento Tierra. Dado que este elemento se apoya en la sensación para formarse impresiones, pide al grupo que se siente con las piernas cruzadas en un círculo, lo suficientemente cerca como para que las rodillas se toquen ligeramente. Pídeles que cierren los ojos. Luego pásales objetos naturales que puedan tocar, oler, probar, etc., como una bolsita con tierra, hierbas, piedras, arcilla, gemas, hierro, incienso, oro, una hoja o la corteza de un árbol. Cuando cada persona toque, sienta o huela un objeto, estará utilizando su elemento

Tierra. Después de que se hayan pasado unos a otros una docena de objetos, aproximadamente, pide a los participantes que abran los ojos. ¿Hubo algún objeto desagradable? ¿Placentero? ¿Inidentificable? ¡Eso es *Tierra*!

Finalmente, trabaja con el elemento Agua. Pide a los miembros del grupo que se estiren en el suelo en una posición cómoda. Luego apaga las luces e invítalos, con una visualización guiada, a ir a la playa. Deja que sientan la cálida arena y el agua. Mientras sube la marea, ellos flotan a salvo en la superficie del agua y dentro del mar. Pon el suave sonido de las olas como fondo. Permite que se fundan con ello. Permaneced en silencio durante cinco minutos. Luego guíalos otra vez hacia la sala, haciendo que vayan tomando consciencia lentamente de su entorno. Cuando sea el momento adecuado, enciende las luces. ¿Qué les pareció? Prácticamente todo el mundo disfruta este tipo de experiencia pasiva e introvertida del Agua, especialmente los que tienen este elemento muy pronunciado. Los más inquietos podrían tener mucho Fuego, o tránsitos de dicho elemento en sus cartas.

Ahora deja que la emoción inicial por haber experimentado a los elementos se abra para dar paso a una conversación. Los alumnos que aprenden a través de la experiencia tienden a comprender los elementos de una forma más profunda. No sólo tendrán una comprensión intelectual del Fuego, el Aire, la Tierra y el Agua, sino que también tendrán una experiencia «kinestética» de los elementos y de cómo los sienten en sus cuerpos.

Tableros de imágenes

Los tableros de imágenes para enseñar o aprender también pueden crear una serie de nuevas posibilidades. Estos *collages* de imágenes visuales son herramientas eficaces e inspiradoras para enseñar astrología básica a principiantes, ayudan a los estudiantes de nivel intermedio a aprender aspectos y a pulir sus habilidades para la interpretación e incluso estimulan la parte creativa de los astrólogos que preparan cartas para sus clientes.

Para una clase de astrología básica, podrías crear un tablero de imágenes para el planeta Venus con fotografías sensuales como una llama bebé en un campo de margaritas; una mano que acaba de sumergirse en un baño de chocolate sosteniendo un cucurucho de helado cubierto también de chocolate; una niñita vestida con el sombrero, el bolso y los zapatos de tacón de su madre y con una muñeca en sus brazos; unos labios de mujer húmedos y sensuales; un delfín; dos amantes; una playa llena de gente tomando el Sol; un hombre pescando tranquilamente en un bote al atardecer; y una bailarina danzando. Muestra a tus alumnos un tablero de imágenes similar, tanto si tienen pocos conocimientos de astrología o como si no tienen ninguno, y pregúntales qué simboliza Venus. ¡Te lo dirán!

Luego muéstrales un tablero de imágenes de Urano. En él podría haber una silueta gráfica de un hombre con bombillas de luces de colores, con espirales, rayos de meteoritos y estrellas colocadas sobre ella; fuegos artificiales; una imagen del circuito de una computadora; un brazo mecánico de alta tecnología; una nave espacial; unos jóvenes macarras modernillos con gafas de Sol; una foto del *Silicon Valley*; y una vista del espacio profundo. Pregunta lo que Urano representa. Luego interrógalos acerca de qué ocurriría si las energías de Venus y Urano se juntaran.

Cuando les enseñes a integrar los aspectos, muéstrales los tableros de Venus y Urano juntos. Una vez más, utiliza las imágenes combinadas para ilustrar cómo interactúan estas energías en una conjunción, en un sextil, una cuadratura, un trígono o una oposición. ¿Qué dicen los tableros a los alumnos sobre el tipo de relación que una persona buscaría si tuviera a Venus en conjunción con Urano en su carta natal? ¿Cuál podría ser una típica secuencia de acontecimientos en una relación si un cliente tiene a Venus en cuadratura con Urano en su carta natal o un Urano en tránsito en oposición con su Venus natal? ¿Qué tipo de romance surgiría si su Venus estuviera en conjunción con el Urano del otro miembro de la pareja?

Si estás utilizando los tableros de imágenes terapéuticamente, haz que tu alumno o cliente contemple las imágenes de su Venus en cuadratura con Urano de su carta natal. Pídele que describa espontáneamente lo que está viendo. ¿Puede ver un paralelo entre estas imágenes y el modo en que se relaciona con los demás en su vida cotidiana? Pregúntale cómo siente en su interior este campo de energía. ¿Puede asociar cualquiera de estos sentimientos con su relación actual? ¿Puede dibujar su propia imagen de lo que se siente? Una inversión de media hora en este proceso revelará mucho más que una mera descripción de su Venus en cuadratura con Urano.

Para crear los tableros de imágenes, consigue diez láminas grandes de cartón (de, al menos, 30 x 35 cm), una pila de revistas (*Omni, Smithsonian,*

National Geographic, Newsweek son buenos recursos), unas tijeras, protectores de plástico para fotografía para mantener limpios los tableros y pegamento en barra. (Si utilizas pegamento en barra puedes cambiar las imágenes con frecuencia para mantener el interés de tus alumnos, y el tuyo, y poder añadir otras mejores cuando las encuentres.) Cuando ojees las revistas, busca imágenes apropiadas. Con el tiempo, tus tableros realmente empezarán a evocar los planetas que ilustran.

Astrodrama y psicoterapia

En mi experiencia, el astrodrama, en combinación con los métodos de psicoterapia, ha demostrado su potencial sanador una y otra vez, y puede utilizarse con muchos enfoques terapéuticos (junguiano, gestáltico, psicosíntesis, etc.). La astrología se entremezcla particularmente bien con aspectos de las terapias corporales neoreichianas y con la bioenergética de Lowen, particularmente cuando el astrólogo y el terapeuta trabajan juntos, en equipo. Mi marido, el psicoterapeuta Bob Craft, y yo hemos realizado una serie de talleres de «Astrología y psicoterapia» en Chicago para los astrólogos que desean trabajar en profundidad con sus cartas. El siguiente es un ejemplo de un taller que condujimos juntos.

El grupo estaba centrado en la carta astral de una mujer que quería trabajar con su problema de la conjunción Saturno/Plutón en Leo en su séptima casa. Nunca había estado casada y tenía un historial de huir del compromiso cuando sus relaciones se hacían más íntimas. Cuando ella tenía cinco años, su hermano enfermó gravemente de polio y, para protegerla, la enviaron a vivir con unos familiares. Ella recuerda que prácticamente no veía a sus padres. Para ella, la familia se había desintegrado y se sintió abandonada. Ahora, como adulto, estaba tomando consciencia de que las inseguridades y dudas en torno a dicho período de su vida contribuían a intensificar su temor a las relaciones estrechas.

Comenzando con un breve astrodrama, ella respondió a su Saturno y Plutón con confusión y frustración. Entonces Bob le preguntó si estaría dispuesta a permitirle hacer un poco de terapia corporal con ella. Estuvo de acuerdo y, siguiendo sus instrucciones, se acostó boca arriba. Dado que la intimidad con un hombre suponía una amenaza para ella, me senté a su lado para darle seguridad. Cuando se sintió cómoda con la situación, Bob colocó su mano sobre el esternón de la mujer y empezó a presionar suavemente, pidiéndole que se concentrara en cualquier sentimiento que surgiese.

Mientras él continuaba presionando en el área del corazón, los ojos de la mujer empezaron a llenarse de lágrimas y, al poco rato, éstas empezaron a salir a borbotones. Al principio habló con titubeos, en medio del llanto, de sus sentimientos de dolor en relación con los hombres de su pasado. Luego empezó a movilizarse contra Bob. Le agarró las manos e intentó alejarlas de ella. (Se le había dicho que podía poner fin al ejercicio en el momento que quisiera diciendo «¡PARE!»). Él se resistió; ella volvió a empujar. Finalmente consiguió alejarlo más colocando los pies debajo del pecho de él y empujándolo furiosa y desafiantemente. Ofreciendo resistencia contra los pies de la mujer con todo el peso de su cuerpo, Bob le pidió que aguantara en esa posición todo lo que pudiera y que «permaneciera con sus sentimientos».

Sus piernas empezaron a sacudirse por la tensión de resistir y, inmediatamente, ella pareció abrumada por el esfuerzo de mantenerlo alejado. Empezó a dar señales de sentir que se asfixiaba y a respirar con dificultad. Asustada, gritó: «¡No me ahogue! No me ahogue. Déjeme en paz. Váyase. No puedo respirar». Llegado este punto, tal como ella lo describió después, «atravesó» aquello y revivió una experiencia que había reprimido y olvidado, en la cual estuvo a punto de ahogarse en el lago Michigan a la edad de cuatro años.

En la agonía de la experiencia, había batallado contra un terror inicial. Su miedo se convirtió luego en otra respuesta: dejó de luchar, se rindió y aceptó su destino. Nos dijo: «Entré en un lugar de profunda paz y calma. Me asombró *ver*, realmente, un pececillo en el agua delante de mí y un alga que flotaba, y luego un rayo de luz que penetraba en el lago. Entonces sentí que era sacada violentamente del agua por un hombre, mi vecino, quien debió verme hundirme y desaparecer de su vista».

Acabamos esta evocadora sesión comentando cómo esta experiencia reprimida, los sentimientos de ahogo y su incapacidad para comprometerse con un hombre, encajaban con su conjunción Saturno/Plutón en la casa siete. La mujer recuperó una información nueva y valiosa acerca de por qué se sentía así con los hombres. Desde el taller, ha continuado trabajando con Bob. Él ha utilizado más trabajo corporal, técnicas de terapia por el arte y el trabajo con los sueños para ayudarla a integrar su experiencia de ahogo y a superar los problemas relacionados con ella.

La astrología por la experiencia y la psicoterapia combinadas ofrecen una emocionante variedad de técnicas y conceptos para explorar la psique. Ambas tienen algo único que dar. Y con Plutón ahora en Sagitario, no me sorprendería ver a más personas interesadas en una síntesis de enfoques que podrían llevarlas a una comprensión mayor de sus cartas y de ellas mismas.

5

El nacimiento de la Venus interior: un ejemplo planetario

El Alma nace en la belleza y se alimenta de la belleza, necesita a la belleza para su vida.

JAMES HILLMAN

Ella llega con el amanecer de una mañana rosa y azul; una muchacha completamente desnuda con un rostro y una forma que autentifican la divinidad de la Belleza. Bendecida por el aliento de flores de la ninfa Cloris, su frágil recipiente de concha es mecido por la exhalación de Céfiro, el Viento, deslizándose sobre una alfombra de espuma de mar que reluce trémula mientras avanza hacia la orilla. La mirada de sus ojos agita nuestras almas con un parpadeo de deseo y de posibilidades intensificadas. Su primer paso en tierra firme señalará el nacimiento de *Humanitas*, el elemento de la humanidad que más se acerca a lo divino. El *Horai*, la personificación de las horas del día, le ofrecen un aciano y un manto adornado con margaritas, símbolos del momento en que los seres humanos toman verdadera consciencia por primera vez del orden de la naturaleza y de las estaciones, el eterno retorno del zodíaco. Con el nacimiento de la divina Venus llega la *naissance* del primer momento de la humanidad merecedor de su nombre. ¡Su nacimiento hace que lleguemos a ser la humanidad!

Esta imagen del *Nacimiento de Venus*, pintada por Botticelli en 1478, se ha vuelto tan familiar, decorándolo todo, desde tapetes individuales hasta envoltorios de *software*, que podría correr peligro de perder todo su significado. Su mensaje vuela ante la irónica devaluación posmoderna de todas las cosas bonitas y afirmadoras de la bondad humana. Una crítica feminista podría señalar que se trata de una representación de lo femenino realizada por hombres, incluso del *anima*, o el alma en la consciencia masculina, según los junguianos. Mi propósito aquí, sin embargo, es reclamar el *Nacimiento de Venus* para las mujeres, para utilizar sus imágenes y su inspiración con el fin de explorar los muchos dones que ofrece Venus, Diosa del Amor y la Belleza, especialmente para ellas.

Mi interés por explorar este tema a fondo surge de una experiencia personal. Venus casi siempre aparece de forma inesperada y no anunciada, pero rara vez lo hace sin compañía: su hijo Eros no suele estar muy lejos. Y cuando llegan juntos, lo hacen con la fuerza de un huracán. Eso fue lo que me ocurrió hace siete años. Cuando el tránsito de Plutón estuvo en conjunción con mi Júpiter en Escorpio, en oposición a mi Marte en Tauro, Venus puso en mi camino a un hombre joven e increíblemente guapo, el «hombre *animus*» perfecto, el cual parecía encarnar en cada detalle la imagen de mi amante divino. Rápidamente, fui catapultada a un estado que cualquiera que alguna vez haya amado puede imaginar; arrastrada hacia un júbilo y una dicha divinos, pero también arrojada a la confusión, el miedo y la culpa por haberme convertido en una traidora, porque era, y sigo siendo, una mujer casada. Las cosas progresaron y, finalmente, como suele suceder, se desenmarañaron, pero no sin dejarme con el conocimiento de que había sido *iniciada* a los diversos misterios de la Diosa del Amor de una forma sagrada y profana a la vez, transitoria y permanente.

Con una iniciación así llega la necesidad y la obligación de saber más y de compartir ese conocimiento. Uno de los resultados de esta búsqueda para conocerme e instruirme fue que me impulsó a crear, en estos últimos tres años, cuatro grupos de «Amor y Sexualidad» para mujeres en Chicago. Cada uno de ellos se reunía ocho veces consecutivas los viernes por la noche, pues esa es la noche regida por Venus. Juntas creamos un entorno seguro, acogedor, sanador y divertido para explorar nuestras vidas sensuales y eróticas. Tuvimos una gran sensación de alivio al poder hablar íntimamente con otras mujeres sobre lo que más nos importaba en nuestras vidas pero que no solía ser expresado, que era incluso impronunciable: el amor y su aspecto erótico de deseo. Aunque tuvimos en cuenta el lado oscuro del amor, no se trataba de grupos de terapia que se centraran en el dolor y la vulnerabilidad, sino que eran más bien de *celebración* que honraban a la Diosa que aparecía en nuestras vidas e intentaba abrirnos a las alegrías de una vida más amorosa, sensual y erótica.

Dos de estos grupos estuvieron orientados a la astrología. Empezamos dedicando tiempo a observar nuestros horóscopos, identificando los cuatro elementos y nuestros aspectos de Venus y Marte para ver qué podían decirnos de nuestras propias experiencias de amor y pasión, sobre nuestros conceptos personales de amor y belleza, sobre las cualidades del deseo y lo que nos da placer; en resumen, *lo que nos excita.* Por ejemplo, al experimentar y comprender a Venus tal como se expresa a través del elemento Tierra, aprendimos un poco sobre anatomía y fisiología sexual, contamos algunas de nuestras propias experiencias con el orgasmo y compartimos consejos sobre cómo encontrar el famoso «punto G». Y volvimos a despertar nuestros sentidos disfrutando del *champagne*, el agua de rosas y el chocolate, y permitiendo que nuestros cuerpos disfrutasen de los placeres de los baños japoneses. Para Venus en el elemento Aire vimos videos educativos: *Secrets of Sacred Sex*,[1] *Fire on the Mountain*,[2] y *Sluts and Goddesses*,[3] este último de Annie Sprinkle, en el cual la formidable actriz porno, que ahora es terapeuta sexual y artista, ¡hace una demostración de un orgasmo de siete minutos! Y tuvimos una cándida conversación con una amiga que había sido una prostituta de lujo. Para Venus en el elemento Agua recitamos un mantra yóguico para ayudar a sanar y abrir nuestros corazones, y cada una de nosotras creó un espacio

---

1. Ron Tanner y Cynthia Connop, *Secrets of Sacred Sex*, Triple Image Film Productions. Disponible en USA en el 1-800-2LIVING.

2. Joseph Kramer, *Fire on the Mountain: An Intimate Guide to Male Genital Masaje*, EroSpirit Research, Inc. Disponible en USA en el *Tantra Magazine Bazaar*, 1-800-341-8272.

3. Annie Sprinkle y Maria Beatty, *Sluts and Goddesses*. Disponible en USA en el *Tantra Magazine Bazaar*, 1-800-341-8272.

sagrado en su casa para explorar su energía erótica y sus sentimientos. Para Venus en el elemento Fuego practicamos una técnica tántrica para estimular y liberar nuestra energía erótica, y su práctica diaria produjo resultados alentadores, pues algunas mujeres hablaron de una carga erótica perceptible y placentera que permanecía a lo largo del día. Dos de los grupos concluyeron con una danza de Guarra-Diosa salvajemente exuberante, en la cual teníamos nuestros propios nombres, trajes e identidades de Guarra y Diosa: entre ellos, Resbaladiza y Hera, Barbarella y «Ella camina en la belleza», Mano Dura y Sofía. Sí, ¡nos divertimos! Sí, cada una de nosotras se hizo más consciente de las muchas dimensiones de Venus, desde lo profano hasta lo sagrado, una consciencia que comunica el viaje que Ella realiza por cada uno de los signos.

Además de estos grupos sobre amor y sexualidad, desarrollé mi forma de entender las diversas permutaciones de Venus para una serie de charlas y talleres que di en varios congresos de astrología por el mundo entero sobre el tema «El nacimiento de la Venus interior». Utilicé la pintura de Botticelli y el mito relacionado con ella como punto de partida para un proceso experimental cuyo propósito es *¡dar vida a Venus!* Yo recurro tanto a los grupos como a los talleres descritos más adelante, ofreciendo métodos prácticos para atraer los placeres exquisitos de Venus, para profundizar nuestra comprensión de Ella como un aspecto del Alma y para elevar nuestras miradas con el fin de abarcar Sus expresiones más elevadas. Aunque estos esfuerzos han estado centrados mayormente en las mujeres, y a continuación me dirigiré más directamente a ellas, espero que los lectores del género masculino permanezcan con nosotras para ver lo que las féminas de su vida están experimentando y para que apliquen, con una ligera traducción, la percepción de Venus en sus vidas.

Para montar la escena, resumiré el mito que está detrás del *Nacimiento de Venus*, tal como se describe en la *Teogonía*[4] de Hesíodo. En el principio de todas las cosas, la Madre Tierra (como *prima materia*) emergió del Caos y dio a luz a su hijo, Ouranos (Urano, el «Dios del Cielo», lo masculino divino manifestado en el primer hombre y el primer padre) mientras dormía. Observándola desde su reino en la cima de una montaña, y con una mirada de

---

4. Hesiod, *Theogony: The Poems of Hesiod*, Norman, OK, University of Oklahoma Press, 1983, pág. 25.

amor y deseo, Ouranos vertió su fértil lluvia sobre la hendidura secreta. A través de su unión divina y extática, ella trajo a la vida la hierba, las flores y los árboles, a las bestias y las aves. Esta misma lluvia hizo que los ríos fluyesen y llenó de agua los espacios ahuecados para que nacieran lagos y mares. Pero Ouranos también fue padre de los Titanes y de los horribles Cíclopes, y luego lanzó a estos hijos viles a Tartarus (las entrañas de la Tierra). La Madre Tierra se puso furiosa con él por haber destruido a sus hijos y convenció a los Titanes para que atacaran a su padre. Y así lo hicieron, conducidos por Cronos (Saturno), el menor de los siete, armados con un hacha de sílex. (El Renacimiento de lo masculino exige que el antiguo rey muera para que el nuevo sea coronado.) Especialmente chocante es el modo en que Cronos llevó a cabo su tarea: castró a su padre mientras éste dormía y lanzó los testículos del dios al mar. La oscura sangre primordial de Ouranos, sus testículos y su potente esperma cayeron a las profundidades y fueron absorbidos por la fecunda matriz de lo femenino. De esta brutal violación de un tabú universal fue creada la Venus «nacida de la espuma» y el amor y la angustia quedaron entrelazados para siempre. Sin embargo, de este acontecimiento cósmico también surgió la conexión permanente de la naturaleza humana con lo divino a través del amor. Ésta es la escena en la que Botticelli nos hace entrar: el preciso instante en que la divina Venus, como arquetipo cosmológico y espiritual, se hace carne como Humanitas y acepta el gobierno de las estaciones y el orden de la naturaleza comprendidos en el zodíaco. Al igual que la dualidad de los Cielos y de la Tierra, esta diosa tiene una doble naturaleza, apareciendo como Venus Pandemos, que siempre permite que el amor y la belleza sean percibidos, imaginados y sentidos en la Tierra, y como Venus Urania, la Venus celestial que vive la expresión más elevada de su naturaleza en la Mente Cósmica, sin las limitaciones y las imperfecciones de la materia.

Como astrólogos, podemos relacionar las cualidades de Venus Pandemos con los seis primeros signos del zodíaco, de Aries a Virgo, y las de Venus Urania con los seis últimos, de Libra a Piscis. También podemos ver el movimiento de Venus *a través* de los signos como un modelo de su manifestación en evolución, progresando desde el ámbito del cuerpo hasta el del alma y luego del espíritu. Los primeros cuatro signos, de Aries a Cáncer, simbolizan el descenso del amor hacia los sentidos y el cuerpo; los segundos cuatro, de Leo a Escorpio, ven el amor en los dominios de la imaginación y la memoria, el proceso de reflexión, de interiorización, que crea el terreno medio del alma. El cuarteto final de signos, de Sagitario a Piscis, eleva al amor, a través de la contemplación y la práctica espiritual, hasta el reino del espíritu y luego lo devuelve a lo divino. Ésta es la misma percepción inspirada en Platón que describe Marsilio Ficino: «Existe una atracción continua, que empieza con Dios, que va al mundo y acaba, finalmente, en Dios; una atracción que regresa al mismo lugar donde se inició, como en una especie de círculo».[5]

Venus en los signos

Venus en Aries (encender tu fuego)

El viaje a través de los signos se iniciará con la entrada de Venus a 0º de Aries, su expresión menos desarrollada. En el peor de los casos, Venus en Aries podría evocar el momento inmediatamente anterior de la escena del *Nacimiento de Venus*, la violenta explosión de pasión que conduce a su concep-

---

5. Thomas Moore, *The Planets Within: The Astrological Psychology of Marsilio Ficino,* Hudson, Nueva York, Lindesfarne Press, 1982.

90

ción, aunque no es la primera asociación típica. Aun así, es cierto que ella hace su entrada en el signo del Fuego Cardinal con la pasión, la intensidad y la impulsividad que se podría esperar. Aquí es donde Venus está más cerca de la alineación con su hijo Eros, en su disfraz caprichoso e infantil. No obstante, de una forma más fundamental, Venus en Aries es la energía básica de la vida misma, la esencia que hace nacer a todos los seres y el impulso que lleva a la reproducción de las especies y a la evolución de la vida en sus diversas formas. Venus en Aries «juega con fuego» y, por lo tanto, eso es lo que te invitaré a hacer, como lo hago con las personas que asisten a mis talleres. Te enseñaré una técnica de Tantra, sencilla pero profundamente eficaz, que llamó mi atención por primera vez en un librito muy difícil de encontrar de Margo Woods: *Masturbation, Tantra and Self-Love*.[6] Pero primero haré una introducción al Tantra sumamente simplificada. ¿Qué es? Se trata de una antigua tradición que entrelaza enseñanzas espirituales con prácticas devotas y rituales, frecuentemente con una referencia sexual. Según la filosofía tántrica, el mundo nace a través de la unión divina de *Shakti* y *Shiva*, que son, respectivamente, el principio femenino (dinamismo, naturaleza, creación, materia) y el principio masculino (equilibrio, percepción, consciencia). Las prácticas tántricas, que en ocasiones son francamente sexuales pero a menudo no lo son, aceptan la unión de hombre y mujer como una unión con lo divino, con el éxtasis del objetivo, la entrega total del alma en lo divino. «El aspecto más significativo del Tantrismo es la Adoración a la Diosa»,[7] de una forma oriental, sin duda, pero nacida de la misma fuente arquetípica que nuestra Venus grecorromana. En *Tantric Yoga and the Wisdom Goddesses*, David Frawley señala que:

El Tantra tradicional reverencia al Femenino Cósmico en todas sus formas... La Diosa posee todas las formas de Belleza, incluyendo la del mundo de la naturaleza, hasta la mayor belleza, que es la consciencia pura... Aunque la belleza sexual es un aspecto de su deleite... el propósito del Tantra es ponernos en contacto con la realidad de la Diosa directamente dentro de nosotros mis-

6. Margo Woods, *Masturbation, Tantra and Self-Love*, San Diego, CA, Mho and Mho Works, 1981.

7. Georg Feuerstein, *Sacred Sexuality*, Los Angeles, CA, Jeremy Tarcher, 1992, pág. 140.

mos, por lo cual podemos experimentar su máxima Belleza en nuestras mentes... La Diosa es la alegría de Ser, y nunca estaremos contentos a menos que realicemos esta dicha dentro de nuestros corazones.[8]

El Tantra tradicional tiene muchas y muy variadas formas, y lo que se ha escrito sobre el tema suele ser esotérico y complicado; el libro de Frawley, citado arriba, es una excepción y una buena interpretación moderna. El Tantra también ha aparecido recientemente bajo una expresión un tanto occidentalizada, junto con talleres y libros accesibles. Mi favorito es *The Art of Sexual Ecstasy*, de Margo Anand. Sus maravillosas ilustraciones y amplitud de técnicas prácticas lo han convertido en un «libro de texto» ideal para los grupos de mujeres que dirijo. Pero el método que saqué del libro de Margo Woods es el que he enseñado y utilizado más a menudo, y el que capta más claramente el espíritu de Venus en Aries. La instrucción que ella recibió de su maestro de Tantra es la siguiente:

Para hacerte el amor a ti misma, para masturbarte y detenerte en el momento inmediatamente anterior al orgasmo, centra tu atención en tu corazón y deja que la energía suba hasta él». El momento exacto para parar era el momento en que sabías que una caricia más haría que te vinieras. «Después de cada subida de energía hasta el corazón... reanuda la masturbación, repitiendo el ciclo, hasta que parezca que ya no queda más energía, o cuando sientas ganas de parar. No existe ninguna prohibición del orgasmo, sólo el requerimiento de retrasarlo, dejando que la energía vaya primero al corazón...» Me dijo que hiciera este ejercicio todos los días durante tres meses. Lo hice y desde entonces forma parte de mi vida.[9]

Y también forma parte de mi vida, de manera que yo y aquellas a quienes les he enseñado podemos dar fe de su eficacia. No obstante, no permitas que el mandato de hacer esto cada día durante tres meses te asuste. Aunque a muchas de nosotras nos resulta difícil hacerlo de una forma continuada, *todas* las que utilizamos esta técnica obtuvimos resultados. Incluso una semana de

---

8. David Frawley, *Tantric Yoga and the Wisdom Goddesses*, Salt Lake City, Utah, 1994, págs. 29-30.

9. Margo Woods, *Masturbation, Tantra and Self-Love*, San Diego, CA, Mho and Mho Works, 1981, págs. 21-22.

práctica fue tan alentadora y los resultados tan placenteros que nos sentimos inclinadas a seguir. Muchas mujeres percibieron un nuevo sentido del placer en sus cuerpos y una sensación más intensa de ser atractivas. Varias de ellas tuvieron sueños maravillosamente eróticos. De modo que, para experimentar el fuego de Venus en Aries, el primer paso en nuestro viaje evolutivo alrededor del zodíaco con ella, prueba esta técnica para ver si experimentas alguno de estos deliciosos resultados.

Venus en Tauro (avivar tus sentidos)

Ahora que Aries ha dado un salto de energía, pasemos a la terrena Venus en Tauro para despertar nuestros sentidos e intensificar nuestra capacidad para el placer y la intimidad. A menos que seas uno de los pocos agricultores que quedan, o un guardabosque, es probable que vivas en un entorno urbano que adormece los sentidos. Cuando tú y yo olemos, a menudo puede tratarse de la polución; cuando saboreamos, nuestros paladares se insensibilizan con alimentos que han sido fumigados, encerados y desvitalizados, y apenas podemos oír nada en medio del zumbido electromecánico que es la ciudad. ¿Y de qué otra manera conocemos la belleza el mundo, si no es a través de nuestros sentidos bien afinados? Venus en Tauro nos invita a hacerlo. Venus se manifiesta a través de los cinco sentidos y hay mucho que ganar descubriendo cómo aparece en cada uno de ellos. Sugerencia: prueba una experiencia de despertar sensorial con Venus. En primer lugar, elige un sentido (oído, vista, gusto, tacto, olfato) y luego imagina a Venus pasando por todas las casas del zodíaco. Por ejemplo, si tu Venus estuviera en la duodécima casa (un tipo de energía Neptuno-Piscis), ¿cómo olería? Quizá sería como las rosas u otros aromas florales suaves, mientras que una Venus en la novena (similar a Júpiter y Sagitario) podría tener un relajante aroma a sándalo. Un aroma a madera, a tierra, a almizcle, podría señalar la llegada de Venus en la segunda. Para ir más allá de la imaginación al experimentar, prueba a poner una gota de la fragancia adecuada en tus muñecas antes de ir a dormir. Cuando recibas un olorcillo de esta esencia en tu estado semidespierto, serás dulcemente consciente de su fragancia. O puedes quemar incienso o calentar aceites aromáticos para crear la experiencia apropiada. Las revistas de la Nueva Era suelen tener anuncios de inciensos basados en el zodíaco; quizá podrías comprar un juego completo de doce para comparar tu aroma de Venus con los demás.

El gusto es el sentido más cercano al olfato y, de hecho, las sutilezas del gusto, más allá de dulce, ácido, salado o amargo, le deben más a la nariz que a la lengua. Pero sea lo que fuere, ésta es la puerta que conduce a la Diosa. ¿Está tu Venus en la tercera (Mercurio-Géminis)? Sal una noche a un bar de tapas español y pide media docena de los pequeños aperitivos que dan nombre a este tipo de cocina. La variedad de percepciones sensoriales (desde verduras picantes, pasando por carnes con aroma a tomate y hierbas, hasta sabrosas pastas y legumbres) toca las notas adecuadas para los distintos estados de ánimo de Venus en la tercera casa. ¿Tu Venus está en la segunda? (Aquí estaría en su hogar, como en Tauro). Posiblemente te encanta pedir el complemento de unos deliciosos postres y dejar que un mordisco de cada uno de ellos se derrita lentamente en tu boca. (Todavía tengo el recuerdo de cierto pastel de *mousse* de chocolate con frambuesas, que en realidad nunca he probado, por la sensual descripción que hizo una típica Venus en la segunda casa). ¿Necesitas un recordatorio final de la relación de Venus con el sentido del gusto? ¡No es ningún accidente que las veladas más románticas empiecen con una cena en un restaurante!

Hmmm, salir a cenar. Añade violines de fondo, o tu cantante sexy favorito y estás en el reino de la Venus taureana tal como aparece para el sentido del sonido. Podrías reunir piezas de música específicas que evoquen asociaciones de tu propia Venus, tal como es modificada por el signo o la casa que habita, y dedicar una hora a oírla con toda tu atención. Una Venus en Cáncer (o en la tercera casa) podría elegir canciones de amor sentimentales o canciones de cuna para niños; para gustos clásicos, viene a mi mente *Clair de Lune* de Debussy, o los valses y nocturnos de Chopin. Venus en la segunda o los nativos de Géminis podrían escuchar la música «culta» de Robert Schumann; una Venus en casa siete librana podría deleitarse con los tonos armoniosos de alguna melodía «New Age». Bueno, estoy segura de que te haces una idea, y consulta los capítulos apropiados para sugerencias específicas. Por ejemplo, para Cáncer, busca las sugerencias musicales que se encuentran en la sección de la Luna. Y, en cuanto al sentido del tacto, podría hablarte de las diferencias entre Venus en Leo o en Escorpio, ¡pero lo dejaré completamente a tu imaginación!

Venus en Géminis (comunicar tus historias de amor)

En nuestro viaje por los signos, hasta el momento hemos encendido las llamas del masculino y ardiente Aries y despertado nuestros sentidos con el femenino Tauro. Ahora intentaremos unir a los dos a través del etéreo Géminis para formar primero una conexión y luego una unión del *espíritu* del Fuego y el *cuerpo* de la Tierra. De esta síntesis surge el Intelecto (mente, *logos*) como vehículo para el intercambio entre dioses y humanos. Géminis es, entonces, nuestra necesidad de comunicarnos en lo que se refiere tanto a la conexión con los demás como al diálogo interno entre nuestros arquetipos masculino y femenino.

Esta fase requiere que narremos nuestras propias historias de amor y que escuchemos las de los demás. Cuando oímos a otras mujeres narrar sus experiencias amorosas, nos damos cuenta de que el Amor se mueve de maneras misteriosas pero conocidas. Al ser testigo de estas historias, llegamos a comprender las nuestras. Y al relatar nuestras propias aventuras con el amor, sacamos a la luz el delicado bordado del esfuerzo humano en el tejido espiritual de la vida. La primera emoción universal que aparece ante estos relatos parece ser el alivio al saber que las personas, lugares y cosas de las experiencias más conmovedoras de la vida no se pierden en nosotras, sino que tan sólo necesitan un público atento para volver a cobrar vida. A menudo, el dolor vigila las puertas de nuestros recuerdos de amor. En mis grupos de mujeres, el relato de las visitas del amor viene acompañado de muchas lágrimas; sin embargo, siempre exige una respuesta sensible y compasiva por parte de quienes escuchan. Una mujer compartió la historia de sus encuentros en Italia con el primer hombre que supo hacerla disfrutar y que le mostró lo que su cuerpo siempre había deseado sentir. Se trataba de un artista croata que estaba de vacaciones en Roma. Ella era estudiante de arte en Florencia y había ido a pasar el fin de semana también a Roma. Se conocieron en la terraza de un café (¡dónde si no!). Así se inició un romance de larga distancia que duró casi un año, en el cual se turnaban para ir y venir entre Florencia y Yugoslavia, donde él vivía. Cuando ella regresó a Estados Unidos, mantuvieron el contacto por carta y, ocasionalmente, por teléfono. Luego, unos años más tarde, estalló la guerra en Yugoslavia. Ella nunca supo nada más de él, a pesar de haber realizado varios intentos de contactarlo. Por supuesto, ella teme que su amante esté muerto, aunque su intuición le dice que sigue con vida y está bien. Lo que seguía produciéndole dolor era no sólo el hecho de no saber si seguía vivo, sino también su impotencia para confirmarlo o negarlo. Lloró y nosotras la abrazamos, pero pocos minutos más tarde las lágrimas habían desaparecido. Esbozó una radiante sonrisa ante los recuerdos alegres que se encontraban detrás de la angustia, y nos permitió sonsacarle algunos de los exquisitos placeres que habían conocido. (En otra sección[10] he escrito sobre determinadas maneras de extraer el oro de recuerdos dichosos de entre la escoria de los más dolorosos. Más adelante, en el comentario de Venus en Virgo, describo este método, llamado «Clasificar las semillas»).

Ciertamente, el dolor no predomina en todas las historias de amor, y la narración de los recuerdos más felices de miembros de nuestro grupo nos entusiasmó e incluso nos hizo reír. Una mujer, por ejemplo, nos habló de la época en que había vivido en una zona elegante de la ciudad de San Francisco. Su apartamento, situado en el segundo piso, daba a una calle en la cual, los domingos, las viudas ricas «desfilaban» de camino a la iglesia. Una cálida mañana de primavera despertó y encontró a un hombre joven y guapo en su cama. Con una cierta timidez, nos contó que lo había conocido en un bar la noche anterior y había quedado tan impresionada con su belleza que lo había invitado a su casa. La mañana dominical en cuestión, empezaron a besarse y a hacer el amor una vez más, mientras la brisa primaveral entraba por la ventana abierta. No obstante, el placer que ella estaba sintiendo fue interrumpido abruptamente. Mientras el joven piloto alemán iniciaba los espasmos del orgasmo, empezó a gritar con todas sus fuerzas: «¡Me corro! ¡Me corro! ¡Me corro!». La narradora de esta historia se sonrojó, confirmando la definición de la vergüenza como «un placer secreto», pero también rió como una niña mientras contaba lo absolutamente mortificada que se sigue sintiendo por la imagen de las sobresaltadas matronas que, sin duda, debían estar pasando bajo su ventana.

Espero que te quede claro que un «grupo de historias de amor» de mujeres es algo muy recomendable; y es posible que empieces el tuyo. Pero si te resulta demasiado difícil reunir un grupo, siempre te queda esta experiencia

---

10. Barbara Schermer, «Psyche's Tasks: A Path of Initiation for Women», en Gloria Star (Ed.), *Astrology for Women,* St. Paul, MN, Llewellyn, 1997.

Géminis. Te sugiero que leas las historias de amor de otras personas: por ejemplo, las *Cartas de Abelardo a Eloísa*, o las cartas de amor entre Jean-Paul Sartre y Simone de Beauvoir,[11] o incluso buscar historias de amor como «Psique y Eros» en *El Asno de Oro* de Apuleyo.[12] O puedes empezar tu propio diario de «recuerdos de amor».

Venus en Cáncer (crear tu espacio sagrado)

Venus se coloca con mayor facilidad en un lugar de belleza y sacralización. En la astrología, el signo de Cáncer comprende nuestro sentido más profundo de la idea de «lugar», de hogar. Al ser un signo de agua, es simbólicamente el útero de la Madre Tierra, el recipiente del nacimiento de toda la creación y el proceso de dar a luz en sí mismo. Aquí necesitamos crear nuestra propia «matriz» o espacio sagrado para conectar con la Venus interior e invitar otro aspecto de la Diosa misma.

Crear un Santuario para Venus en tu hogar transformará la forma en que te encuentras con esta Diosa. Tu intención y unos cuantos pasos sencillos transformarán un lugar corriente en un templo que puede tener una influencia mágica en tu vida. Si tienes límites de espacio, puedes crear un lugar sagrado alrededor de tu cama o en un sitio temporal en tu sala, pero lo mejor es un altar permanente. Con un espacio tan consagrado podemos trabajar muy fácilmente con los principios de la magia compasiva, creando un ambiente cargado que actúe como punto de atracción de energías venusianas. Tu santuario se convierte en tu propio *talismán*, en un objeto mágico que funciona como una batería autorrecargable para el poder espiritual. Lo que hace que esto sea posible es la *ley de correspondencia*. Al utilizar símbolos, colores, música, gemas, hierbas, metales e inciensos apropiados para Venus, estamos atrayendo a «los iguales» y empleando conscientemente los cinco sentidos para despertar a la Venus interior. (Cualquier libro de texto elemental sobre principios mágicos te explicará en más detalle las leyes de correspondencia.)

---

11. Simone de Beauvoir, *Letters to Sartre*, Nueva York, Arcade, 1990.

12. Apuleyo *(Metamorphoses) The Golden Ass*, Bloomington, IN, Indiana University Press, 1960.

Empieza por dar una buena limpieza a tu espacio, eliminando todo el desorden y los muebles innecesarios. Lo ideal es un área suficientemente grande como para que puedas estirarte y bailar. A continuación, decora tu espacio sagrado para darle una atmósfera romántica y espiritual: una pintura, un grabado o una escultura sirven como punto central, y unas telas bonitas, pañuelos o chales colgando de las ventanas o colocados en el suelo o en la pared aportan interés. Las luces suaves (velas, iluminación de reóstato, o telas de colores colocadas sobre lámparas) crean ambiente. Añade objetos hermosos que te muevan a la contemplación o a la celebración (flores, incienso y aromas apropiados, campanas, tambores o flautas) y sabrosos manjares (chocolate fino, *champagne*, frutas exquisitas). La atmósfera se puede completar con sensuales túnicas, camisones o camisolas de seda. Ahora estás preparada para la celebración de la noche, contigo misma o en pareja.

Describiré mi propio espacio sagrado tal como es en estos momentos. Representa a mi propia Venus en Géminis. Hay dos puntos centrales: una reproducción de 90 x 120 cm de la *Primavera* de Botticelli en la pared este y, debajo de ella, una réplica color bronce de la estatua del *Nacimiento de Venus* del mismo artista, la cual descansa sobre una mesa baja de meditación cubierta con una tela de color rosa metálico. Detrás de la Venus hay un amplio espejo antiguo con marco dorado, que provino originalmente de casa de mi abuela. Una reproducción de una escena de montaña, *Mount Capitan*, del pintor alemán romántico Albert Bierstadt cuelga de la pared sur. Hay un candelabro en un aparador, una tira de luces de colores navideñas rodeando una ventana, y se puede encender una «luz negra» ultravioleta para iluminar el Bierstadt y el techo. En este último y en la parte superior de las paredes hay un cielo nocturno realista que contiene varios miles de estrellas que se hacen visibles cuando son «cargadas» por la luz negra: se trata de una réplica del cielo estrellado sobre Crested Butte, Colorado, el 24 de agosto de 1994, una noche particularmente mágica, e incluso «cósmica», para mi marido y para mí. Como Venus en Géminis que soy, pero residente en un Chicago nuboso y con mucha contaminación luminosa, durante años había anhelado dormir bajo las estrellas. Unos pocos dólares y bastantes puntos de pintura fluorescente hicieron realidad mi sueño. Ponemos música ambiental, cósmica o clásica, nos acurrucamos bajo las mantas y nos perdemos en ese cielo nocturno: ¡el *Cosmos* con todas las comodidades del hogar!

Venus en Leo (cultivar el amor por uno mismo)

En Leo, entramos en el siguiente cuarteto de signos y viajamos por el camino evolutivo de los cuatro «mediadores» entre los signos más personales y orientados al Yo (de Aries a Cáncer) y los relativamente cósmicos y orientados a lo divino (de Sagitario a Piscis). Este grupo medio de signos (Leo, Virgo, Libra y Escorpio) traza una ruta desde el ámbito del amor por uno mismo hasta el territorio de la consciencia del amor que sentimos por otras personas en nuestras vidas. A través de las etapas que componen estos cuatro signos, incorporamos inconscientemente en las profundidades de nuestras almas nuestros encuentros con el amor. Estamos en la etapa de «ver más profundamente», buscando penetrar psicológicamente en la verdadera naturaleza de nuestro propio amor y su potencial para evolucionar hacia el amor divino de Piscis.

El punto de partida para el amor es el amor por uno mismo y nuestra capacidad de amar a otras personas es directamente proporcional a nuestra capacidad de amarnos adecuadamente. El amor apropiado por uno mismo no es «narcisista», no se trata de una admiración indebida de uno mismo para colocarse por encima de los demás, sino que es un tipo de amor que reconoce a los otros como seres amorosos y tan dignos de amor como nosotros mismos. El proceso es circular: si no nos queremos, no vemos amor reflejado en el mundo, y sin ese reflejo vemos disminuida nuestra capacidad de amor hacia nosotros mismos (seguridad, autovaloración). El amor por uno mismo llevado al mundo y, a su vez, recibido, como si se tratara de dos espejos que se miran, puede crear una réplica aparentemente infinita, la cual se añade a la suma total de amor que hay en nuestras vidas y en el mundo.

El cuerpo, esa amalgama única de lo físico y lo espiritual, es el medio dentro del cual el amor es experimentado y expresado, de modo que quererse a uno mismo también significa amar la propia experiencia y expresión corpóreas. Amar nuestro propio cuerpo es una tarea difícil para «algunos de nosotros todo el tiempo, y para todos nosotros durante algún tiempo», parafraseando a P. T. Barnum. A la vuelta de cada esquina nos asaltan imágenes digitales de mujeres improbablemente configuradas, más «hermosas» que nosotras, haciendo que el amor por nuestros propios cuerpos se convierta en un deporte de competencia. Sin embargo, para los párrafos que vienen a continuación y para los procesos que se describen, te sugiero que dejes de lado las imágenes externas en beneficio de una experiencia que tiene lugar en tu interior, no en el aspecto exterior del cuerpo, y que se identifica desde la antigüedad con la belleza del espíritu encarnado: *el acto de respirar conscientemente.*

No es ninguna coincidencia que en muchas lenguas del mundo la palabra que se utiliza para decir *aliento* sea la misma que para *espíritu* (por ejemplo, *pneuma* en griego, *prana* en sánscrito), ni que antiguamente se creyera que el corazón era la ubicación de la mente. La siguiente técnica yóguica, la mirada del corazón, o *Anahata drishti*, se inspira en estas dos piezas de sabiduría. Sentado en una postura meditativa cómoda, con los ojos cerrados, lleva tu atención suavemente hacia tu corazón. Imagina que dentro de su centro más profundo hay un diminuto y rosado capullo de rosa con los pétalos cerrados. (La rosa es el símbolo floral de Venus.) Mientras centras tu atención y respiras conscientemente, el capullo comienza a crecer. Imagina que los pétalos se van abriendo uno a uno. Con cada pétalo que se abre, afirma tu disposición a dar amor: a ti mismo, a los demás, al mundo. Encuentra una afirmación que puedas decir para tus adentros y que sientas adecuada para ti: «con cada pétalo que se abre soy más amoroso y más digno de amor», o «mi corazón se está abriendo al amor», o «mi corazón está floreciendo con la fragancia del amor». Mientras los pétalos se abren y te vas acercando a su centro, observa cómo adquieren una tonalidad rosa más intensa, cómo se hacen más luminosos. Cuando la flor se haya abierto del todo, visualízate en el centro de ella, radiante de luz rosada.

Mientras contemplas la imagen de ti mismo en el centro de tu corazón, afirma esto: «Cuando llego a amarme a mí mismo, llego a amar al mundo». Imagina que este amor, tu amor, está fluyendo hacia fuera, envolviendo a las personas que están cerca de ti en tu vida y luego irradiando hacia el mundo. Ahora, lentamente, empieza a atraer esa energía amorosa otra vez hacia ti, proveniente del mundo, de tus amigos a los que quieres, y deja que regrese al centro de tu corazón. Lentamente, imagina que los pétalos de rosa se van cerrando uno a uno ante la llegada de la noche. Deja que tu atención descanse en la paz y la suavidad de ese amor contenido.

La mirada del corazón es especialmente beneficiosa cuando tienes un tránsito positivo en tu Venus natal o progresada, o cuando Venus transita por el signo Leo. Una amiga Leo, Randi (quien interpretó a Venus en la representación teatral descrita en el capítulo 3), acaba de terminar un taller intensivo de diez días sobre el Amor, durante unos buenos aspectos de Venus (Júpiter en tránsito estaba en oposición a su Venus en Cáncer y en trígono con su Saturno en Virgo). Utilizando técnicas como la mirada del corazón, y muchas más, pudo experimentar el éxtasis y un arrobamiento prolongado por primera vez en su vida. La vi en las semanas posteriores al final del curso y la encontré llena de amor, y lo que es más importante, meses después pasé una tarde con ella, ¡y seguía estando radiante! Las promesas que se hizo a sí misma mientras *interpretaba* a Venus se han cumplido a través de su *encarnación* de Venus.

Venus en Virgo (clasificar las semillas)

Una de las tareas de Psique en la historia de «Psique y Eros» de Apuleyo es la de clasificar las semillas de una montaña de semillas mezcladas (las hormigas la ayudan).[13] Esto implica *servicio* y *orden,* los cuales, junto con las virtudes virginales de Psique, constituyen la firma conocida del signo Virgo. Para este comentario sobre Venus en Virgo, consideremos la *memoria* como el terreno en el cual se debe realizar esta clasificación, concentrándonos especialmente en nuestros recuerdos *eróticos.* Quizá te sorprenda la asociación de lo erótico con el virginal Virgo, pero Nor Hall nos recuerda que «la palabra *virgen* no significa «doncella inviolada, sino doncella sola, en sí misma» y que, en lugar de ser prisionera de una idea excesivamente simplificada de castidad, ella «actúa según su propia naturaleza (instintiva); es posible que se entregue a muchos amantes, pero, al igual que la Luna, nunca puede ser poseída».[14] El recuerdo se une a la imaginación como el principal medio por el cual las imágenes, materia prima de la psique, son revividas e integradas en un proceso al que podríamos denominar «clasificación de semillas». El objetivo de la clasificación de semillas de Virgo/Psique es el *discernimiento,* la capacidad intensificada de determinar las diferencias cualitativas y de elegir sabiamente entre las distintas opciones. El discernimiento aplicado a nuestra memoria

---

13. Barbara Schermer, «Psyche's Tasks: A Path of Initiation for Women», en Gloria Star (Ed.), *Astrology for Women,* St. Paul, MN, Llewellyn, 1997.

14. Nor Hall, *The Moon and the Virgin: Reflections on the Archetypal Femenine,* Nueva York, Harper & Row, 1980, pág. 11.

erótica empieza con el recuerdo, recordando conscientemente los acontecimientos del pasado y nuestros sentimientos en relación con ellos; y es ahí donde empezaremos con un método práctico, experimental, para que realices tu propia clasificación de semillas.

¿Alguna vez has iniciado una rememoración y un registro completo de tu vida erótica? Si no lo has hecho, te insto a hacerlo. Crea una cronología para cada ocasión en la que has amado o hecho el amor a un hombre o una mujer. Sí, para algunas personas es necesario un esfuerzo concentrado, pero descubrirás que un recuerdo estimula a otro, y pronto tu cronología se llenará de detalles. La memoria puede ser borrosa, ciertamente. ¿Tienes viejas cartas? ¿Fotografías? ¿Puedes hablar sobre los viejos tiempos con una amiga o con uno de tus padres? Para facilitarlo un poco, te sugiero que, *literalmente*, separes las semillas. Reflexiona sobre cada encuentro amoroso o sexual de tu «cronología». Utilizando «semillas» (judías blancas y negras), coloca una blanca en un recipiente por cada recuerdo placentero y una negra por cada recuerdo desagradable. Si un recuerdo evoca sentimientos mezclados en ti, decide cuál fue el primer sentimiento que surgió en ti y dalo por bueno. Registra los recuerdos y cuenta las judías al final, aunque lo más importante es el proceso, no el recuento. Uno de mis grupos de mujeres hizo esto en casa y, el siguiente viernes por la noche, cada una trajo su montón de judías. Varias de ellas se asombraron al descubrir que habían escogido más judías blancas que negras. Esta encuesta casual sugiere que muchas mujeres han tenido más experiencias positivas de amor de lo que la memoria presenta en un primer momento. ¿Te ocurre lo mismo? Sólo se necesita una hora aproximadamente para descubrirlo.

Recordar puede ser deliciosamente divertido, pero a menudo es un ejercicio serio, incluso doloroso. Hay muy pocas personas que no hayan sido heridas por el amor, o por el sexo sin amor. Los recuerdos pueden ser infernales, pero también celestiales. Un hecho ha aparecido en mi propia experiencia y en la de otras mujeres: los buenos recuerdos suelen estar ocultos detrás de los perturbadores. Aquí se inicia la *reestructuración*, un proceso alquímico que separa los buenos recuerdos de los malos, experimentando el dolor y dejándolo ir, y recuperando así el oro de entre la escoria de plomo (véase también Venus en Escorpio, más adelante). Puedes hacerlo a solas o con un compañero o amigo cariñoso, pero algunos procesos del recuerdo son tan dolorosos y difíciles que es mejor realizarlos dentro de la psicoterapia. Incluso así, te ruego que no descuides la recuperación, la celebración y el saborear los momentos placenteros e incluso extáticos de tu vida.

Venus en Libra (ver la belleza)

Venus en Libra nos trae la inherente necesidad de idealizar y de perdernos en «el otro», trascendiendo las fronteras de nuestros egos aislados a través de la unión con otra persona. Esto es especialmente cierto en la generación de Neptuno en Libra, nacida entre octubre de 1942 y julio de 1957, y la generación de Plutón en Libra, con fecha de nacimiento entre agosto de 1972 y agosto de 1984. Con Venus en Libra hemos llegado a la mitad del camino en nuestra progresión de Venus por los signos y al punto que refleja la unión divina entre el Padre Cielo y la Madre Tierra. Estos primeros momentos de armonía y dicha erótica, este fundirse y desearse el uno al otro, es lo que conduce al nacimiento de toda la creación. La Venus librana trata acerca de las relaciones en un plano superior, sobre el equilibrio, la unión armoniosa de los opuestos. Por ende, es propio que los astrólogos vean también a Libra (regida por la propia Venus) como el modelo del elemento central en la atracción: *la belleza*. A primera vista, esta Venus, mientras sale de Virgo para entrar en Libra, sigue recordándonos a Psique, tan embelesadora que nos sentimos atraídos hacia ella, pero tan poco tocada por la vida que es superficial, todavía carente de forma. La belleza debe ser apreciada en su esencia si se desea alcanzar una verdadera armonía, una tarea que exige una confrontación decisiva.

Recuerda que en el mito del nacimiento de Venus, la Diosa nace a partir de un acto doloroso, la castración de la fuerza masculina suprema. En este nacimiento hay un sufrimiento y un dolor inherentes a su ímpetu original, estableciendo así la relación eterna e inseparable de Venus con Saturno (del Amor con la Muerte), pues Saturno, como el Tiempo, reclamará todo lo que amamos en el plano físico. Esta verdad mítica es tan simple como devastadora: una porción de la belleza pertenece irrevocablemente a la juventud. La forma que la belleza adquiere en ella acabará abandonándonos y experimentaremos este abandono como una forma de muerte. Especialmente en la segunda mitad de la vida, nuestro desafío consiste en saber que somos bellos incluso al darnos cuenta que ahora somos «hermosos» más en el sentido moderno del término que en el antiguo. Ciertamente, no podemos enfrentarnos a esto sin sentimientos: negación, depresión, rabia y, por último, la aceptación que viene a continuación. Todo nuestro trabajo anterior nos ayudará aquí. Pero seamos francos, la paz que alcanzaremos al trascender la pérdida de la mera belleza es una preparación para la privación final: la muerte misma. Extrañamente, sólo cuando alcanzamos una edad en la que la belleza se está marchitando, y cuando hemos sido diligentes en nuestro trabajo de Aries a Virgo, podemos apreciar verdaderamente la belleza. Antes de eso, es posible que el amor al propio atractivo no sea más que narcisismo, donde el amor se convierte en una poción, en un embriagador con unos efectos secundarios fatídicos. Pero una admiración por uno mismo madura y cultivada (amor por uno mismo) nos conduce primero al amor a los demás y luego a fines más elevados. Para separar la falsa belleza de la verdadera es necesario el discernimiento de Virgo; para extraer todo el potencial de la belleza se requiere una pasión ardiente, y para hallar la verdad que hay en la frase «la belleza es superficial», un conocimiento del corazón y del alma que se encuentra en un lugar más profundo.

Para que este conocimiento se desarrolle, necesitamos cultivar una manera de *ver más allá de la superficie*: una práctica imaginativa cuyo mejor ejemplo es la pintura y la poesía de los románticos del siglo XIX. Empieza con el acto de imaginar que el mundo tiene un Alma y que es un lugar de Belleza, y con la aprehensión de esa belleza en cada objeto, con cada uno de los sentidos, favoreciendo así una sensibilidad estética. Es interesante anotar que el significado original de *aistheses* en Griego es «absorber» o «inspirar», una «boqueada».[15] De modo que, lo que estoy sugiriendo es el ejercicio de aspirar la belleza del mundo, y lo digo de una forma bastante literal. Empieza por aquello que ya experimentas como bello (apuesto a que será ese maravilloso pedazo de hombre que levanta la mirada justo cuando pasas a su lado por la calle, o ese exquisito sueño de mujer que mueve su melena inconscientemente mientras se sienta en la mesa de al lado en el restaurante). No lo compartas;

---

15. James Hillman, *The Thought of the Heart and The Soul of the World*, Dallas, TX, Spring Publications, 1992, pág. 47.

simplemente, absórbelos con una mirada veloz, con una rápida *inspiración*, «aspirando su energía» mientras fijas la imagen, guardándola para una posterior consideración. Aunque es posible que nunca vuelvas a encontrarte con esa belleza en particular, has practicado lo que los magos del Renacimiento llamaban «aspirar el fantasma», capturar del éter una esencia emitida por otra persona. Cuando sea el momento adecuado, extiende esta práctica a otras criaturas (por ejemplo, a ese caballo que está pastando en el prado) y objetos (rosas, el cielo al atardecer) conocidas por su belleza, luego a cosas triviales (una piedra, un cuenco, un pedazo de queso) y finalmente a lo directamente feo o prácticamente invisible: como diría Shakespeare, «sapo, feo y venenoso... pero con una joya en la cabeza», o como diría Blake, «el mundo en un grano de arena». Con la práctica de aspirarlas, más y más cosas se volverán hermosas, incluyendo a quien las contempla.

Venus en Escorpio (recuperar el oro)

En nuestro viaje zodiacal, Venus ha viajado muy por encima del horizonte. Está aparentemente a salvo cuando, como Ishtar-Inanna-Perséfone, llega hasta Escorpio y es lanzada otra vez a las profundidades, al inframundo, donde se enfrenta a muchas aflicciones, sufre muchas heridas. Así ocurre en el amor: siempre la aflicción, siempre la herida. Es como si la flecha ardiente del Amor nos lanzara hacia arriba con la fuerza del golpe y luego, mientras penetra en nosotros, nos arrastrara con ella hasta el núcleo más profundo de la psique. Esta penetración, esta herida, libera fuerzas brutas, primitivas e instintivas de la psique; jugos psíquicos que fluyen como sangre fresca de la arteria cortada, avanzando con ferocidad hacia la vida consciente y dejándonos sólo dos elecciones: huir de la visión aterradora de nuestra propia sangre o mirar de cerca, intensamente, la herida hasta que tengamos claro cómo detener la hemorragia, curar el corte e iniciar la sanación de la herida del amor. Si huimos del amor, el dolor del aislamiento vendrá a continuación. Si nos endurecemos contra otra intrusión del amor, sólo conseguiremos acabar con el fluir de la propia vida. La oscura tristeza del amor no puede descargarse, la nueva promesa radiante del amor no puede revivir y el alma se marchita con el gris deterioro de la herida que ha sido desatendida. Novalis pone énfasis en este punto: «Quienquiera que huya del dolor dejará de amar. Amar es siempre sentir la apertura, tener la herida siempre abierta».[16] Ésta es la elección que hace que las fuerzas psíquicas sigan fluyendo, el corazón recuperándose y el alma sanando.

Nuestros términos para describir a Venus en Escorpio suelen girar en torno a las diversas evocaciones de la dimensión de «profundidad» (el inframundo, el reino de Plutón) y, así, llegamos a la «psicología de las profundidades» del amor como proceso. El trabajo aquí es psicológico, centrado en el alma, implacable en sus exigencias y profundo en sus efectos. El minado y refinado de los metales preciosos es la metáfora más utilizada para el encuentro psicológico profundo. Yo lo reviví cuando, mientras paseaba por unos caminos de montaña en Colorado, repentinamente salí del paisaje idílico para toparme con los estériles residuos de una mina de cobre en funcionamiento. Sin duda, mis ojos fueron asaltados por la fealdad de un paisaje destrozado, pero lo que me ha quedado grabado es el olor fétido de los lagos estancados de vertidos químicos. La materia prima y los subproductos del minado y refinado, si se toman psicológicamente, tienen un *mal olor* similar, lo cual fue señalado por Jung en relación con la psique:

> Solamente un gran idealista como Freud podía dedicar toda una vida a un trabajo tan impuro. No era él quien provocaba el mal olor, sino todos nosotros, que nos creemos tan limpios y decentes, a causa de la pura ignorancia y el más absoluto autoengaño. Así, nuestra psicología, el encuentro con nuestras propias almas, se inicia en todos los sentidos con el fin más repulsivo, es decir, con todas esas cosas que no deseamos ver.[17]

El órgano del sentido del olfato está albergado profundamente en el centro primitivo del cerebro, muy cerca de las estructuras que gobiernan la memoria a corto plazo, así como las emociones,[18] y eso puede incluso comprender el mecanismo mediante el cual se «almacenan» los traumas emocionales que no han sanado. Estas heridas ulceradas deben ser drenadas si queremos

---

16. (Novalis). Citado en Christopher Bamford, «The Magic of Romance: The Cultivation of Eros from Sappho to the Troubadours», *Alexandria*, vol. 2, Grand Rapids, MI, Phanes Press, 1993, pág. 290.

17. C.G. Jung, «Civilization in Transition», *Collected Works*, vol. 10, pág. 90.

18. Helen Fisher, *Anatomy of Love*, Nueva York, Fawcett Columbine, 1992, pág. 52.

que nuestros malos olores desaparezcan, y Venus-Escorpio establece el teatro operativo para esta cirugía. Lo que se exige de nosotros en esta etapa escorpiana es que cada uno reconozca sus propios malos olores que emanan de recuerdos de sus encuentros con las realidades de las relaciones íntimas. ¿Ha sido impecable nuestro propio comportamiento hacia una pareja? ¿Nunca hemos intrigado, manipulado o utilizado a un amante? ¿Nunca hemos mentido? ¿Nunca hemos sido infieles? ¿Nunca hemos permitido que nos engañen, utilicen, o que abusen de nosotros?, quizá debido, como sugiere Jung, a «la pura ignorancia y el más absoluto autoengaño»? Muy pocos podemos responder con un «*¡No!*» definitivo. La Venus de Escorpio quiere que nos enfrentemos a los hechos de nuestra propia complicidad en los fines más oscuros del Amor.

Para adquirir la lección de Venus en Escorpio, repasa la «cronología del amor y los amantes» que desarrollaste antes para explorar a Virgo. Pero esta vez, cuando separes las judías negras de las blancas, reflexiona sobre tu propia responsabilidad por las consecuencias de esos encuentros. Enfréntate con franqueza al dolor y el daño que pueden haberse producido a raíz de tus propias limitaciones, tus propias debilidades humanas. Sé específico respecto a los errores que puedas haber cometido (aquí hay ecos del «minucioso inventario moral» que es uno de los Doce Pasos de Alcohólicos Anónimos). Sin embargo, no te revuelques en la culpa o en la vergüenza (después de todo, somos humanos) pero sé generoso perdonándote cuando seas honesto en tu autocrítica. Date cuenta de que algunos de esos errores han ocurrido una y otra vez y forman un patrón que debe ser reconocido para un mayor desarrollo de uno mismo. Cuida de tus heridas, extrae el oro, y te asegurarás las bendiciones de Venus en Escorpio.

Ahora llegamos a los últimos cuatro signos, de Sagitario a Piscis, y a la manifestación de las aspiraciones más elevadas del amor.

Venus en Sagitario (expandirse en el amor)

Venus en Sagitario nos trae grandes amigos, cálidos amantes y los mejores compañeros para ir de fiesta. Pero cuando el *compromiso* se asoma por la ventana, ¡la Venus sagitariana puede enseñarnos dónde está la puerta! Aunque sigue tratándose de conectar, aquí Venus busca vínculos entre gente, cosas e ideas que sean dinámicas, siempre cambiantes y, quizá, honradas más en principio que como un hecho. Cuando esta energía gobierna los asuntos del amor, formar pareja como compañeros puede ser pospuesto, no porque nos sintamos impulsados a experimentarlo absolutamente todo, como cuando Acuario está aliado con Venus, sino porque, bueno, «¿por qué no podemos ser amigos y simplemente acostarnos de vez en cuando?». Y, además, tener más «amigos» o «amigas» de este tipo. O podemos descubrir que nuestras relaciones más importantes son con amigos, no con nuestras parejas, y no queremos mezclarlos. En esta etapa, Venus quiere que realmente *entendamos* el amor, pero desde una distancia crítica. Le gustaría que lleguemos a conocer y a afirmar una manera de amar que esté libre de la obsesión, el tormento y la emotividad frenética que con demasiada frecuencia caracteriza al encuentro amoroso. Nos ruega que templemos el amor con la sabiduría, que reconozcamos que *el amor que arde rara vez se sostiene*. Nos informa que el amor, *in toto*, es mucho más grande y abarcador que el puro romance. Sin duda, su intención es que incluyamos el amor a los niños y a la familia, a los animales, a los árboles, a toda la naturaleza y a lo divino, pues está presente en todo. Pero la Venus en Sagitario se ve más claramente en el amor que está encarnado en la *amistad* y, por lo tanto, el autoanálisis que te invito a realizar es una consideración de tu amor por tus amigos, en contraste con tus amantes.

Saca un bolígrafo y un papel y anota tus respuestas a las siguientes preguntas:

Tus amigos actuales:
    ¿Son de tu mismo sexo?
    ¿Son del otro sexo?
¿En qué difieren estas amistades?
¿Quién es tu mejor amigo? ¿Y el más antiguo?
¿Cuáles son las cualidades que hacen que estas amistades sean
    lo que son?
¿Qué es lo que te dan estos amigos (si es que hay algo) que no te
    da una pareja?
¿Qué te da una pareja que no te den tus amigos?
¿Alguna vez te ha pasado que un amigo se convierta en tu pareja?
    ¿Cómo cambió eso la relación?

¿Alguna vez una pareja ha acabado siendo «sólo un amigo»?

¿Cómo lo conseguiste?

Según tu propia experiencia, ¿crees que hombres y mujeres pueden ser «sólo amigos»?

¿Quiénes son más importantes para ti, tus amigos o tus parejas?

¿Eres mejor como pareja o como amigo?

¿Es tu pareja mejor como amante? ¿Mejor como amigo?

Cuando repases tus respuestas a estas preguntas, ¿qué sabiduría puedes extraer en relación con el amor y la amistad? Considera cómo podrías ponerla en práctica en relaciones actuales y futuras.

Venus en Capricornio (contemplar el amor)

Venus en Capricornio quiere examinar las relaciones y experiencias amorosas para juzgar su valor, incluso para determinar su valor práctico. Nos invita a una consideración reflexiva, meditativa, de nuestra vida amorosa, buscando una mayor comprensión, pero permaneciendo «cerca de los datos». Bajo su influencia, nos liberamos de las preocupaciones superficiales y empezamos a buscar un significado mayor. La alquimia llama a este proceso «destilación», la extracción de la esencia de la experiencia, su sustancia enrarecida; en efecto, el «espíritu de la materia». Este proceso de consideración seria avanza el desarrollo psíquico, integrando los dolores y las alegrías del amor para el enriquecimiento del alma.

Como ocurre con la mayoría de actividades experimentales que propongo, la que inspira Venus en Capricornio ha sido ampliamente probada en mi propio «laboratorio del amor». Es muy sencilla: organiza tus experiencias y reflexiones sobre el amor en un cuaderno dedicado a Venus. Quizá desees empezar igual que yo, repasando viejas fotografías y seleccionando algunas en las que salgas tú en las diferentes etapas de la evolución de tu belleza: de bebé a niña, a mujer floreciente y en desarrollo, hasta la actual mujer en maduración. ¿Tienes antiguos cuadernos de recortes de tus años de adolescencia, aquellos en los que guardabas tus viejos ramilletes de flores o los talones de entradas para tu fiesta de bienvenida? ¿Tienes fotos de tus antiguos novios (o novias), o amantes, pegadas en alguna parte? ¿Viejas cartas de amor o canciones o poemas? ¿Hay fotos de revistas que representen tu imagen de tu amante divino/a ideal? Yo me pasé seis meses buscándolas y llenando una caja con ellas. Desde el principio, me lo tomé como una tarea sagrada (es posible que tú no quieras tomártela *tan* en serio), como si la propia Afrodita me la hubiese encomendado. Al oírme hablar de mi proyecto, una amiga me regaló un hermoso cuaderno forrado en cuero color granate con las tres gracias de Botticelli grabadas en la tapa. Al principio, las sesenta hojas de papel cubiertas de plástico que compré me parecieron excesivas, pero las llené rápidamente de recuerdos. Durante el proceso, di rienda suelta a la reminiscencia, dedicando unas asombrosas cien horas, aproximadamente, a elegir y disponer, mientras los recuerdos iban llegando.

Me pregunto quién podría inspirarse para hacer el propio cuaderno de Venus. No puedo ver el tuyo, pero al menos te puedo dar una pista del mío. Empieza con una imagen de una delicada rosa color melocotón y una foto de mis padres, radiantes y felices, avanzando desde el altar el día de su boda. Luego presenta una copia de mi carta astral y las primeras fotografías de cuando yo tenía tres meses. A continuación, hay un diminuto vestidito de fiesta de la muñeca Revlon que a los siete años imaginé que sería exactamente como el que yo llevaría cuando fuese mayor y bailase con un chico. Hay fotos mías en bikini en la playa de Acapulco y una carta de amor de un francés al que conocí allí; fotos de mi marido y yo el día de nuestra boda y en nuestra Luna de miel; una instantánea del «hombre ánima» que creó tanta agitación en mi vida y una carta astrológica del momento exacto de lo que sólo se podría llamar una «experiencia de unión divina» (ocurrió completamente dentro de mi propia consciencia). Después de dicha carta hay una narración escrita de tres poderosos Sueños de Alce Negro (el alce gobierna la medicina del amor en la tradición chamánica de los Lakota Sioux), una fotografía de uno de mis grupos de mujeres en un espectáculo de *striptease* masculino y otras de nuestro baile de Guarra-Diosa, incluyendo una mía como Diosa etérea y otra como una Guarra *muy* terrenal, y muchas cosas más. Mi libro continúa creciendo y se ha convertido en todo un tesoro. ¿Me enseñarás el tuyo algún día?

Venus en Acuario (liberar el amor)

Cuando Venus entra en Acuario, abandona todo control externo para convertirse en su «yo» sin límites, Venus Urantia. Aquí se convierte en una fuerza de liberación, liberándonos de nuestras necesidades egocéntricas y de la pre-ocupación personal, y llevándonos a un mundo nuevo de conexión y relación. No sólo nos empuja hacia el amor a los demás, sino que, en el mejor de los casos, nos insta a amar de una forma que está en alineación con el espíritu creativo de lo divino. Reconozcámoslo: muy pocos ascendemos hasta esas alturas, pero con una sola mirada somos trasportados como un rayo a ese reino arquetípico que está más allá de la existencia sensual, física; a la idea pura del amor que reside en la Mente Cósmica. Incluso cuando nos detenemos muy por debajo de estas «experiencias cumbre», la Venus acuariana nos libera de la atadura a las convenciones que la sociedad tradicional exige en relación con el amor y la sexualidad. En el amor acuariano no se trata de encontrar, o ser, «una chica como la que se casó con mi querido papá», sino de experimentar todo lo que el amor ofrece, sin tener en cuenta las ideas ortodoxas sobre raza, género o forma de expresión. Y el término «revolución sexual» podría ser un sinónimo de Venus en Acuario. Para muchos de nosotros, este abandono del *statu quo* es incómodo, o directamente perturbador. Pero incluso aquellos de nosotros que no anhelan explorar las fronteras exteriores de la jurisdicción de Venus pueden aprender de este espíritu acuariano que insiste en una pincelada de caos picante en lo que, de otro modo, se convertiría en la dieta suave de una vida amorosa demasiado formal.

En ningún lugar son tan evidentes las cualidades acuarianas como en el fenómeno electrónico que denominamos «ciberespacio». Como se podría esperar en la era de Urano en Acuario, se están creando estructuras y tecnologías completamente nuevas para compartir ideas y sintonizar con lo colectivo. En Internet hemos empezado a conectar unos con otros, sin mediación, sin importar las fronteras nacionales y, por lo tanto, podría estar evolucionando algo similar a un nuevo nivel de mente grupal. La Venus acuariana está muy presente en Internet, con la gran cantidad de *chats*, espacios de realidad virtual y listas de correos dedicadas a todas las formas imaginables de fascinación erótica[19] que existen. Personas que hace una década nunca hubieran sabido de la existencia de la otra se conocen fácilmente, con la habitual mezcla de resultados: recientemente, he tenido dos clientas que conocieron a

---

19. La astrología florece aquí también. Véase, por ejemplo, mi página web: http://lightworks.com/Astrology/Alive/.

sus parejas «en la red» y ahora están felizmente casadas, y mi marido, que es psicoterapeuta, ha tenido dos clientes que parecen tener una adicción a la pornografía por Internet.

Otros han tenido relaciones largas, eróticas, que hasta hace poco tiempo no podrían haber existido porque tienen lugar *únicamente* en el medio de comunicación electrónica. Una amiga con Venus en conjunción con Urano en Géminis ha tenido un compañero de «cibersexo» durante más de un año. Suelen escapar a menudo a su propia «habitación» privada donde esta relación cobra vida de una forma vibrante en su imaginación y en sus corazones, ¡y por medio de sus veloces dedos sobre el teclado! Se turnan para decidir dónde se encontrarán y elegir el tipo de fantasía que tendrá lugar; son «dueños» de cinco casas entre los dos y tienen citas imaginarias en las que pueden ir a una cena romántica a la orilla izquierda de París, o a su *bungalow* en Bali, o hacer el amor en un globo sobre California del Norte. ¡O incluso tener una experiencia en la cual los dos son el entretenimiento sexy en el centro de la pista durante el descanso en un partido de baloncesto de la NBA! Los dos tienen un amplio guardarropa imaginario y describen vívidamente lo que llevan puesto para el otro. Y han desarrollado toda una taquigrafía de comandos en el ordenador con un significado íntimo.

Antes de que mi amiga iniciara esta relación monógama en la red, me llevó, ingenua de mí, a un *tour* de guaridas Venus-Acuario que había descubierto. Llevándome arrastrada, entramos en un *chat* cuya descripción temática era «grupo», donde, en un despliegue de virtuosidad y aguante que un cuerpo «de la vida real» difícilmente podría conseguir, hizo el amor como mujer con cinco hombres, descubriendo después que había habido otras dos «mujeres» en la habitación simplemente observando, ¡y las dos intentaron rápidamente quedar con ella! Elegantemente, declinó la invitación, prefiriendo continuar con nuestra aventura, la cual incluyó una visita a un «baño caliente» virtual, una mirada al IRC (*Interactive Relay Chat*, el cual, además de varios lugares de reunión virtuales, ofrece una manera de conversar con muchos a la vez) y a un MUD (mazmorra de usuarios múltiples) en el cual nuestro personaje imaginario fue un caballo y donde, al entrar, fuimos inmediatamente «borradas». ¡Una experiencia misteriosa y no del todo desagradable!

Es posible que no quieras saber más sobre este fiero mundo nuevo, pero si lo deseas, puedes instruirte comprando una de las guías que proliferan

sobre el «amor en Internet» y «sexo en Intenet». En ellas encontrarás direcciones electrónicas donde puedes reunirte para tener conversaciones con otros
«Pequeños Pícaros» o «Chicas Pervertidas»: los temas van desde *alt.amazon.women*
hasta *z-netz.forum.diskussion.sexualitaet*. Las listas de *mailing* traen mensajes
diarios a tu buzón de correo electrónico y también hay algo para cada necesidad y cada gusto. Las páginas web te ofrecen portales pintorescos, a veces
animados, grupos de apoyo personal, organizaciones profesionales, grupos
de acción política, anuncios personales, galerías de fotografías, porno *on-line*
y tiendas de juguetes sexuales. La impresionante variedad de lo que se ofrece
actualmente te deja pasmada. Éstos son los mundos de relaciones generadas
por ordenador que tienen lugar cada día, las veinticuatro horas del día, por
todo el planeta.

Como hemos visto, Venus en compañía de Acuario no siempre distin-
gue lo sublime de lo ridículo, pero su propósito parece ser darles el mismo
peso como medios para elevarnos a todos a un nivel superior. En el ciberespacio, el hedonismo florece junto al puritanismo, pero ningún «ismo» ha
sido capaz de dominar, de modo que podemos imaginar la aparición de una
forma de organizar nuestra naturaleza erótica que esté en un punto medio
mientras la «mente grupal» de Acuario continúa formándose con Venus como
líder. Hay dos amenazas importantes a esta posibilidad: la creciente
comercialización que busca convertir Internet en un gigantesco centro comercial y el propósito de la derecha de criminalizar *toda* expresión sexual
pretextando que «hay que proteger a los niños». Aquí debes utilizar *tu* discernimiento en relación con estos temas para que el proceso político no tire al
bebé de Venus con el agua de baño de Acuario.

Venus en Piscis (entregarse a lo divino)

El zodíaco comprende el ciclo del eterno retorno y en este último signo,
Piscis, regresamos con Venus al primordial y oceánico mundo de lo femenino, del cual surgió al nacer. Esperamos aquí su nuevo nacimiento, un nuevo
ímpetu de amor en el mundo, empezando una vez más en el equinoccio de
Primavera, a 0º Aries. Como una cualidad de la experiencia, Piscis siempre
nos devuelve a la línea de la costa, al umbral entre imagen y realidad, sueño y
vigilia, *gnosis* y conocimiento ordinario, y con Venus como consorte nos de-

safía a conocer el amor en su expresión más inclusiva, más visionaria y más llena de la energía de lo divino. Lo que caracteriza la expresión más elevada de Venus en Piscis es el amor *devoto*; un compromiso apasionado con el «amado interior» (o la «amada interior») y una disciplina practicada para buscar una unión dichosa con lo divino. El amor devoto ha florecido en una serie de contextos históricos y sociales: en el movimiento literario y artístico llamado «Fideli d'Amore» (Fieles de Amor) en la época de Dante, en las prácticas de Bhakti yoga en las tradiciones orientales y en el misticismo Sufí de Medio Oriente, por nombrar unos pocos. «Vi a todos los seres como si estuviesen transfigurados en rostros hermosos. Mientras se presentaban de este modo ante mí, su belleza inspiraba una afición por los retiros de meditación, los salmos secretos, las prácticas devotas y las visitas al más sabio entre los sufís shaykhas», dice el joven Ruzbehan, quien llegaría a convertirse en un gran sufí shaykha.[20] Al investigar estas tradiciones, somos testigo de la posibilidad de un uso consciente y activo de las imágenes y los sentimientos de amor para alcanzar un nivel «que sobrepase todo entendimiento», utilizando una frase bíblica para una idea similar.

Lo que estas tradiciones nos enseñan como requerimiento para esta expresión de amor tan mística y sutil es el acto de *entrega* por nuestra parte a las imágenes y experiencias gobernadas por el *corazón*, no por la engañosa mente. Al hacerlo, nos desprendemos de todo lo que nos separa de la totalidad y entramos en la aceptación de lo divino. El amor devoto es un camino espiritual tan exigente como cualquier empresa cristiana monástica o yóguica meditativa y es imposible abarcarlo todo con una sola práctica. Pero si quieres probar un poco de la miel de este tipo de amor pisciano, adopta una práctica que yo he utilizado ocasionalmente. Reserva un minuto, una hora, un día, o toda una vida, a repetir este mantra:

Que tu voluntad sea mi voluntad.
Que tu voluntad sea mi voluntad.
Que tu voluntad sea mi voluntad.
Que tu voluntad sea mi voluntad.

---

20. Henry Corbin, «The Jasmine of the Fedeli D'Amore», *Sphinx*, vol. 3, Londres, The London Convivium for Archetypal Studies, 1990, pág. 195.

Nuestro paso por el zodíaco, con Venus como guía, ha sido completado, así como el proceso de sugerirte lo que «el Nacimiento de la Venus Interior» podría acarrear. Sin embargo, si la astrología nos enseña algo es que cada final es un comienzo. Y si la astrología por la experiencia tiene algo que ofrecer es que esos comienzos pueden enfocarse prestando atención a la creación de uno mismo a través de las experiencias vividas: buscadas intencionalmente, divinamente informadas, valerosamente aceptadas y sostenidas con el corazón. En su *Comentario del banquete de Platón*, Marsilio Ficino dice que la naturaleza y el propósito del amor humano «es el anhelo de procrear con una cosa hermosa para traer la vida eterna a las cosas mortales».[21] Para mí, la astrología por la experiencia es justamente «una cosa hermosa» que nos invita a todos a «procrear», a cocrear, en humilde asociación con las Diosas y los Dioses tal como aparecen en la significativa coincidencia del cielo y el corazón humano. Al hacerlo, yo, una simple mortal, he obtenido algunas pistas de lo eterno. Te invito a hacer lo mismo.

---

21. Marsilio Ficino, en Thomas Moore (Ed.), *The Education of the Heart*, Nueva York, Harper Collins, 1996, pág. 172.

6

¡Hazlo tú mismo!

Cuando no puedo encontrar las palabras para expresar lo que quiero decir, me pongo de pie y lo bailo.

Zorba (Nikos Kazantzakis)

Espero que lo que has leído hasta el momento haya despertado en ti el apetito por una experiencia directa propia. Este capítulo está diseñado para hacerlo, para que empieces a jugar con la astrología por la experiencia y a aprender de ella. Mi objetivo es ayudarte a despertar tu cerebro derecho con técnicas artísticas visuales (Venus/Sol), activas (Marte/Sol) y reflexivas (Luna/Mercurio).

Técnicas de artes visuales

Aunque necesitarás pintura y otros materiales para las actividades que vendrán a continuación, no creas que es necesario ser un artista para participar en ellas. Cada uno de nosotros tiene un sentido innato del color, la línea y la forma, y aunque es posible que no hayamos sido instruidos para crear obras de arte, tenemos mucho que aprender del modo en que disponemos las cosas visualmente. En esta sección describiré cuatro técnicas: tableros de imágenes, mandalas de la carta astral, máscaras e imágenes sanadoras. Lo primero que quiero que hagas es que prepares una caja de material artístico con todos los tipos de medios diferentes que puedas encontrar: revistas para utilizar como fuente para el mandala, el tablero de imágenes o los *collages*; tijeras, cola de pegar, cintas, cordel, cartulina (blanca y de color), papel prensa, tableros de diferentes tamaños; acuarelas, rotuladores, lápices de cera, lápices de colores, pintura para dedos, témperas; un surtido de pinceles, pintura para el rostro blanca, dorada, plateada y de colores; gasa quirúrgica para hacer las máscaras, cartón, purpurina, lentejuelas, plumas, limpia-pipas, esmalte dorado, plateado y de colores, cuerda y pajitas de papel. (Obviamente, resultaría muy caro comprarlo todo a la vez, así que puedes ir añadiendo cosas a tu caja, poco a poco.)

Utilizar tableros de imágenes para explorar tu carta

En el capítulo 1 te presenté los tableros de imágenes; ahora hablaremos de ellos en detalle. Hacer tableros personales de tus propios planetas te proporcionará una nueva herramienta para el estudio de ti mismo, para la contemplación y el ritual. Estas representaciones coloridas y simbólicas pueden llegar a convertirse en una extensión visual de tu carta, ofreciéndote un medio para despertar pensamientos y sentimientos, y para profundizar tu proceso interior.

Empieza por crear un tablero de imágenes para cada uno de los diez planetas que hay en tu horóscopo. Recorta de revistas las imágenes, palabras y frases apropiadas, o dibuja, o pinta cualquier cosa que evoque a tus planetas, sus signos y las posiciones en las casas. Para una conjunción de dos o tres planetas, haz un tablero de imágenes que fusione todas las energías. Yo tengo uno que ilustra mi conjunción Sol/Urano en la sexta casa en Géminis. Es amarillo, con un Sol radiante, rayos y galaxias en espiral, imágenes de ordenadores, libros, palabras, una televisión, boletos de avión usados, gente con un extraño aspecto acuariano, una mesa de escritorio con la palabra «servir» colocada encima, una mujer absorta en sus pensamientos, y las palabras «calma tu sistema nervioso», «centra tu energía» y «aprende a ser paciente». Lo utilizo siempre que necesito recordar lo que mi Sol/Urano representa para mí.

Una vez creados tus diez tableros de imágenes planetarios, busca un espacio despejado y colócalos a tu alrededor en el suelo, en el mismo orden en que aparecen en tu carta. Siéntate en el centro (Ascendente/Descendente, eje IC/MC), mirando hacia tu medio cielo. Ahora, fíjate en cada uno de tus tableros, avanzando alrededor del círculo, de planeta a planeta. ¿Hay algunos de ellos de los que te sientes desconectado ahora mismo? ¿Cuáles sientes que son menos accesibles? ¿Qué planetas que están siendo activados por tránsitos o progresiones están afectando a tus circunstancias de vida actuales? ¿Qué energías planetarias están dándote problemas en estos momentos? ¿Cuáles te ayudan? ¿Qué efectos has estado notando? ¿O ignorando? ¿Cómo te sientes respecto a ellos?

Centra tu atención en un problema actual y fíjate si hay planetas que te estén afectando de una forma perjudicial. Saca una hoja de papel y dibuja qué aspecto tiene el problema y cómo lo sientes. Si se trata de un tránsito de Saturno en conjunción con tu Mercurio natal, coloca esos dos tableros de imágenes directamente delante de ti. Imagina que una imagen arquetípica específica está de pie detrás de cada uno de ellos. Por ejemplo, Mercurio podría ser Hermes, el mensajero, y Saturno, el Padre Tiempo, Cronos, o una vieja bruja sabia.

Intenta hablar con estas imágenes, permitiéndote dar voz a tus propios arquetipos internos. ¿Qué tienes que decirle a Saturno? ¿Y a Mercurio? ¿Qué tiene que decirle Mercurio a Saturno? ¿Qué tienen que decirte ellos a ti? Pregúntale a cada uno de ellos lo que pueden hacer para ayudar a que te sientas más equilibrado. ¿Cómo se influirían el uno al otro si estos dos planetas estuviesen en un trígono, o en una conjunción? ¿De qué manera puedes *actuar como si* tu conjunción difícil fuese un trígono?

A continuación, concéntrate en los planetas que constituyen tu mayor fuerza. Utiliza una hoja de papel y un lápiz de cera o un rotulador para dibujar qué aspecto tienen y qué te hacen sentir. Dialoga con estos planetas. ¿Qué tienes que decirle a cada uno de ellos? ¿Qué tienen que decirse unos a otros? ¿Qué tienen que decirte a ti? ¿Cómo pueden presentarse y ayudarte a conseguir el equilibrio que estás buscando? Reconoce a cada planeta con el que has interactuado y dale las gracias por lo que te ha enseñado. Trátalos como lo harías con cualquier relación que valoras. Quizá te parezca un ejercicio tonto, pero la experiencia te demostrará que no lo es. Es una buena manera de establecer una relación más consciente con tus voces interiores.

Los únicos límites al poder de los arquetipos astrológicos son impuestos por la consciencia que los utiliza. Cada símbolo astrológico es una entidad orgánica que vive dentro de ti y que es insondable. Al entrar conscientemente en este símbolo enriquecedor y en su misterio estás interactuando, expandiendo y profundizando tu relación con él. Ya no vives su energía de una forma inconsciente o compulsiva.

Si te está costando conseguir que un planeta dialogue contigo, es probable que dicha energía planetaria sea la que más reprimes en tu consciencia. Si sientes rabia o incomodidad hacia cualquiera de ellas, esto también podría estar indicando una represión consciente o inconsciente. Probablemente sea con las que es más crucial que aprendas a relacionarte si quieres recuperar la sensación de totalidad.

Utilizar tu horóscopo como un mandala

El mandala es una expresión universal de totalidad que surge de la integración de la psique humana. Los mandalas naturales aparecen por todas partes, en los copos de nieve, en las galaxias en forma de espiral, en los anillos de los árboles y en el despliegue anual de las estaciones. En su libro *Mandala*, José y Miriam Argüelles hablan de la Tierra misma como un Mandala vivo, «... una matriz estructural a través de la cual, y desde la cual, fluye una sucesión de cambios, formas elementales y oleadas primales, cada uno de ellos superando al otro en una infinita variedad de estructuras orgánicas e impulsos, coronados por el supremo atributo de la consciencia reflexiva».[1]

Desde tiempos inmemoriales, el mandala ha sido representado como un círculo con un punto central. El horóscopo, que también es un círculo con un punto central, es tu propio mandala personal y puede convertirse en una herramienta viva y vibrante para la contemplación. Simbólicamente, el pun-

---

1. José y Miriam Argüelles, *Mandala*, Berkeley and London, Shambhala, 1972, pág. 12.

120

to central es el punto de intersección a través del cual fluye toda la vida. Mantener el contacto con el centro nos ayuda a conservar nuestro equilibrio psíquico.

Para hacer tu mandala natal, necesitarás un gran cartón, un lápiz, rotuladores, cartulinas de colores, revistas, fotos tuyas y de otras personas importantes para ti y pegamento en barra. Para entrar en el estado de ánimo adecuado podrías poner música suave, de meditación. Seguidamente, despeja tu lugar de trabajo de distracciones y coloca tu cartón delante de ti. Ahora, utiliza el lápiz para dibujar un círculo de 90 cm de diámetro. Divide el círculo en doce segmentos iguales con forma de cuña. Esto te dará la forma básica que necesitarás para crear tu mandala.

A continuación, centra tu atención en el punto central y toma consciencia de que éste es el nodo focal a través del cual llega tu fuerza vital. Se trata de la parte de ti que está viva, que sale en oleadas cada vez más amplias avanzando hacia el perímetro de la carta astral. Medita sobre este punto. Tómate tu tiempo. Cuanto más plenamente entres en el proceso creativo del mandala, más profundamente entrarás en tu carta. Imagínate avanzando en espiral hasta este punto. ¿Qué ves emergiendo de ahí? ¿Una rosa, una estrella, un agujero negro, un ser de luz, un *yantra*, una palabra? En el ojo de tu mente, visualiza el centro de tu mandala. Fúndete con tu imagen, toma tu rotulador y créala totalmente.

Ahora, toma consciencia de las fuerzas planetarias que hay en la periferia de tu atención. ¿Qué planeta percibes más? Centra tu atención en él. ¿Cómo se relaciona este planeta en particular con el centro? ¿Cómo se relaciona con los demás? ¿Qué colores, palabras, frases e imágenes vienen a tu mente? Si tu Luna está en Virgo podrías empezar por colorear de verde la casa en la que se encuentra. Podrías dibujar una gran Luna e incluir una fotografía de una madre con sus hijos, o de cualquier cosa que parezca evocar esta energía planetaria. Cuando hayas acabado, pon tu atención en el siguiente planeta que te llame, y así hasta que hayas representado a todos los que hay en el horóscopo. No pienses demasiado en lo que estás haciendo. Añade cualquier cosa que sientas espontáneamente y que te parezca adecuada.

Intenta dibujar un mandala natal cada año cuando se acerque la fecha de tu cumpleaños o ese mismo día. Concretamente, observarás el desarrollo de tu psique mientras va cambiando con el paso del tiempo. Te revelará muchas cosas sobre el sentimiento, la profundidad y la dirección de tu proceso interno de un año a otro.

Utilizar máscaras para experimentar tu carta

La creación de máscaras puede ser una manera divertida de experimentar tu carta en tres dimensiones. Solas o en grupo, las máscaras te llevan a un contacto más íntimo con los arquetipos planetarios puros. Mercurio en Géminis podría llevar una máscara de color amarillo fosforescente, utilizando los limpiapipas como antenas. Esparcidas por la superficie de la máscara hay palabras y frases: Estudia. Aprende. Escribe. Enseña. Habla. Muévete. Viaja. Haz. «Dame más información». «Me encanta aprender». «¿Cuándo nos vamos?». E imágenes de libros, bibliotecas, universidades, bicicletas, aviones, trenes, teléfonos. Este tipo de máscaras crea un canal más abierto entre los arquetipos astrológicos y la psique. Usándolas como una especie de escudo de invisibilidad, podemos quedar súbitamente libres para expresarnos sin temor al juicio de los demás.

Para fabricar tu máscara planetaria necesitarás el siguiente material: un pañuelo o una cinta para el cabello para recogerlo hacia atrás, vaselina, tijeras, un tazón con agua tibia, pañuelos de papel, toallas para proteger tu ropa, pinturas, telas, lazos, purpurina, etc., para decorar tu máscara, y un rollo de gasa de escayola (un rollo estándar sirve para dos máscaras). La gasa se consigue en cualquier tienda de productos médicos. También necesitarás a otra persona para que haga el molde de tu cara con las tiras de gasa.

En primer lugar, corta alrededor de veinte tiras de gasa de 5 x 10 cm. Será mejor que tengas también algunas tiras más cortas para trabajar en las zonas más pequeñas y llenar los huecos. A continuación, recógete el pelo hacia atrás con el pañuelo o la cinta y aplícate la vaselina en todo tu rostro, exceptuando los ojos y los orificios nasales. Asegúrate de cubrir bien tus cejas. (Los hombres que tengan barba deberán cubrirla generosamente o, de lo contrario, ésta acabará en la máscara y no en sus caras.)

Decide de qué planeta será tu máscara y pon alguna pieza de música que sea adecuada para él. Luego acuéstate con la cabeza apoyada sobre una toalla, ponte cómodo y concéntrate en tu respiración. Pide a la otra persona que te cubra los ojos, la nariz y los labios con trozos mojados de pañuelos de papel. Ahora estás listo para la primera capa de gasa. Si nunca has hecho esto antes, recuerda que debes mantener la cara relajada y neutral. Concéntrate en la naturaleza del planeta que estás creando. Respira. Haz que la otra persona sumerja las tiras de gasa en un tazón con agua tibia y te las aplique sobre el rostro, asegurándose de alisarlas con los dedos. Éstas deberían cubrir toda tu cara tres veces, usando las tiras más pequeñas para moldear la zona alrededor de tus ojos, boca y nariz. La segunda capa debe estar perpendicular a la primera. A continuación, deja secar la escayola durante aproximadamente diez minutos. (Si el día está húmedo o lluvioso tendrás que dejarla más tiempo.) Cuando el yeso haya fraguado, retira la máscara de tu rostro lentamente. En cuanto esté completamente seca puedes darle vida con pintura y otros materiales.

Variación: Si deseas que tu expresión facial quede reflejada en la máscara (por ejemplo, un Marte furioso), haz la mueca más exagerada que puedas. Tendrás que mantenerla hasta que el yeso haya fraguado (unos diez minutos), de manera que prepárate. Estas máscaras suelen ser las más interesantes, pero es necesario un esfuerzo mayor.

Crear una imagen sanadora para el equilibrio interior

Otra aproximación visual que podrías probar es la de crear una imagen sanadora de tu carta astral. Un grupo de alumnos míos lo hizo. Una mujer con los tránsitos de Urano/Saturno en conjunción con Sagitario en oposición con su Luna/Mercurio (Géminis) en cuadratura con Neptuno (Virgo) dibujó un bosque de árboles y tierra verde. Su imagen sanadora la ayudó a anclar y equilibrar su energía, altamente mudable y nerviosa.

Una doctora Piscis, que acababa de completar su primer retorno de Saturno, también tenía un tránsito de Plutón en Escorpio en trígono con su Venus/Mercurio en Piscis. Ella dibujó los símbolos de Piscis y Plutón en la parte superior de la hoja de papel, con rayos dorados que descendían hacia cuatro fetos. Dijo que uno de ellos representaba a su nuevo ciclo de treinta años y los otros embriones eran sus pacientes, a los cuales quería enviar su energía sanadora de Plutón.

Otra mujer que se encontraba en medio de Plutón en Escorpio en oposición a la Luna en Tauro dibujó una elaborada y penetrante espiral verde que representaba su entrada en las profundidades, el contacto con su lado femenino, cuyo centro se convirtió en un ojo, el «ojo de su alma».

Para crear una imagen sanadora, utiliza el mismo material que utilizaste en tu mandala natal. Empieza poniendo música suave, meditativa. Luego coloca delante de ti un trozo de cartón, de aproximadamente 60 x 60 cm. Cierra los ojos y dedica unos minutos a concentrarte en tu respiración. Cuando te sientas relajado, abre los ojos e imagina tu carta astral traspasada al cartón en blanco. Busca que aparezca una imagen sanadora que represente tu carta/vida en este momento. Cuando la empieces a ver, deja que fluya por tu pincel o tu rotulador hasta el cartón. Mientras dibujas, mantén el contacto con su cualidad sanadora e integradora.

Técnicas activas (Marte/Sol)

La astrología por la experiencia no sólo utiliza las artes visuales (Venus/Sol) para experimentar el horóscopo, sino también formas más activas de astrodrama. Un principio central que subyace a todas las terapias holísticas es que todos nuestros pensamientos y emociones están entrelazados de modo inextricable con el movimiento físico. Las filosofías orientales han incluido prácticas activas como el yoga, el karate y la danza sagrada durante miles de años. Cuando el pensamiento occidental finalmente empezó a romper con el dualismo de Descartes, también afirmó la unidad de mente y cuerpo. Wilhelm Reich, un teórico de la psicología, presentó la hipótesis de que los recuerdos y las emociones están almacenados en los músculos,[2] así como en el cerebro. La bioquímica y terapeuta corporal Ida Rolf descubrió que la presión sobre determinados músculos evocaba recuerdos, sensaciones y emociones.[3] La investigación reciente que apoya la idea de una totalidad mente-cuerpo ha evolucionado hacia el campo del *biofeedback*.[4]

---

2. Ésta es una útil simplificación de las ideas que encontramos en Wilhelm Reich, *The Function of the Orgasm*, Nueva York, World Publishing, 1971.

3. Ida P. Rolf, *Rolfing*, Nueva York, Harper & Row, 1977.

4. Barbara Brown, *New Mind, New Body*, Nueva York, Harper & Row, 1975.

Si hemos de realizar plenamente el potencial de la astrología, necesitamos usar nuestros cuerpos para aprender sobre nuestras psiques. De modo que hagámoslo ya: pon música alegre, agradable con la que te resulte fácil moverte. Ponte de pie y empieza a hacerlo lentamente, siguiéndola. Baila. Gira. Cúrvate. ¿Cómo se mueve Venus? *Sé* Venus.

Ahora pon música marciana, más agresiva. Siente a Marte en tu cuerpo. Responde a él bailando enérgicamente. *Sé* Marte. Agítate. Haz que tu corazón lata con fuerza. ¡Ponte en movimiento! Ahora pon música neptuniana, etérea. Entra en su ritmo, volviendo a unos movimientos lentos, fluidos. ¿Sientes que Venus y Neptuno son similares? Ambos tienen una energía que fluye, fácil, suave. ¿Puedes ver por qué los astrólogos llaman a Neptuno la «octava más alta» de Venus?

Ahora que has levantado tu cuerpo y lo tienes en movimiento, saca tu carta natal y colócala delante de ti. Elige uno de los planetas que quieras expresar. ¿Es tu Marte en Géminis? ¿Tu Luna en Piscis? ¿Tu Venus en Leo? Revisa tu colección de música y encuentra algo que capture el sentimiento del planeta. (En el capítulo sobre cada planeta hay una lista de la música que normalmente puedes encontrar para él y para el signo o signos correspondientes.) Pon una selección para tu Marte en Géminis. ¿Cómo está aspectado con los otros planetas? ¿Cómo afectaría el contacto con ellos al movimiento de Marte? Si hay un trígono desde Júpiter, tus movimientos pueden volverse más grandes, más expansivos, más arrebatadores. ¿Está Marte en cuadratura con tu Saturno? Eso podría limitar tu movimiento o hacer que sea más *staccato* y espasmódico.

Con una pequeña investigación puedes reunir tu propia colección de música planetaria. Luego, cuando sientas la frustración de un tránsito de Saturno en conjunción con tu Marte, puedes poner música de Marte/Saturno, bailarla y liberar la energía bloqueada. Siempre que siento el efecto de la energía nerviosa y dispersa de mi Sol/Urano en Géminis, pongo la música de *Dynamic Meditation* de Shree Rajneesh Ashram.[5] Sus ritmos insistentes y llenos de energía me hacen mover y agitar el cuerpo, descargando la acumulación mental excesiva. Siempre me siento aliviada y más centrada después de hacerlo. Si me estoy sintiendo un poco triste y «saturnizada», pongo *Fanfare*

____

5. Valle de Lucerna, CA: Geetam Rajneesh Sannyas Ashram, 1979.

for the Common Man de Aaron Copland y bailo con grandes movimientos dramáticos para contestar a Saturno con Júpiter.

Prueba estas formas de bailar para tus planetas en sus signos:

Aries: movimiento hacia delante, directo, categórico, marcando con fuerza.

Tauro: arraigado a un lugar de la Tierra y agachándote. Muévete lenta, metódica y perezosamente.

Géminis: movimientos rápidos, de mariposa, tocando ligeramente aquí y ahí. Utiliza los brazos, las manos y las expresiones faciales.

Cáncer: balanceo rítmico, meciéndote, curvándote hasta una posición fetal, o en el suelo, sintiéndote como un niño pequeño.

Leo: gestos grandiosos, dramáticos, actitud y movimientos dignos de la realeza.

Virgo: atención meticulosa a tus pequeños movimientos.

Libra: movimientos de equilibrio y gracia.

Escorpio: las caderas y la pelvis moviéndose en círculos lentos, sensuales, deslizando tus manos sobre tu cuerpo sensualmente.

Sagitario: movimientos que dirigen el cuerpo hacia arriba, estirándote, subiendo más arriba.

Capricornio: movimientos concisos, autoritarios, seguros, eficientes, con aplomo.

Acuario: movimientos «que recogen», que incluyen a otras personas, moviéndote en grupo.

Piscis: movimientos fluidos, cimbreños, de planta rodadora.

Si te encanta bailar y ser físico, pon música venusiana, rítmica, fluida, y muévete de planeta en planeta, ¡bailando tu horóscopo! Pruébalo al menos una vez. Te hará más consciente de los distintos tipos de energía que hay en tu interior.

Técnicas de reflexión

Las técnicas de reflexión (Luna/Mercurio) constituyen otro tipo de método experimental que puedes usar estando a solas. Para empezar, intenta escribir

un diario de tránsitos, uno de sueños/tránsitos o uno reflexivo/descriptivo.
He aquí como sería una típica frase de un diario de tránsitos:

Diario de Tránsitos (18 de mayo)

Marte en tránsito en cuadratura con Saturno natal: ¡Hoy pensé que mi jefe iba a volverme loca! Estallé cuando le di el informe de situación sobre el proyecto. No dejó de interrumpirme para preguntarme por detalles sin ninguna importancia. La reunión duró el doble de lo normal. Yo estaba tan furiosa con él que di un golpe sobre la mesa con un vaso en la mano, cortándome un dedo. Dios, me sentí tan fuera de control y tan alterada.

¿Sabes lo que ocurrió la última vez que Marte estuvo en cuadratura con tu Saturno? ¿O la última vez que Júpiter estuvo en oposición a Venus? ¿Percibes conscientemente el movimiento de los planetas en tránsito en tu vida, especialmente cuando se trata de Marte, Júpiter y Saturno?

Si no conoces la respuesta a estas preguntas, hazte con un cuaderno para anotar tus tránsitos y las experiencias que tengas. (Ésta es una buena herramienta para los astrólogos principiantes.) Te ayudará a ser más consciente de cómo están operando los ciclos planetarios y para aprender qué efectos producen los tránsitos en tu vida.

Un diario de tránsitos también revelará dos cosas importantes: qué energías planetarias se manifiestan de una forma constante en tu carta astral (en mi caso es el planeta Marte cuando está en contacto con mi Sol/Urano: accidentes inesperados), y cuándo es probable que sean más fuertes. Con los planetas que retrogradan (todos menos el Sol y la Luna), ¿cuándo actuará el tránsito con mayor intensidad? ¿El efecto más fuerte será durante el primer, el segundo o el tercer paso? Por ejemplo, observa detenidamente las fases de avance y retroceso de Saturno aspectado con tu planeta natal. ¿Cuándo se manifiesta con más fuerza? Ésta es una clave importante para el patrón de intensidad de *todos* los planetas retrógrados.

Escribir todos los días en tu diario todos los tránsitos que te afectan puede hacer que al poco tiempo te sientas muy Virgo, de modo que, si te sientes abrumado, prueba esta versión abreviada. Compra un cuaderno de espiral grueso, rayado, y divídelo en doce secciones mensuales, marcadas para facilitar su localización. Deja las primeras tres o cuatro páginas en blanco para los efectos que percibas de los tránsitos de larga duración (Urano, Neptuno, Plutón) que experimentes a lo largo del mes. Empieza tu diario dedicando unos momentos, una vez por semana, a reflexionar sobre los tránsitos exteriores de Plutón, Urano y Neptuno. ¿De qué manera estás notando sus efectos en tu vida? Escribe los tránsitos activos en la columna de la izquierda, dejando entre un tercio y una mitad de la página en blanco para escribir durante el mes. De este modo, sólo necesitas leer las primeras páginas de cada mes para ver los efectos de los tránsitos lentos.

Luego concéntrate en los tres tránsitos más perceptibles de Saturno, Júpiter y Marte. En la segunda sección de cada mes escribe a diario, poniendo las fechas y las listas de tránsitos en el lado izquierdo. Escríbelos por orden de fuerza: todos los tránsitos de Saturno, Júpiter y Marte que sean pertinentes. A la derecha de la lista apunta lo que observes que ocurre en tu vida que se corresponda con ellos.

Los tránsitos de la Luna, Mercurio, el Sol y Venus duran entre unas pocas horas y unos pocos días. En ocasiones serán el desencadenante de los tránsitos más poderosos. Vigílalos y simplemente señálalos y anota las experiencias debajo de tus apuntes para Saturno, Júpiter y Marte. Si mantienes un registro de los planetas de movimiento rápido durante cuatro meses, conseguirás sentir cómo operan. Los tránsitos de la Luna pueden durar tan sólo unas horas. Para sintonizar tu percepción de la Luna, presta atención a los días en que ésta transita por tus planetas natales durante un período de dos meses. Es necesario un poco de disciplina para mantener un diario de tránsitos, pero descubrirás que tus esfuerzos realmente valen la pena. Aprenderás a anticipar con mayor precisión los tránsitos venideros y podrás prepararte para ellos de un modo más consciente.

Tener un diario de sueños/tránsitos

> Anoche soñé que alguien me ponía una cadena para perros alrededor del cuello. Entré en pánico cuando ésta me apretó hasta dejarme sin respiración. Me arañé el cuello desesperadamente, intentando hacer que el aire llegase a mis pulmones. (Saturno en tránsito en oposición a mi Sol/Urano.)

Existe un vínculo estrecho entre los mensajes de tus sueños y tus experiencias de la vida cotidiana. De hecho, muchos acontecimientos de tu mundo consciente pueden ser predichos si prestas atención a lo que te comunican los sueños. Los maestros de las ciencias yóguicas llegan a afirmar que un símbolo que aparece en tu estado onírico se manifestará en el mundo consciente, de vigilia, en menos de setenta y dos horas.

Dado que hay una conexión directa entre tus experiencias conscientes y tus tránsitos, es evidente que también existe una relación entre tus sueños y los tránsitos. Tener un diario de sueños en combinación con uno de tránsitos puede demostrar esta conexión. Yo he tenido uno de sueños/tránsitos, intermitentemente, durante veinte años. En muchas ocasiones, esta práctica me ha proporcionado una información importante sobre mi proceso interior que probablemente no hubiera percibido si no hubiese llevado un registro.

Cuando tengas tu diario de sueños/tránsitos notarás dos cosas: en primer lugar, que los tránsitos activos se corresponden con los símbolos de tus sueños y, en segundo lugar, que dichos símbolos *pueden* manifestarse en tu vida.

He aquí algunos ejemplos de mi diario actual:

Cuando Venus en tránsito estaba en oposición con mi Saturno, soñé que me robaban. Tres días más tarde, recibí un cheque sin fondos. Bajo un punto estacionario de Plutón tuve unos sueños muy inquietantes. Durante esta época estaba apoyando emocionalmente a una amiga cuyo padre estaba muriendo. Con la Luna en tránsito en mi casa doce, tuve un sueño en el cual visitaba una cárcel en la que los presos estaban confinados dentro de una piscina. El fin de semana siguiente, estando de viaje fuera de la ciudad con mi marido, nos sorprendió una tremenda tormenta eléctrica que inundó varias calles. Condujimos por un laberinto durante más de tres horas, intentando encontrar el camino en medio de la inundación. En Navidad, con Marte transitando en conjunción con mi Júpiter, soñé que estaba esquiando montaña abajo, impulsándome para coger velocidad, avanzando por el borde del precipicio en perfecto control. Por la mañana me regalaron esquís nuevos y correas.

Muchas personas dicen que no recuerdan sus sueños. Si quieres recordarlos, debes entrenar a tu inconsciente para que lo haga. Cada noche, antes de irte a dormir, siembra una semilla de autosugestión: «Recordaré mis sueños vívidamente». Luego, simplemente vete a dormir como de costumbre. Quizá tarden una semana o dos, pero tus sueños empezarán a aparecer.

En cuanto despiertes, mantente centrado en el estado del sueño, sin abrir los ojos. Recuerda tanto como te sea posible. Inmediatamente, gira hacia el borde de la cama y, sin distraerte, escribe en tu diario lo que has soñado, a ser posible en tiempo presente. No lo corrijas, limítate a escribir espontáneamente. Léelo y escribe las primeras respuestas que recibas respecto a su significado. Subraya los elementos clave del sueño. ¿Habla de un tema específico de tu vida actual? Saca tu efemérides. ¿Hay algún tránsito durante esta semana que se corresponda con los símbolos del sueño? Escríbelos al lado del sueño. Presta particular atención durante los puntos de estación planetarios. Al mantenerte consciente de los símbolos que hay en tus sueños en un período de dos semanas empezarás a ver el paralelismo entre tus tránsitos y tus experiencias en el estado de vigilia. Pronto descubrirás que tu inconsciente está hablando más alto de lo que tú creías.

Contemplar el horóscopo

«Conócete a ti mismo» es una sentencia esencial que ha sobrevivido a través de los siglos y ha llegado a nosotros desde las inscripciones del templo en Delfos, Grecia. El horóscopo nos ofrece un método para conocernos a nosotros mismos que está basado en un anteproyecto dinámico de nuestros ámbitos consciente e inconsciente. Mediante un estudio en profundidad y la contemplación de nuestro horóscopo, obtenemos un conocimiento de nosotros mismos.

El conocimiento de uno mismo es crucial si estamos utilizando la astrología como una herramienta para ayudar a los demás, ya que sólo podemos llegar con los demás tan lejos como hayamos llegado con nosotros mismos. Una buena manera de conseguir esto es tener un diario de reflexión. En él puedes contemplar y estudiar aspectos de tu ser/carta, dialogar contigo mismo y registrar tus pensamientos y sentimientos más íntimos. La página de tu diario se convertirá en un espejo vivo para que te veas con mayor claridad.

En un cuaderno de espiral (u otro diario duradero), escribe una pregunta, seleccionada de la siguiente lista, que tenga particular interés para ti en estos momentos. Cierra los ojos y reflexiona sobre ella. ¿Qué sentimientos, imágenes, palabras, vienen a tu mente? ¿Notas algunas sensaciones físicas? Escribe o dibuja tus respuestas. Cuando lo hayas hecho, estudia el planeta indicado en tu carta natal. ¿Qué aspectos, signos, posición en las casas, tiene en tu carta? Si se trata de una pregunta más relevante para el modo en que te sientes ahora, estudia tus progresiones y tránsitos. ¿Se corresponden con cómo te estás sintiendo?

Preguntas para la reflexión

El Sol

¿Cómo me ven los demás?

¿Qué facetas de mí veo?

¿Cuál es mi propósito?

¿Qué aspectos de mí mismo no estoy utilizando conscientemente?

¿De qué manera puedo desarrollar o expresar más todo mi ser?

¿Cómo era mi padre?

¿Qué mensajes me dio?

¿Se consideraba un hombre de éxito?

¿Cuáles eran sus defectos y cuáles sus puntos fuertes?

La Luna

¿Cómo me siento en este momento?

¿Cómo me alimento?

¿Cómo se siente el niño que hay en mí en estos momentos? ¿Cuáles son sus necesidades?

¿A quién/qué recurro cuando necesito apoyo y ánimos?

Luna/Sol

¿Qué aspecto tienen mi ser interno y mi ser externo ahora, y cómo los siento? (Haz un dibujo del aspecto que tienen para ti).

Haz dos listas. Una de tus cualidades lunares, femeninas, *yin*. Luego otra de tus cualidades solares, masculinas, *yang*. ¿Es una más fuerte que la otra? (¿Qué aspectos/signo/casa tienen tu Luna y tu Sol?).

Mercurio

¿Qué adjetivos describen mi forma de comunicarme?

¿Cuáles son las palabras favoritas que más utilizo?

¿Qué partes de mi cuerpo uso al hablar?

Cuando entro en contacto con un grupo de personas al que no conozco, ¿qué suelo hacer?

¿Sobre qué nuevas ideas me gustaría aprender actualmente?

¿Disfruto escribiendo? ¿Qué tipo de escritos (cartas, ensayos, artículos)? ¿Qué adjetivos describen mi estilo? ¿Qué necesito trabajar y mejorar?

VENUS

¿Cuáles son las cosas/personas que más amo?

¿Qué es lo que me encanta de mí?

¿Qué es lo que me permito disfrutar hasta llegar a los excesos?

¿Hay alguien a quien envidie? ¿Por qué?

MARTE

¿Por qué cosa estoy dispuesto a utilizar mi energía y hacer un esfuerzo?

¿Cuáles son mis actividades físicas favoritas?

¿Por qué causa estoy dispuesto a *actuar*?

¿Qué me hace enfadar? ¿Qué características de las otras personas me hacen enfadar?

¿Qué hago cuando me enfado?

JÚPITER

¿Cuáles son mis talentos y habilidades?

¿Cuáles son mis rasgos de personalidad positivos?

¿Cuáles han sido mis logros más importantes?

¿En qué áreas me siento seguro de mis conocimientos y mis habilidades?

¿Cuáles son mis potenciales en la actualidad?

¿Qué áreas de mi vida se están desarrollando con facilidad y son prometedoras?

¿Qué aspiraciones tengo para mi vida en los próximos cinco años?

¿Qué creencias tengo actualmente?

¿Qué palabras simbolizan mi filosofía de vida ahora?

SATURNO

¿Cuáles son mis puntos más fuertes?

¿Cuáles son mis responsabilidades particulares ahora mismo?

¿Qué actitud tengo ante ellas?

¿Cuáles son los rasgos que temo, juzgo, no me gustan de mí?

¿Cuáles son los rasgos que temo, juzgo, no me gustan de los demás?

¿En qué áreas de mi vida me siento seguro y estable?

¿Con qué estoy luchando actualmente? ¿Es algo interior o exterior? ¿Cómo es esa lucha? Nómbrala.

¿Puedo ver la manera de resolver mi problema? ¿Qué puedo hacer de una manera diferente para hacer que la situación cambie para mejor?

URANO

¿Contra qué ideas/personas me he rebelado en mi vida?

¿Hay cosas que me gustan y que los demás consideran extrañas?

¿En qué grupos estoy implicado?

¿Estoy implicado activamente o en la periferia?

NEPTUNO

¿Qué áreas de mi vida sospecho que no estoy viendo con claridad?

¿Tengo ilusiones ahora sobre mi vida o alguien que está en ella?

¿A qué soy adicto? ¿Tiene eso repercusiones en mi vida o en las de los demás?

PLUTÓN

¿Hay algún problema en mi vida que estoy negando o que está pidiendo a gritos ser transformado?

¿Qué recursos tengo dentro/fuera de mí para ayudarme a cambiar?

¿Hay algo/alguien que odie intensamente? ¿Por qué?

¿Hay alguien en mi vida a quien todavía tengo que aprender a perdonar?

¿Hay algo que he hecho por lo cual todavía necesito perdonarme?

Cualquiera de estos enfoques te proporcionará una gran cantidad de maneras de reflexionar sobre ti mismo en el espejo de la astrología. Y lo que es más importante aún: estarás aprendiendo de la experiencia, tu mejor maestra.

7

Astrodrama:
actuar con otras personas

En el Cielo de Indra se dice que hay una red de perlas, dispuestas de tal manera, que si te fijas en una verás a todas las demás reflejadas en ella.

Sutra hindú

Es el turno de Ellen para que el grupo haga una representación de su carta al estilo astrodrama. Ella desea tener una mejor comprensión de su cuadratura-T fija de Mercurio en oposición con Urano en cuadratura con Neptuno. Confundida y ansiosa, está sentada en el centro de la habitación, observando la lucha entre los tres planetas. Su Mercurio empieza a sermonear a su Urano: «Siempre me estás presionando. "¡Date prisa! ¡Pongámonos en marcha! Tenemos mil cosas que hacer hoy." Deja que me *relaje*. Estoy cansada de intentar hacer un millón de cosas. Las prisas me ponen nerviosa y me aturden». Volviéndose hacia la cuadratura de Neptuno, se queja: «¡Y tú! Siempre tan insípido. *Nunca* adoptas una postura. Siempre dejas que Urano te atropelle. Te ofrece tantas opciones que te quedas ahí aturdido, ¡como en medio de una especie de niebla! ¡Haz algo!». A lo que Neptuno responde distraídamente: «Bueno, hacer cosas tampoco es tan importante. Soñar sí lo es. A veces *sí* te

135

ayudo a escapar. Hacemos algunos viajes bonitos, ¿no? ¿Recuerdas esa gran idea que tuvimos de ir a Corpus Christi y abrir un puesto de perritos calientes? ¡Caray! Eso hubiera sido estupendo, pasar todo el rato en la playa». Urano interrumpe: «Sí, tú sí que vives en el País de Nunca Jamás. No tienes ningún sentido de la realidad. Si te salieras con la tuya, nunca nos dejarías acabar de hacer nada. Confundes los temas y diluyes nuestra acción. Eres un *estorbo*». Neptuno responde: «Y tú eres abusivo. Nunca ves mi sensibilidad y, además, a veces *sí* te doy buenas ideas, ¿sabes? Y *eres* un sabelotodo, siempre intentado mangonearme. Tú no sé qué voy a hacer contigo».

La energía en la habitación era intensa, dispersa y caótica, con tres voces estridentes enfrentándose en un constante tira y afloja. Se podía ver la frustración en la mirada de Ellen mientras intentaba escuchar las voces de Mercurio, Urano y Neptuno. Espontáneamente, su Sol en Capricornio en la cuarta casa (de pie detrás de ella) puso sus manos sobre los hombros de Ellen y la tranquilizó: «No importa cuánto te confundan y te frustren. Me tienes a *mí*, el Sol en Capricornio, fuerte y capaz. Yo te haré superar cualquier cosa que tu cuadratura -T pueda provocar. Nos enfrentaremos a ellos cuando sea necesario. Cuando Urano actúe y disperse tu mente, recuerda que has de regresar conmigo para anclarte y organizarte antes de que obremos precipitadamente. Y cuando Neptuno entre con sus ideas soñadoras, la escucharemos, dejaremos que nos inspire, incluso en ocasiones escaparemos de la realidad, pero llevaremos la cuenta de todas las grandes ilusiones y confusiones que traiga. Utilízame como fuerza equilibrante cuando Urano o Neptuno hagan que te vuelvas loca. Yo siempre estaré ahí». En pocos minutos, las energías que había en la habitación se calmaron y se equilibraron, dando a Ellen la tranquilidad de saber que podía enfrentarse eficazmente a su difícil combinación planetaria.

Astrodrama: cómo hacerlo

Lo que has estado observando es el astrodrama, una técnica dentro del campo más amplio de la astrología por la experiencia, que presenta el horóscopo de una forma teatral. Las cartas cobran vida literalmente, ofreciendo a los participantes la oportunidad de conocer sus energías y trabajar con ellas directamente. Para una persona, o para grupos de veinticinco o más, el astrodrama es una manera divertida y emocionante de explorar tus energías psíquicas.

Cuando te reúnas con un amigo o amiga para hablar de vuestras cartas, intentad hacer números teatrales improvisados. Estableced unas circunstancias imaginarias para que interactuéis los dos. No es importante tener talento para la actuación. Simplemente, respirad hondo e intentadlo.

Empezad poniéndoos de pie, estirándoos ¡y poniendo en movimiento al Leo que hay en vuestra alma! He aquí algunos ejemplos para ayudaros a empezar. Cuando los hayáis probado, cread vuestros propios escenarios:

Imagina que tú y la otra persona habéis decidido tomar unas vacaciones juntas. Uno de vosotros es un Sagitario fuerte y el otro un Piscis fuerte. ¿Cuál es vuestro proceso para decidir dónde ir? O suponed que sois dos chicas adolescentes que están de viaje en Nueva York por primera vez. Éste es vuestro primer día de compras. Una de vosotras tiene a Venus en Piscis, la otra a Venus en Leo. ¿Qué ocurre? ¿Y si una tiene a Venus en Virgo y la otra en Géminis? Probad la polaridad de Venus en Acuario con una Venus en Leo, o Venus en Virgo con Venus en Piscis.

Tu colega y tú estáis a punto de presentar una ponencia ante una corporación profesional importante. Él tiene a Mercurio en Virgo, tú lo tienes en Sagitario. ¿Cómo es más probable que os estéis preparando cinco minutos antes de la presentación? Tu amigo y tú estáis esquiando montaña abajo. Él tiene un buen tránsito de Júpiter y tú una cuadratura con Saturno. ¿Cómo os las arregláis para elegir la pista que tomaréis? Tu marido y tú estáis revistando el estado de vuestra cuenta bancaria bajo un Mercurio retrógrado. Tú tienes a Mercurio en Virgo, él lo tiene en Piscis. ¿Qué ocurre?

Estás a punto de entrar en la oficina de tu profesor para recoger tus notas finales. Tienes un Saturno en tránsito en cuadratura con tu Sol. Representa esto actuando, y luego vuelve a hacerlo con un Júpiter en conjunción con tu Sol. Acabas de tener un choque leve y bajas de tu automóvil para comprobar los daños. Tienes a Marte en Libra. El tipo que te chocó tiene a Marte en Aries, o en Virgo, o en Piscis. Prueba cada una de las variaciones.

Probad a hacer estas improvisaciones no verbales: eres un león Tauro acechando a una gacela Géminis. ¿Qué ocurre? Tu amigo y tú sois cachorritos; uno nació en Tauro, el otro en Géminis. Sois dos niños de cuatro años jugando en la playa. Uno tiene el Sol en Leo, el otro en Virgo. ¿Cómo jugáis juntos?

Prueba ser Saturno en conjunción con el Sol, Saturno en trígono con la Luna, Júpiter en conjunción con el Sol, Júpiter en trígono con la Luna, Marte en cuadratura con el Sol, Mercurio en conjunción con Júpiter, Mercurio en conjunción con Saturno, Mercurio en cuadratura con Neptuno, Mercurio en trígono con Urano, Mercurio en oposición con Plutón, Marte en conjunción con la Luna en Virgo, Marte en conjunción con Venus, Venus en conjunción con la Luna en Cáncer, Venus en conjunción con Saturno en Escorpio, Venus en conjunción con Júpiter en Escorpio, Marte en conjunción con Júpiter en Sagitario, Marte en Leo en cuadratura con Saturno en Tauro.

Inténtalo con algunos aspectos generacionales: Saturno en conjunción con Urano en Tauro, Saturno en conjunción con Urano en Géminis, Saturno en conjunción con Plutón en Leo, Saturno en Leo en sextil con Neptuno en Libra, Saturno en conjunción con Neptuno en Libra, Saturno en Libra en cuadratura con Urano en Cáncer.

Si sois tres personas, turnaos para elegir algún aspecto de la carta natal de cada uno y trabajar con él. Supongamos que uno de vosotros tiene una Luna en Aries en cuadratura con su Mercurio en Capricornio y quiere saber más sobre ello. Sin una discusión previa sobre este aspecto, repartid los papeles de la Luna y Mercurio entre vosotros. La persona cuyo aspecto estáis trabajando puede limitarse a observar. Empezad estableciendo la escena en la cual interactuaréis. Por ejemplo, suponed que sois un matrimonio que está sentado en casa. Uno de vosotros decide que sería divertido ir al cine. ¿Cómo reaccionaría la Luna en Aries en cuadratura con un Mercurio en Capricornio? O comenta el aspecto de antemano con tu amigo con la Luna en Aries, pidiéndole que explique cómo experimenta este aspecto en su vida. Luego, uno de vosotros interpreta el papel de la Luna en Aries. La mujer que tenga este aspecto podría interpretar su propio Mercurio en Capricornio, mientras que el tercer amigo observa. Esto le da la oportunidad de sentir y experimentar su Mercurio. Cuando hayáis terminado, intercambiad los papeles. ¿Cómo fue cada papel para ella? ¿Aprendió algo nuevo? ¿Vio más claramente cuán opuestos son estos dos componentes psíquicos? ¿Qué sentiste tú cuando interpretaste a su Luna? ¿Y a su Mercurio? ¿Qué percibió el observador acerca del proceso? ¿Podríais expresar todos rápidamente maneras en que podría enfrentarse mejor a esta cuadratura? ¿Han aparecido nuevas ideas? Si tú y tus amigos ya habéis tenido alguna experiencia con el astrodrama, podríais incluir también las casas. Por ejemplo, representa a su Luna en Aries en la segunda casa en cuadratura con su Mercurio en Capricornio en la undécima.

Si tienes un grupo ligeramente más grande (cinco o seis personas), prueba combinaciones de aspectos, como cuadraturas-T; por ejemplo, la Luna en Aries en cuadratura con Mercurio en Capricornio con Neptuno en Libra haciendo una oposición a la Luna y una cuadratura con Mercurio. ¿Cómo sentís el patrón psíquico? Luego, añadid la Luna en Aries en trígono con Júpiter/Plutón en conjunción con Leo. ¿De qué manera cambia esto el patrón?

¿Tienes un grupo de diez o más personas? Entonces prueba representar toda tu carta natal. Es así como la astrología verdaderamente cobra *vida*. Mis primeras experiencias con el astrodrama en un grupo tuvieron lugar en otoño de 1981 en el Instituto Esalen en Big Sur, California. Como directora de talleres de la comunidad, yo daba una clase de astrología tres veces por semana a un grupo de residentes entre los que había tanto estudiantes de astrología como participantes asiduos a los grupos de encuentro Gestalt. Eran ideales. Estaban informados sobre astrología, sabían trabajar en grupo y estaban abiertos a nuevas ideas. De estas experiencias en Esalen surgió la representación de la carta natal completa.

El horóscopo vivo

La forma básica del «horóscopo vivo» se explica más adelante. Al final de este capítulo describiremos también una forma más avanzada, utilizando un mandala junguiano y los conceptos de Jung sobre el inconsciente personal y el colectivo.

Si estás trabajando con un grupo más grande, probablemente necesitarás «calentar» primero. Empieza con unos pocos ejercicios para romper el hielo. Cuando os sintáis sueltos y relajados, escoge los planetas. No te preocupes demasiado acerca de quién debería interpretar qué energía, simplemente elige y empieza. Cuando todos los planetas hayan sido asignados, estaréis listos para improvisar algunos aspectos sencillos. Empieza diciendo en voz alta los aspectos que los miembros del grupo quisieran ver. Alguien podría querer ver su Júpiter en Cáncer en trígono con Mercurio en Escorpio, o su Sol en conjunción con Urano en Virgo. Cuando un aspecto es anunciado, los dos planetas deberían dedicar unos momentos a comparar notas, y luego utilizar sus personajes planetarios para representar la esencia de cada aspecto. Cuando los participantes se sientan cómodos unos con otros, estaréis listos para representar cartas enteras. Para hacerlo con un grupo de diez a veinte personas, prueba de utilizar la forma básica que se explica abajo. Es adaptable y, además, ofrece una estructura para la interpretación.

Resumen del horóscopo vivo: forma básica

Hay tres tipos de papeles:

El «director» es la persona cuya carta estáis representando. Él o ella asume el mando en el diseño del astrodrama.

Los «planetas» son, por supuesto, desde el Sol hasta Plutón, y son asignados por el director a los miembros del grupo que tengan la habilidad para interpretar mejor a una determinada energía planetaria.

El «facilitador» apoya las acciones del director interviniendo cuando sea necesario para centrar el drama. Su perspectiva relativamente distanciada permite que los participantes permanezcan «en el papel» mientras él se ocupa de cuestiones generales de la estructura y el proceso. (Como puedes ver, lo ideal es un grupo de doce personas: diez planetas más el facilitador y el director.)

El formato básico para un horóscopo vivo es el siguiente:

1. Análisis de la carta

Inicia el proceso colocando delante del grupo la carta natal de la persona cuyo drama estáis representando. (Una pizarra resulta muy útil.) A continuación, el director guía al grupo a través de la carta, identificando los aspectos clave, las modalidades elementales, etc. Si el director no tiene conocimientos de astrología, puede utilizar al grupo como recurso para encontrar los aspectos y discutirlos.

2. Asignar los planetas

El director elige a los miembros del grupo que van a representar a los planetas. Es posible que desee que una determinada persona interprete a su Saturno. O podría querer que los participantes elijan los papeles que desean representar. En ocasiones, un miembro del grupo podría sentir que tiene una percepción especial de un planeta en particular dentro de la carta del director, o podría desear experimentar un papel específico.

3. Establecer un objetivo

Una vez que los planetas han sido asignados, el siguiente paso consiste en encontrar el centro o el objetivo de la representación. Concentrarse en una determinada pauta aspectual o tema de la carta es una buena elección. ¿Desea el director concentrarse en su gran cuadratura, en la relación con su pareja, o con sus padres? (Un grupo principiante de astrodrama necesita centrar su energía. De lo contrario, los dramas pueden ser confusos. A medida que el grupo va adquiriendo experiencia, encontrará que la estructura es cada vez menos necesaria. Si sus miembros están especialmente en armonía unos con otros, pueden crear un trabajo bellamente meditativo y espontáneo.)

Para dar un ejemplo de cómo funciona todo el proceso, supongamos que nuestra directora es una mujer que desea comprender mejor su relación con los hombres. Véase la figura 3, «Carta de la directora», nacida el 12 de agosto de 1948, en la cual se muestra su horóscopo.

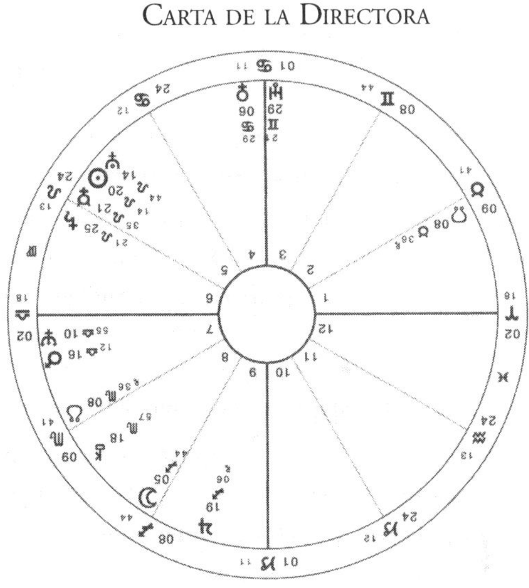

CARTA DE LA DIRECTORA

141

Esta mujer nunca se ha casado, desea fervientemente tener una relación y tiene un patrón histórico de atraer una buena relación seguida de una en la que existe el maltrato. (En dos ocasiones, estas relaciones de maltrato fueron con hombres alcohólicos.) El grupo que está representando su carta podría centrarse en los aspectos y signos de su Sol, Marte, Venus, Saturno, en las casas quinta, séptima y octava y en cualquier cosa que sea pertinente para entender el patrón de las relaciones. ¿Cómo valoran los demás participantes su particular lucha en las relaciones? ¿Dónde se encuentran los puntos de liberación constructiva?

4. Orden de interpretación

Mientras tiene lugar una breve discusión, el facilitador debería empezar a idear (y mostrar para que todos lo vean) un orden lógico para representar los aspectos de esta carta en particular. Por ejemplo, en este caso, lo más natural sería empezar con la lucha de la directora con la poderosa y controladora conjunción Sol/Mercurio/Saturno, pasando por la cuadratura del pasivo/agresivo Marte/Neptuno con la idealista/dependiente Venus y acabando con los puntos de propósito constructivo de la configuración: los efectos estimulantes de Mercurio/Saturno en sextil con Urano y los de su idealista trígono con Júpiter, Marte/Neptuno en sextil con Plutón.

5. Preparación de los planetas

Cuando el grupo se haya puesto de acuerdo respecto al orden a seguir, los planetas deberían separarse en grupos de aspectos y discutir *brevemente* cómo se podrían representar. (Para plantear una idea a grandes rasgos o la dirección en que se desarrollará espontáneamente el drama.) Procura que esta fase sea lo más breve posible, ya que el ideal es que la acción fluya de la situación, aunque los grupos de principiantes, o unos patrones especialmente complejos, podrían demandar más tiempo. (Las representaciones planificadas de antemano con excesivo cuidado suelen parecer artificiales.) Y añade unos minutos adicionales si estáis utilizando disfraces o accesorios.

Los trajes coloridos y los accesorios ingeniosos añaden un elemento visual excitante, de manera que, si puedes, no dejes de utilizarlos. Es inevitable entrar en el espíritu de Marte cuando uno rebusca en una caja de disfraces rebosante y encuentra una capa de raso rojo, un casco y una espada. Para retratar a Venus en Acuario, ¿qué tal una peluca «punk» y unas gafas de Sol amarillas con forma de estrella? Una cadena con una pelota sería perfecta para Saturno. Para Urano, prácticamente cualquier cosa con un color brillante y luminoso servirá. Los accesorios también pueden proporcionarte un punto de partida para la creación de un papel. Recuerdo que una actriz comprendió por primera vez a Neptuno mientras daba vueltas y vueltas con un vestido adornado con pañuelos transparentes. Otra interpretó a la Luna en Virgo como una madre melindrosa que vestía a su muñeca bebé.

6. Montar el escenario

Cuando todo el mundo sienta que tiene una idea general de cómo va a interpretar a su planeta, entonces «monta el escenario». Coloca a los planetas de la carta natal alrededor de la directora. Ubica a ésta en el centro de su carta mirando a su medio cielo (cúspide de la décima casa). A su izquierda, en orden zodiacal, deberían estar todos los planetas que se encuentren en sus casas duodécima, primera y segunda; detrás de ella, los planetas que estén en las casas tercera, cuarta y quinta, y a su derecha todos los planetas de las casas sexta, séptima, octava, etc.

7. El drama

A. PRESENTACIÓN DE LOS PLANETAS

Ahora que todos se han colocado en su sitio, estás listo para iniciar la acción. (Podríais dedicar unos minutos a que los planetas se «centren» en su energía planetaria.) Empezando por el ascendente, avanza de casa en casa, en sentido contrario a las agujas del reloj, permitiendo que los planetas se presenten brevemente. «Yo soy Mercurio en Leo. Soy dramático, pienso en grande y me encantan mis ideas. ¡Te ayudo a crear y crear y crear! Los demás dicen que soy demasiado egoísta, pero me parece que cuando disfruto, los demás también lo hacen.» Avanzad alrededor del círculo realizando estas breves presentaciones hasta que los diez planetas hayan hablado.

Permite que el drama se desarrolle en la secuencia acordada. En nuestro ejemplo, el Sol/Mercurio/Saturno en Leo salen primero, hablan e interactúan. Cuando han acabado, Marte/Neptuno en Libra ocupan el escenario central. Y entonces Venus en Cáncer se suma a la acción. Éstos son todos los aspectos que se combinan creando problemas para la directora. A continuación, se pasa a la fase de resolución del drama: Mercurio/Saturno en sextil con Urano, Mercurio/Saturno en trígono con Júpiter, Marte/Neptuno en sextil con Plutón.

Cuando el drama descrito arriba se representó de verdad, quedó claro que esta mujer idealizaba a los hombres (influencia del padre), a pesar de que había reprimido el sentimiento de que su progenitor, un ejecutivo, estaba demasiado ocupado y absorto en sí mismo para darle amor. Su anhelo de un alma gemela no le permitía ver al hombre real que tenía delante. Los hombres que había en su vida se sentían confundidos por su comportamiento inicialmente altivo y luego dependiente y sumiso. Los puntos de resolución constructiva mostraban que necesitaba encontrar un *equilibrio* entre su deseo a lanzarse a una relación (el Fuego impulsivo) y la necesidad de tomarse el tiempo para ver más allá de sus proyecciones. Al satisfacer tanto a la naturaleza dependiente de Cáncer como al Leo controlador y exigente con un enfoque equilibrado, podría aliviar la naturaleza desesperada de su deseo de tener una relación.

En tus propios astrodramas, como en el que acabamos de describir, el orden de los acontecimientos puede cambiar a medida que el drama se va desarrollando. La «química» de los planetas que están trabajando juntos dará un ritmo propio a la representación. Si una secuencia alternativa os parece más adecuada, podéis hacer cambios. Por ejemplo, un planeta podría intervenir espontáneamente porque sabe intuitivamente lo que debe hacer o decir. Es posible que el facilitador o el director deseen intervenir; por ejemplo, dando más peso a un determinado aspecto, o quizá la directora desee interpretar uno de los papeles planetarios. El truco es tener algún sentido de la estructura *y* permitir que tenga lugar una «danza» espontánea de la carta mientras el drama avanza.

Existen muchas maneras de variar la rutina básica y mejorar el astrodrama. Si un grupo está representando tu propia carta, podrías decidir observar pasivamente a tus planetas para enterarte de lo que las otras diez mentes tienen que ofrecerte, o dialogar directamente con uno, o varios, de ellos. Quizá deseesasumir el papel de Venus. ¿Qué se siente? ¿Cómo responde tu Venus a tu Urano en cuadratura con Leo? Después de un minuto quizá te apetezca cambiar de papel e interpretar, por ejemplo, a tu Urano en cuadratura con Venus en Tauro. A medida que vayas adquiriendo experiencia, depende de ti alcanzar los mejores resultados en el astrodrama. También deberías ser capaz de apoyarte en tu facilitador para que te ayude a hacer elecciones más flexibles. Un buen facilitador mantiene una visión general de la obra, orientando tanto al director como a los planetas y, si es necesario, interviniendo para dirigir a acción. Además, debería confiar en su intuición al tiempo que respeta la experiencia del director. (En el capítulo 12, «Facilitar grupos: Consejos, técnicas y adquisición de habilidades», se habla de la intervención para los facilitadores.)

8. Hacer un cierre

Un horóscopo vivo puede ser una experiencia absorbente para cualquiera. Es esencial dedicar un tiempo a relajarse, separarse del drama y hacer un cierre. Llegado este momento, es probable que el director esté emocionalmente agitado, que la energía de la carta esté «en el aire» y que las personas que interpretan a los planetas se sientan implicadas. Como grupo, buscad siempre maneras de llevar el astrodrama a ese punto de tranquilidad psicológica a la que llamamos punto final. ¿Cómo puede colaborar el grupo, ofrecer una mayor resolución y apoyar al director? Con un discurso final fuerte y afirmativo realizado por algún planeta clave, o una reunión espontánea de los planetas alrededor del director con una suave caricia, o un momento de silencio, o un aplauso entusiasta. O podríais «mecer» suavemente al director en brazos del grupo, o cantar su nombre dulcemente. Sed creativos asegurándoos de que no se os olvida hacer un cierre.

9. Interacción

La interacción es una etapa de reflexión en el astrodrama, cuando todos pueden compartir observaciones y percepciones que amplíen las enseñanzas de la experiencia. En ocasiones esto puede ser tan revelador como la representación en sí. Todavía frescos después de la actuación, los participantes hacen comentarios con una inmediatez y una franqueza tales que tienen un impacto muy potente. Empieza permitiendo que el director comparta sus sentimientos. ¿Qué le impresionó más? ¿Qué percepciones nuevas obtuvo de su carta? ¿Algunos de los planetas «dieron en el clavo» con su actuación? Luego, continúa con cualquier idea o experiencia interesante que los planetas puedan haber tenido: «Mi instinto me dijo que ahora estás teniendo muchos problemas con mi energía planetaria, pero no los estás expresando», o «Cuando fui detrás de Mercurio para encararme con ella, me dio la sensación de que eso era algo que tú nunca harías, pero que te gustaría poder hacer. ¿Es así?». Y, «Cuando finalizamos cantando tu nombre, se me llenaron los ojos de lágrimas. Lo que hicimos con tu carta realmente me llegó al corazón».

El facilitador también puede hacer observaciones sobre el proceso en sí: «Lo que percibí fue cuán dominante era Saturno. En cuanto acabó, la energía de la carta empezó a moverse de una forma más armoniosa. ¿Qué imaginas que podría ocurrir en tu vida cotidiana si moderases la necesidad de controlar de tu Saturno?» o «El drama me pareció letárgico y poco inspirado hasta que Marte respondió reuniendo a los demás planetas y animándolos a ponerse en movimiento. ¿Notas que tu Marte te sacude después de que has tenido un período de inactividad? ¿Cómo suele hacerlo?». Otro ejemplo: «Lo que más me impresionó fue cuánto apoyo recibes de tu Luna». Y otro más: «Ha sido una obra poderosa. Sospecho que ahora estamos todos profundamente conmovidos. ¿Alguien se siente así? Quizá deberíamos tomarnos un descanso de los dramas y ver lo que está ocurriendo en el grupo en este momento».

Os sugiero que empecéis con la forma básica de astrodrama que hemos descrito antes. Más adelante, cuando tu grupo y tú tengáis más experiencia, podríais probar algunas de las variaciones sugeridas a continuación, o inventar otras.

Sugerencias de variaciones del horóscopo vivo

Astrodrama Meditativo

Si un grupo ya ha tenido alguna experiencia con el astrodrama, posiblemente querrá intentar trabajar con la forma meditativa. He aquí cómo se hace: haz que el grupo se siente en un círculo en el orden en que aparecen sus miembros en la carta natal del director. Pide a cada planeta que examine la carta, observando sus contactos con los otros. Reflexiona sobre cómo afectan estos contactos a tu planeta. Luego, si estás facilitando, pide al grupo que cierre los ojos y centre la atención en la respiración. Mientras los miembros respiran profundamente, pídeles que sintonicen con el planeta al que están representando y guíalos en su imaginación, a través del espacio, hasta el lugar donde su planeta gira en el sistema solar. ¿Qué perciben acerca de su planeta a medida que se acercan? Diles que imaginen que el Regente de su planeta ha salido a recibirlos. ¿Qué aspecto tiene esa entidad? ¿Qué sentimientos y vibraciones emanan de ella? Haz que se sienten mirando al Regente y perciban sus impresiones. ¿Qué tiene que decir el propio planeta? ¿Qué le diría directamente al director? ¿Qué dirían los demás planetas de este aspecto al Regente de tu planeta? Utilizando esto como punto central para la meditación, deja que el grupo dedique entre quince minutos y media hora a comunicarse con el planeta. Luego, lentamente, haz que vuelvan mentalmente a la habitación. Cuando estén preparados para abrir los ojos, pídeles que expliquen lo que han aprendido. Las reflexiones que provienen de este tipo de experiencia profunda pueden ser misteriosamente perceptivas y tocar al director exactamente en el lugar adecuado. También puedes pedir a los planetas que se pongan de pie e interpreten lo que dijo el Regente del planeta, o decir al grupo que cada miembro represente el drama como si fuese el Regente de su propio planeta.

Variación: Astrodrama artístico

Después de que el grupo haya meditado sobre la carta, prueba un astrodrama artístico. Coloca una cartulina grande en el lugar de cada planeta, alrededor de la carta. Pide a los miembros del grupo que dibujen lo que sientan que expresa su experiencia meditativa. Si hay una conjunción, haz que los dos planetas implicados dibujen. Luego indica a cada planeta que se dirija hacia los otros con los que tiene contacto por un aspecto de la carta, y que dibuje dicha relación de alguna manera en una hoja de papel del planeta aspectado. Asegúrate de tener suficiente material artístico: rotuladores, lápices de cera, pintura, etc. La primera vez que probé este tipo de astrodrama, la directora era una profesora de arte. Se entusiasmó con los resultados y estuvo encantada de llevarse su «astro-arte» a casa.

Ésta es una buena manera de hacer un astrodrama en el caso de una carta altamente verbal o «de aire». Estas personas siempre están hablando de sus aspectos, de modo que una comunicación totalmente no-verbal tiene un gran valor para ellas. Incluso puedes pedirles que se pongan de pie e interpreten sin palabras a un planeta importante en sus cartas.

El astrodrama y el modelo de Jung para la psique

Mi propio avance con el proceso del astrodrama ha sido el de encontrar maneras de utilizarlo en relación con la psicología junguiana. Desde el otoño de 1988, estoy trabajando con un grupo en Chicago para seguir desarrollando estas ideas. Necesitaría mucho espacio para describir esto extensamente, pero te daré una idea de la dirección básica que hemos seguido.

Actualmente estoy utilizando tres formas distintas de mandala, basadas en el modelo de la psique de Jung. En lugar de trabajar con el círculo de una forma tan sencilla como la carta natal, estoy incorporando también las ideas de este psicólogo. La forma más simple divide al círculo en dos partes, una mitad consciente y la otra inconsciente, y trabaja con la idea de polaridad, la relación del Sol y la Luna en nuestro interior, o el modo en que uno ha

El modelo de la psique de Jung

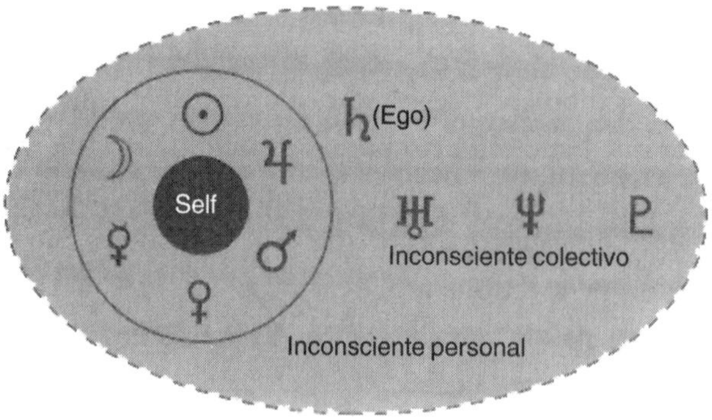

encontrado esa relación en el mundo exterior a través del Padre/la Madre o en las relaciones de pareja (Yo/Tú). Una vez que el director ha elegido el punto central, el grupo examina todos los aspectos de la carta desde la perspectiva solar/lunar escogida y representa las polaridades al estilo del astrodrama. Por ejemplo, si el director, desea trabajar su relación con sus padres, nos concentramos en la carta a la luz de la influencia de las casas décima y cuarta. O si quiere trabajar sobre el tema de las relaciones personales, ponemos el énfasis en el Yo/Tú (casas uno y siete).

La segunda forma divide la carta en tres círculos que representan los tres niveles de la psique: consciente, inconsciente personal e inconsciente colectivo. El círculo interior representa el centro del Yo y toda la percepción consciente; el segundo círculo el inconsciente personal y los planetas -el Sol, la Luna, Mercurio, Venus y Marte, con Saturno representando al ego y el puente entre el segundo círculo y el círculo exterior. El círculo exterior representa el inconsciente colectivo y el ámbito planetario de Urano, Neptuno y Plutón. La tercera forma trabaja con todos los arquetipos junguianos dentro del inconsciente colectivo (el Yo, la persona, el *anima*, el *animus* y la sombra) tal como se manifiestan en sus formas astrológicas. Las posibilidades para este nuevo modelo parecen infinitas, y el grupo de Chicago ha tenido algunas experiencias enriquecedoras como pionero en este nuevo territorio.

Espero que, a partir de los ejemplos y reflexiones precedentes, puedas ver lo que las diferentes formas de astrodrama te pueden ofrecer. El simple hecho de pasar un día con tu «horóscopo vivo» puede informarte, estimularte e incluso sembrar las semillas de la transformación. Una inversión constante de tiempo y esfuerzo con el mismo grupo te proporciona incluso más recompensas. Como miembro de un grupo, puedes activar partes ocultas de tu psique, experimentar la intensidad de ser una parte íntima del drama cósmico de otra persona y avanzar para vivir tu propia carta en toda su riqueza y complejidad. ¿Por qué no intentarlo?

8

Sanar con el poder de las imágenes

Lo que para otros una fruslería parece ser
de sonrisas o lágrimas me colma
pues una doble visión mis ojos ven
y una visión doble está siempre conmigo
con mi Ojo interior es un Anciano gris
con el exterior un cardo en el camino.

WILLIAM BLAKE

Las imágenes han sido utilizadas para la sanación desde la aparición de los primeros chamanes en las antiguas sociedades tribales. El trabajo ritual que realizaban tenía un efecto directo sobre sus pacientes, pues les inducía a estados alterados de consciencia para la autocuración. Ciertamente, en toda la historia de la medicina occidental hay una gran riqueza de ejemplos de la utilización de imágenes como instrumento de sanación. (En las antiguas escuelas de medicina, el don de la imaginación era más valorado que la cirugía o la farmacia. Aristóteles, Galeno e Hipócrates, padres de la medicina occidental, usaban imágenes tanto para el diagnóstico como para la terapia.)[1] La sacerdotisa de los templos de incubación de sueños de Esculapio recetaba con

---

1. Jean Acheterberg, *Imagery in Healing*, Boston, Shambhala, New Science Library, 1985, pág. 7.

éxito a sus pacientes después de haber escuchado sus sueños. Se crearon cientos de estos templos de sanación, basados en la premisa de que las visiones y los sueños contenían semillas del conocimiento sobre la salud emocional, psíquica y física. En la actualidad, el antiguo uso de las imágenes para la curación está siendo redescubierto en la medicina, la psicoterapia y las artes. De manera similar, las imágenes han aparecido en la astrología como un poderoso medio para sanar y enseñar.

Utilizar imágenes con los clientes

En una ocasión, estando en mi consulta con una clienta, noté que durante la sesión aparecía continuamente una imagen nítida en mi mente. En ella había dos imágenes: una era la de una niña con aspecto desamparado y vulnerable, de unos cuatro años; la otra era la de un temible guerrero semidesnudo. Ninguna de las dos figuras parecía prestar atención a la existencia de la otra. Cuando describí estas dos personas a mi clienta, ella vio que representaban precisamente dos aspectos de su carácter que nunca antes había reconocido. Retrospectivamente, fue fácil ver que las imágenes estaban prefiguradas en la carta. Su Luna en Piscis y su ascendente Cáncer estaban constantemente amenazados por cuatro planetas en Aries: el Sol, Urano, Marte y Mercurio en la casa diez. Con esta información, le sugerí que intentase encontrar maneras en que las dos imágenes se pudieran comunicar entre sí. ¿Cómo podría la niña interior sentirse más segura de sí misma y más poderosa en presencia del guerrero? ¿Cómo podía el guerrero interior reconocer la existencia de esta tímida pequeña y aprender a ser paciente, suave y cariñoso con ella? También le sugerí que en los seis meses siguientes dibujase estas figuras en una serie de imágenes cuyo propósito sería la comprensión de su naturaleza y de su relación. Ella aprendió muchísimo del experimento.

Hace varios años tuve una consulta con un cliente que tenía a Plutón en tránsito en Escorpio en conjunción con su Sol/Mercurio, y a Urano en tránsito en Sagitario en oposición con su Saturno en Géminis, en trígono con Júpiter en Leo. Comentamos su problema del momento. Una reconocida relación amor-odio con su padre, para quien además trabajaba, se manifestaba ahora como un intenso enfrentamiento (la oposición Saturno/Urano) re-

lacionado con las ideas innovadoras de mi cliente; ideas que su padre ignora
ba descaradamente. Este hombre joven se enfrentaba a una situación «sin
salida» al tiempo que, desde una perspectiva más filosófica (Urano en trígono
con Júpiter), comprendía a su padre. Esta historia, y una mirada a la carta de
mi cliente, evocó en mí la imagen de una marsopa nadando en una fuerte y
turbulenta corriente mientras, arriba, una tormenta eléctrica crujía en el aire.
Hablamos largo y tendido sobre este símbolo de su estado interior. Al reflexionar, reconoció que como marsopa (Escorpio), se encontraba en su elemento natural (el Agua) y era capaz de nadar fácilmente entre las corrientes.
Aunque los relámpagos podían inquietarlo y estimular algunas «subidas de
adrenalina» impredecibles, él podía zambullirse y salir a la superficie a voluntad y, por lo tanto, imponerse. Salió de mi despacho sintiéndose mucho más
aliviado.

Algunos de vosotros que habéis examinado vuestros procesos de pensamiento mientras trabajáis con vuestros clientes, reconoceréis que también os han venido a la mente imágenes como ésa. Pero es posible que
todavía no hayáis dado el paso más difícil que consiste en reconocer cuán
valiosas son cuando las compartimos con la otra persona. Cuando inicié mi
consulta en 1974 y tomé consciencia de ellas, me negué a comentarlas,
tachándolas de distracción. La primera vez que me arriesgué y las compartí,
tanto mi cliente como yo nos asombramos ante la riqueza de significados
que apareció, y desde entonces he hecho pleno uso de estas imágenes de mi
mente.

El hecho de aceptar el uso de imágenes en mi consulta tuvo un curioso
efecto en mí. Hasta entonces, había estado fuertemente orientada hacia mi
cerebro izquierdo racional (Sol/Urano en conjunción en Géminis) y no me
fijaba en las imágenes visuales. La astrología, para mí, era lo habitual: lee,
piensa, habla, habla, habla, sólo con alguna imagen espontánea ocasional
para aderezar. Hacia 1979, me sentía cada vez más intranquila respecto a mi
trabajo, sintiendo que mi enfoque se había vuelto seco, sin inspiración, mecánico. La astrología ya no me satisfacía, y esto me resultaba especialmente
doloroso, dado que me había entregado a ella con entusiasmo unos años
atrás. Ahora estaba aburrida y desilusionada.

Luchando por encontrar la razón de mi apatía y mi frustración, dejé de
leer cartas astrales durante un año. Me volví hacia otros intereses y entré en

el Programa de Entrenamiento de Facilitadores en el Oasis Center de Chicago. Aprendiendo técnicas de procesos grupales, encuentros, *Gestalt* y psicodrama, pasé un año de intensa interacción con otros doce buscadores, no en mi papel de astróloga, sino simplemente como ser humano. ¡Jamás, ni una sola vez, le pregunté a nadie su fecha de nacimiento! Esta experiencia fue de incalculable valor. Tomé consciencia de sentimientos profundos, sensibilidades y capacidades. Fui capaz de expresar y reintegrar mi lado femenino, intuitivo e imaginativo, cuando antes apenas había sabido de su existencia. Y aprendí mucho sobre el poder de la experiencia y de la imagen, en oposición a la palabra.

De niños, somos pensadores visuales de una forma natural, estamos en contacto con los ámbitos imaginativos, simbólicos. Pero dichas habilidades son reprimidas muy pronto. Albert Einstein, que admitía ser un pensador visual, suspendió el primer grado. Evidentemente, su «fracaso» tuvo más que ver con las expectativas de sus maestros que con su propia incapacidad. Hablando de los procesos del cerebro izquierdo, fuente de nuestro pensamiento visual, un escritor señala:

«Puesto que operamos en un mundo aparentemente secuencial y dado que en nuestra cultura el pensamiento lógico del hemisferio izquierdo está tan valorado, gradualmente vamos ahogando, devaluando y desatendiendo lo que nos llega del hemisferio derecho. No es que dejemos de utilizarlo del todo, simplemente empieza a estar cada vez más fuera de nuestro alcance debido a las pautas establecidas».[2]

Los astrólogos necesitan recordar el papel de la imagen en la estimulación del cerebro derecho y deberían tomar nota de que al menos un investigador del cerebro lo ha identificado con algunos aspectos de la mente inconsciente descritos por los psicólogos de profundidad.[3] Una imagen bien escogida fortalece nuestro trabajo con los clientes. Descubrirás que es especialmente útil para transmitir el significado de los planetas exteriores.

---

2. G. Prince. «Putting the Other Half of the Brain to Work», *Training: The Magazine of Human Resources Development*, 15 (1978): 57-61, citado en Sally B. Springer y George Deustch, *Left Brain, Right Brain*, pág. 247.

3. David Galin, citado en Sally B. Springer y George Deutsch, *Left Brain, Right Brain*, pág. 261.

Imágenes para un retorno de Saturno

Supongamos que tienes una clienta que está a punto de experimentar su retorno de Saturno. ¿Cómo le explicarías este proceso? Podrías decirle que es un momento de prueba y de una importante reestructuración, de encierro y de desprendimiento de las viejas pautas y relaciones. Pero cuánto más descriptivo sería empezar con la metáfora de un pollito en su cascarón. Le dices a tu clienta: «A medida que el pollito se empieza a hacer más grande, comienza a presionar contra su cascarón. Lo que antes representaba seguridad ahora se está convirtiendo en encierro. Lo que antes era su pequeño y abrigado envoltorio de seguridad se está transformando en una prisión. Al empujar hacia fuera y presionar contra el confinamiento, se libera. Finalmente rompe el cascarón con su piquito y empieza a tomar consciencia del espacio que hay más allá de su mundo: un mundo más grande. Empuja, creando más y más espacio, hasta que acaba saliendo a una vida completamente nueva». Recuérdale a tu clienta que, al igual que la lucha del pollito contra su cascarón, el proceso de trasformación en nuestras vidas es agotador y que después de él, antes de seguir avanzando, necesitamos relajarnos, recuperar el aliento e inspeccionar los alrededores. Es imposible que ella no comprenda una imagen tan vívida.

Para continuar con el proceso, indaga en los sentimientos de tu clienta acerca de la experiencia tal como se expresa en la imagen. Anótalos en una hoja de papel y obtén respuestas. ¿Qué sentimiento es más problemático ahora? ¿Qué recursos pueden movilizarse? ¿Qué se puede hacer para cambiar la situación? Incluso podrías llegar a un acuerdo en el cual tu clienta se comprometa a tomar ciertas medidas para mejorar la situación. Juntos podéis llegar a una comprensión más profunda de lo que debe hacerse.

Otra imagen para un cliente con un retorno de Saturno podría ser la destrucción de los viejos cimientos y el establecimiento de unos nuevos. Pon énfasis en la importancia de desmantelar las ideas antiguas, gastadas, para que la persona pueda construir una base más sólida para utilizar en los próximos treinta años. Del mismo modo que cuando una base es nueva todavía es blanda y maleable, también lo son las nuevas pautas que se están estableciendo. Yo guardo una bolsa de once kilos de arcilla en el armario de mi despacho y, en ocasiones, cuando estoy describiendo esta transformación, entrego al cliente una bola blanda de barro como un símbolo palpable de esta etapa de la vida. Al manipular físicamente la arcilla, la persona tiene una sensación convincente de la oportunidad que le brinda esta época de incertidumbre.

Te sugeriré una ilustración final para el retorno de Saturno: visualiza una gran máquina con un engranaje ruidoso y pesado. El retorno, especialmente si Saturno retrograda y vuelve a repetir su paso, coloca al individuo en medio de la maquinaria, atrapado entre dos fuerzas gigantescas, sin haberse liberado todavía de una de las ruedas y enfrentándose a tener que pasar por una crisis para poder abordar la otra. Ya no encaja en su vieja vida, pero aún no está equipado para la nueva. Sin duda, se sentirá «atrapado en el mecanismo» hasta que la transición esté completa.

Imágenes para los tránsitos de Saturno

Si acude a ti una persona con un punto estacionario en Saturno influyendo en su carta, prueba la comparación con dejar una plancha caliente sobre un buen par de pantalones. O utiliza la conocida metáfora de la cocina, la del sentimiento de encontrarte sobre el hornillo de atrás, para describir un Saturno en tránsito retrógrado. Dado que el tránsito es directo y avanza hacia un aspecto, hace que te sientas como si te hubiesen puesto sobre el hornillo delantero, más grande y más caliente. También podrías sugerir que los aspectos de Saturno pueden sentirse como la experiencia de estar en un bote remando hacia la costa con la corriente en contra. Cuanto más te acercas a la orilla, más difícil te resulta hacerlo. Tus remos empiezan a atascarse en el fondo de arena mojada, dificultando el avance. Finalmente, el bote queda varado en la arena y tienes que encontrar otra manera de resolver tu problema. Quizá necesites salir de tu situación y probar un enfoque nuevo.

Una metáfora que me gusta especialmente para un tránsito de Saturno es la naturaleza dual del elemento carbón. Bajo las circunstancias habituales que conocemos, se trata de un trozo de carbón corriente. Pero cuando ha permanecido bajo una enorme presión durante miles y miles de años, se convierte en un hermoso diamante, más duro y más valorado que cualquier otra piedra preciosa. El budismo utiliza esta metáfora para describir al «ser adamantino» al que se llega después de muchas vidas de progreso espiritual.

Se puede pensar en las anécdotas como una imagen o metáfora extendida, o como un cuento corto en su versión más breve. A un cliente vehemente e impaciente con tránsitos de Saturno podrías relatarle una anécdota que le transmita un mensaje de paciencia. Cuéntale la historia de un niño pequeño a quien le dan una semilla para plantar. Éste sale, hace un agujero en la tierra, la siembra, la riega y se sienta a verla crecer. Después de un día sin resultados, sale esa misma noche y desentierra la semilla. Furioso y frustrado, se queja de que la semilla está muerta y que todo su esfuerzo ha sido en vano. Su viejo y sabio abuelo le explica que el crecimiento ocurrirá a su debido tiempo. Si un niño está pasando por un tránsito difícil de Saturno, incluso podrías hacer realidad esta historia dándole una semilla para que la siembre y la cuide. Pronto aprenderá que la paciencia tiene sus recompensas.

Para ser un astrólogo completo, crea tu propio catálogo de historias apropiadas. Presta particular atención a tus propias experiencias durante los tránsitos. Las parábolas y los cuentos tradicionales pueden ser reveladores, pero no hay nada como la inmediatez de un relato personal. Cuando tengas un cliente con un tránsito similar, para explicarlo utiliza alguna experiencia que hayas tenido. Esto es sanador, pues crea una sensación de experiencia compartida. A los clientes les animará saber que otra persona entiende cómo se están sintiendo en esos momentos y que, por lo tanto, les puede dar consejos útiles.

Imágenes para los tránsitos de Urano

Urano evoca unas imágenes muy distintas. La más obvia es la del rayo surgiendo del cielo azul y golpeando con una sacudida punzante. Invariablemente, cuando una persona tiene un tránsito de Urano, le hago un dibujo de una serie de rayos alrededor de una cabeza. (Dando por sentado que todos tenemos unos cuantos clientes que son pensadores visuales, descubrirás que es sumamente útil tener una hoja de papel junto a la carta astral durante la sesión. Utilízalo para «garabatear» mientras señalas algo específico, atrayendo la atención de la persona hacia las imágenes visuales de su experiencia. Para los pensadores visuales este garabato puede tener mayor impacto que las palabras.)

La imagen de Jack y la judía sirve para cualquier persona que esté batallando con las habituales pautas restrictivas de Saturno ante la intranquila urgencia de los tránsitos de Urano. A Jack le ofrecieron un puñado de semillas mágicas de valor desconocido por su preciada vaca. Al aceptar las semillas de judía se arriesgó, entró en lo desconocido y al final recibió una gallina que ponía huevos de oro. Este cuento puede ayudarte a transmitirle las posibles recompensas de correr un riesgo a alguien que esté claramente aferrado a un patrón anticuado por temor a lo desconocido (como continuar en un trabajo insatisfactorio, o viviendo demasiado tiempo con los padres). El poder de Urano puede ser aprovechado para crear nuevas alternativas sanas.

Mi anécdota favorita para Urano es una historia real. Hace varios años, los *Ringling Brothers Barnum* y el *Bailey Circus* vinieron a Chicago. El *Channel Twenty*, un canal de televisión local, realizó una entrevista al entrenador de los animales del circo. Para la ocasión, el hombre se presentó en los estudios de televisión un domingo por la tarde, ¡acompañado de un oso sujetado con una traílla! Pues bien, los estudios de *Channel Twenty* están ubicados en el corazón de la ciudad de Chicago, en la parte superior de un conocido edificio de oficinas. El entrenador y el oso entraron en el ascensor y subieron hasta el último piso. Cuando el entrenador salía de éste, el oso se asustó y se alzó echándose hacia atrás y rompiendo la correa ¡justo en el momento en que se cerraban las puertas del ascensor! Inmediatamente, el animal, completamente solo, bajó hasta el vestíbulo, donde había gente esperando el ascensor. ¿Quieres saber qué se siente durante un tránsito de Urano? ¡Que te lo cuenten las personas que estaban ahí abajo cuando las puertas se abrieron! Cualquier cliente que escuche esta historia entenderá lo que quieres decir.

Recuerda con tu cliente lo que sentía uno de niño en una «Casa del terror» de un parque de atracciones, tanto los miedos como las emociones. No querías avanzar por el pasillo, porque sabías que te iban a sorprender. Si al menos supieras cuándo, no te asustarías tanto. ¿Será a la vuelta de la esquina? No, quizá sea aquí. No, ahora, ¡AAAYYY! Tu corazón late con fuerza. Te sudan las manos. Pues *eso* es Urano. También podrías llevar a tu cliente, con la imaginación, a subir en una montaña rusa por primera vez. No sabrá dónde esperar las caídas, los giros rápidos y los serpenteos. Montarse en ella por primera vez es como un tránsito de Urano. Si aun así tu cliente no capta la idea, acaba tu fantasía con un despliegue de fuegos artificiales. Nunca sabes hacia dónde mirar. Estás a la espera y te emocionas con las coloridas explosiones. La creatividad y los avances que son posibles durante los tránsitos de Urano pueden ser igual de espectaculares.

Imágenes para los tránsitos de Neptuno

El planeta Neptuno trae a la mente otro tipo de imágenes. Cuando estamos bajo la influencia de este planeta, al parecer nunca sabemos exactamente qué está ocurriendo. Es algo borroso, confuso, como hacer submarinismo en un mar turbio. Ponerte nervioso no hace más que empeorar las cosas, empañando la máscara con tu aliento de terror. Debes avanzar sintiendo el camino, manteniendo la atención en lo que está justo delante de ti, para no perderte en las peñascosas cuevas. Podrías continuar con esta analogía para tu cliente poniendo énfasis en la necesidad de concentrarse en lo que uno tiene cerca. De ceñirse a una planificación diaria para conseguir éxitos alcanzables, en lugar de dar vueltas ciegamente y correr el riesgo de perderse en el mar.

Prueba esto en tu consulta: Neptuno es como un paseo por el campo cuando se acerca la noche. Mientras caminas por el sendero avanzando hacia arriba, no hay niebla. Tu visión es clara. Cuando el sendero empieza a descender, te sumerges en una niebla brumosa que se va haciendo cada vez más espesa. Tienes poca consciencia del paisaje que te rodea. Ocasionalmente, miras hacia abajo y no puedes ver tus pies, y mucho menos el camino. Esto es lo que se siente cuando el tránsito de Neptuno está en su cumbre. Luego, moviéndote lentamente, paso a paso, empiezas a ascender para elevarte por encima de la niebla, emergiendo en la noche estrellada.

Podríamos comparar a Neptuno con usar unas gafas con la graduación equivocada. Te resulta difícil ajustar la perspectiva y comprender las imágenes borrosas que tienes delante. O puedes compararlo con la situación de estar en un pasillo con muchos espejos. Recuerdo una ocasión en la que entré en un lavabo de mujeres que tenía espejos por todas partes. Empujé aquí y ahí sin resultado. Entonces empecé a mover las manos arriba y abajo por las divisiones donde se unían. Al principio me pareció divertido, luego me sentí avergonzada, desorientada y un poco asustada. Finalmente, otra mujer salió por la puerta oculta. No había anticipado que experimentaría todos esos cambios emocionales simplemente por tener que utilizar el baño.

Cuando conducimos un automóvil por una autopista y queremos cambiar de carril, miramos por el espejo retrovisor y luego por el lateral. Pero también nos inclinamos ligeramente hacia delante para comprobar que no haya nadie entrando por nuestro punto ciego. Explica a tus clientes que Neptuno es como un punto ciego. Para proceder sin peligro, siempre debemos dar por sentado que tenemos uno, y comprobarlo antes de decidir movernos.

Neptuno es como ir al cine a ver una película. Entramos en un mundo de fantasía durante dos horas y nos dejamos llevar por la sucesión de imágenes que aparecen ante nuestros ojos. Sabemos que es una ficción, pero mientras estamos ahí, estamos tan absortos que en ese momento se convierte en nuestra realidad. La comparación de una experiencia de Neptuno con una película puede ayudar a tu cliente a prestar más atención al equilibrio entre realidad e ilusión.

Imágenes para los tránsitos de Plutón

Plutón, al ser la más larga, profunda y catártica de todas las influencias planetarias, evoca imágenes muy poderosas. Los clientes con tránsitos de Plutón se identifican intensamente con estas imágenes y pueden utilizarlas para ayudarse a comprender, transmutar y lidiar con estos procesos complejos y profundos.

En mi consultorio tengo dos imágenes plutonianas a mano. Una es una fotografía de un volcán haciendo erupción tomada desde una distancia de treinta metros. La lava roja líquida arrojada desde el cono llena prácticamente toda la imagen. Lo que los clientes no perciben inicialmente es que en la esquina inferior izquierda, cerca del borde, hay un hombre de pie con un traje de amianto, gafas y sombrero, alzando los brazos por encima de su cabeza. Nunca he visto la experiencia de Plutón captada de una forma tan precisa o conmovedora. Cuando los clientes consiguen ver la imagen completa, entonces, espontáneamente, señalan al hombre y dicen: «¡Ése soy yo! ¡Así es exactamente como me siento ahora mismo!». Darse cuenta de esto les conduce fácilmente a otros sentimientos que están experimentando. Yo les recuerdo que la fuente de la explosión está debajo de la superficie, en lo más profundo, varias millas hacia abajo. Probablemente, la lava ha estado preparándose durante años, haciendo que el volcán acumule su fuerza explosiva. Mientras buscamos las raíces de esta supresión, a menudo localizamos experiencias dolorosas de nuestra más tierna infancia.

Continuando con el mismo cliente, luego podría mostrarle una segunda imagen de un volcán, esta vez tomada desde un punto distante. El centro de explosión se ha aquietado. Está arrojando muy poca lava; sigue siendo una herida abierta, pero mucho menos destructiva. La lava está fluyendo lentamente hacia fuera en amplios círculos, quemando y transformando la tierra que está debajo. Seguiremos con nuestra analogía con una conversación sobre el tipo de cambio que tiene lugar unas semanas después de la gran explosión. La tierra, revitalizada por la rica lava y las cenizas, vuelve a la vida en abundancia. Le podría hablar a mi cliente sobre un amigo mío que vivió cerca del monte *St. Helens* antes y después de que éste hiciera erupción. Después de que eso ocurriera, ¡su jardín produjo las frutas y verduras más grandes, deliciosas y de crecimiento más rápido que jamás había tenido! La explosión devolvió a la tierra una vida vibrante.

Otra de mis historias favoritas es la de un hombre que vivía en una ruinosa cabaña de un solo ambiente. A duras penas se ganaba la vida sembrando vegetales en las tierras circundantes. Un día, un forastero (quizá Plutón encarnado) pasó por su humilde morada. «Usted no está viviendo en una chabola de una sola habitación, sino en un rico y próspero castillo», proclamó. Naturalmente, el hombre movió la cabeza negativamente, incrédulo. Cualquiera que tuviese ojos podía ver que era la casa de una persona pobre. Pero, lentamente, guiado por el desconocido y con mucho trabajo, el hombre empezó a descubrir que había partes de ella que había olvidado. Primero encontró una habitación oculta, luego otra y otra, hasta que se reveló una casa enorme y hermosa. El hombre se convirtió en propietario de un palacio de mil habitaciones, la misma morada que había tomado por una choza.

El poder transformador de Plutón también se enseña con la trillada pero útil metáfora de la oruga que se convierte en mariposa. Desde el capullo oscuro y cerrado, la fea oruga inicia su metamorfosis, transformándose en una criatura hermosa y alada. Los clientes captarán el mensaje de que una persona puede cambiar de forma completamente, transformando recuerdos, emociones y circunstancias oscuras y feas en una vida de gran valor y belleza.

Otra imagen útil es la que retrata a la mente inconsciente como un sótano oscuro y olvidado. Cuando abres la puerta y miras lo que hay al final de sus escaleras crujientes, todo está oscuro, lleno de telarañas, de cosas horripilantes que se arrastran y, Dios no quiera, algo *¿peor?* ¡El horror de horrores vive ahí abajo! Ciertamente, no quisieras bajar, pero debes hacerlo. De modo que lo haces. En el camino, es posible que te encuentres con arañas y que las telarañas se enreden en tu pelo. Pero, cuando empieces a orientarte y tus ojos se adapten a la oscuridad, descubrirás que no sientes tanto miedo como creías. Quizá tengas que luchar con algún demonio, pero mientras te vas haciendo fuerte, limpiando lo indecible, llegarás a ver que el temor estaba escondiendo algo, algo de gran valor. Durante todo este tiempo ha habido un cofre del tesoro oculto en tu sótano inexplorado.

Describe el proceso de Plutón como el de una alfombra con algunas protuberancias. Esta metáfora es buena para los tipos Libra que son buenos para concentrarse en su ideal, al tiempo que esconden sus percepciones más difíciles debajo de la alfombra y las ignoran. Esto representa todo lo que uno ha dejado de lado, ignorado y con lo que no se ha enfrentado honestamente. Para las personas del tipo Libra esto es especialmente cierto en el patrón de sus relaciones. Cuando llega un tránsito de Plutón, se dan cuenta de que tienen una alfombra con protuberancias. Para que el salón esté realmente limpio deben levantarla y barrer el polvo oculto.

Podrías utilizar esta imagen convencional: Plutón es el Fénix que se eleva desde las cenizas de la destrucción. Aquí podrías distinguir entre los cuatro símbolos plutonianos clásicos: el Escorpión, el Águila, el Fénix y la Paloma. O describe a Plutón como un drama de dos partes: muerte *y* Renacimiento. La mayoría de nosotros estamos tan concentrados en lo que está saliendo de nuestra vida, en lo que es doloroso y está muriendo, que no somos capaces de ver más allá. Plutón tiene un Segundo Acto, la fase del renacimiento. Recuerda a tus clientes cuán importante es no juzgar su experiencia hasta que hayan visto la obra completa de dos actos.

Yo puedo compartir una imagen de Plutón con una convicción especial; la de que un tránsito difícil de este planeta es como estar en un huracán. Sólo tienes dos opciones: dejarte arrastrar por las poderosas fuerzas que te rodean o aprender a resistir la tormenta. Este ejemplo es especial para mí porque resuena con una experiencia personal que a veces cuento a mis clientes. En 1982 mi padre falleció de una forma rápida a causa de un cáncer de garganta. Durante los cinco días que tardó en morir yo experimenté todas las emociones humanas concebibles: miedo, frustración, euforia, confusión, calma profunda, ira devoradora, tristeza, alegría y asombro. Cuando reflexiono sobre aquellos dolorosos días, recuerdo que me sentí precisamente como un huracán emocional. La intensidad de la experiencia fue exacerbada por la desintegración de otras dos relaciones importantes con personas del género masculino en mi vida la misma noche en que mi padre murió: una con un profesor y la otra con un amante. (Tránsito de Saturno/Plutón en Libra en la novena casa, en cuadratura con mi Sol progresado en la séptima). Los días que precedieron a aquella noche yo me había aislado hasta el punto en que apenas tenía el apoyo emocional suficiente para sostenerme. Cada vez que sentía un dolor profundo que me parecía insoportable, aparecía alguien y me daba el empujón que necesitaba para volver a ponerme en pie. Esto continuó durante semanas. Fue duro, pero durante el proceso aprendí a sobrevivir psíquicamente. Y por muy difíciles y dolorosos que fuesen aquellos meses, con el tiempo llegué a ver el tesoro oculto. Fue necesario un golpe psíquico intenso para revelarlo.

Al igual que yo, tú también tienes historias que contar, repletas de imágenes que brillan a través de la lente de tu propia experiencia. El hombre es la única criatura que cuenta cuentos. Pero hombres y mujeres son, también, las únicas criaturas que pintan cuadros; por lo tanto, la imagen comunicable, al igual que la palabra, nos define como seres humanos. Comparte tus historias, tus imágenes y tu humanidad.

9

Equilibrar
los tránsitos difíciles

El asombro supersticioso ante la astrología lo convierte a uno en un autómata, servilmente dependiente de una dirección mecánica. El hombre sabio desafía a los planetas (es decir, a su pasado) transfiriendo su lealtad de la creación al Creador.

SWAMI SRI YUKTESWAR

Claro-oscuro, caliente-frío, activo-pasivo, yin-yang, bien-mal: éstos son ejemplos del emparejamiento fundamental de opuestos en que puede dividirse toda experiencia. En el pensamiento hindú, el término sánscrito *Dvanda* hace referencia a la realidad dualista e incluye la noción de que el universo mismo nace por medio de esta división. Estas ideas tuvieron una gran influencia en las teorías de la mente de Carl Jung: «Del mismo modo que toda energía procede de una oposición, también la psique posee su polaridad interna, siendo éste un prerrequisito indispensable para que tenga vida... El que un ego sea posible parece surgir del hecho de que todos los opuestos aspiran a alcanzar un estado de equilibrio».[1] En cuanto a la importancia de esto, Jung

---

1. Carl Jung, *Memories, Dreams, Reflections*, Nueva York, Doubleday, 1964, pág. 346.

simplemente declara: «Nada favorece tanto el crecimiento de la consciencia como esta confrontación interior de los opuestos».[2] Aunque sus fuentes y sus métodos podrían ser bastante distintos, tanto Jung como diversas disciplinas espirituales orientales tienen el propósito de resolver las tensiones entre los opuestos y fomentar una unidad equilibrada de la consciencia.

Los astrólogos saben que una de las principales fuentes de desequilibrio es la infinita permutación de los planetas y los signos descrita por la carta astral. Como respuesta a ello, podemos sentirnos descontrolados, abrumados y perdidos en cuanto a cómo enfrentarnos a la inestabilidad que éstos producen. Dado que nuestras cuadraturas y oposiciones (y algunas conjunciones) simbolizan aquello que todavía no hemos dominado e integrado, son los aspectos que provocarán el mayor desequilibrio cuando sean estimulados por una progresión o un tránsito. Para la persona promedio, los desencadenantes psíquicos más perceptibles son las cuadraturas, las oposiciones y las conjunciones de Marte, Saturno y Júpiter. Los más profundos y largos son los tránsitos de Urano, Neptuno y Plutón.

Este capítulo se centrará en determinadas maneras de ayudarte, o de ayudar a un amigo o cliente, a pasar por estos períodos de aprendizaje particularmente difíciles. Muchos de los métodos surgen de la aplicación lógica de principios derivados del propio simbolismo astrológico; otros se inspiran en una cierta rama del conocimiento oriental llamada *Kriya Yoga*, que incluye conceptos astrológicos en su formulación. *Todos* han pasado la prueba de mi experiencia personal: ¡funcionan!

Kriya Yoga y astrología

Ciertamente, es imposible transmitir la profundidad y riqueza de una tradición como el Kriya Yoga en un breve capítulo. Los indicios de que el yoga es un sistema de entrenamiento espiritual se extienden hasta el año 2000 aC.[3] El yoga «clásico», englobado en los *Sutras del Yoga* de Patanjali, es la forma más

---

2. *Ibídem*, pág. 345.

3. Edward Rice, *Eastern Definitions*, Garden City, NY, Anchor Doubleday, 1980, pág. 409.

común, aunque desde el año 1000 aC. se conocen al menos ocho tipos distintos.[4] En el sentido estricto, el Kriya Yoga es un sistema de técnicas de respiración que permiten que «el Aliento se aquiete y, por ende, disuelva a la mente, el intelecto y el ego con la finalidad de alcanzar el estado sin ego de la Consciencia pura».[5] Desde un punto de vista más amplio, el Kriya Yoga es un camino espiritual que puede incluir enseñanzas filosóficas y prácticas yóguicas adicionales. Como señala Paramahansa Yogananda, quien, siendo discípulo de Lahiri Mahasay, trajo el Kriya a Occidente, «El Kriya es una ciencia antigua. Lahiri Mahasay la recibió de su gran gurú, Babaji, quien la redescubrió y la clarificó después de que se hubiera perdido en las Edades bárbaras».[6] Las técnicas yógicas que se describirán a continuación se originan en el Kriya Yoga tal como se transmitió a través del linaje de Yogananda a Shellyji, a Goswami Kriyananda de Chicago y a muchos estudiantes, incluida yo. (Nota: Para más información sobre el Kriya Yoga, leer la *Autobiografía de un Yogui* de Paramahansa Yogananda y *Lahiri Mahasay: El Padre del Kriya Yoga* de Swami Satyeswarananda. No obstante, la mejor manera de aprender el Kriya es mediante una enseñanza directa. En los Estados Unidos, contacta con el *Temple of Kriya Yoga*, 2414 North Kedzie, Chicago, IL 60647; *The Self Realization Fellowship Church*, 3880 San Rafael Avenue, Los Angeles, California 90065; o el *Kriya Yoga Center*, 1201 Fern Street, N.W., Washington DC 20012. No esperes que estos centros sean idénticos en su enseñanza, especialmente en cuanto a la medida en que emplean los principios astrológicos.)

Según Yogananda: «El *Kriya Yoga* dirige mentalmente su energía vital para que gire, hacia arriba y hacia abajo, alrededor de los seis centros dorsales... que se corresponden con los signos astrales del zodíaco, el Hombre Cósmico simbólico».[7] Y, además: «El sistema astral del ser humano, con seis (doce por polaridad) constelaciones interiores girando alrededor del Sol del omnisciente ojo espiritual está interrelacionado con el Sol físico y los doce signos del zodíaco».[8] Estos centros de la columna vertebral son los *chakras*,

---

4. *Ibídem*, pág. 408.

5. Swami Satyeswarananda Giri, *Lahiri Mahasay*, Publicación propia, 1983, pág. 92.

6. Paramahansa Yogananda, *Autobiography of a Yogui*, San Rafael, California, Self-Realization Fellowship, 1974, págs. 275-276.

7. *Ibídem*, pág. 278.

8. *Ibídem*, pág. 278.

literalmente «rueda» en sánscrito, concebidos como vórtices de energía o campos de fuerza compuestos de distintas frecuencias de onda, velocidades vibratorias o colores, los cuales, cuando son estimulados, producen diversos estados de consciencia.

El Kriya Yoga identifica a los chakras con las energías zodiacales y planetarias; el patrón de su disposición se corresponde con la carta natal, y se ve que son afectados por los tránsitos planetarios. Fíjate que los planetas están ordenados desde la base de la columna vertebral (chakra de Saturno) hasta los centros de la Luna y el Sol en la cabeza, y que los tres chakras inferiores comparten ubicación: Urano con Saturno, Neptuno con Júpiter y Plutón con Marte. (Esto último es, ciertamente, una revisión del sistema antiguo. ¡Tanto la astrología como el Kriya continúan creciendo!) Los signos zodiacales corresponden a esta ubicación al aparecer en orden alrededor de la columna. Ten en mente este «modelo» mientras consideras las técnicas yóguicas de equilibrio que vienen a continuación.

Destilados de mis doce años de estudio del Kriya Yoga, éstos son los tres métodos básicos para equilibrar las influencias astrológicas cuando éstas se manifiestan en los chakras:

SISTEMA DE CHAKRAS DEL KRIYA YOGA

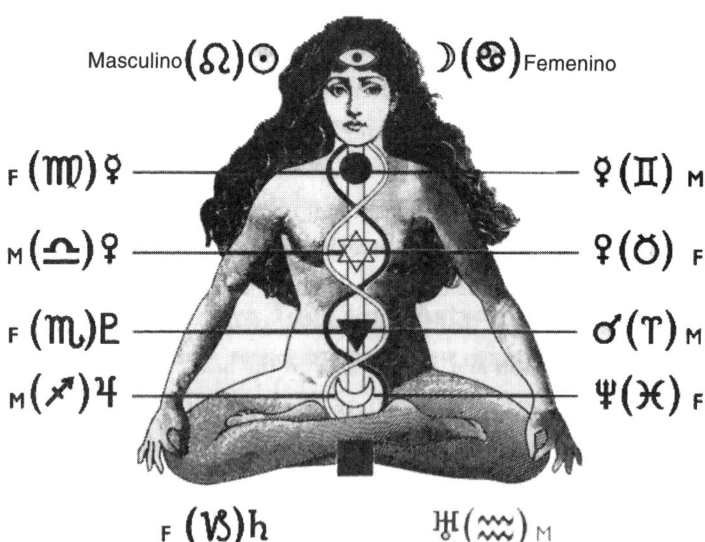

168

1. Podemos intentar contrarrestarlas procurando activar las energías de un chakra superior (o, si no, apropiado), directamente o mediante el uso de un ritual, contrarrestando así los efectos de la actividad de los chakras inferiores.

2. Podemos elegir experimentar las influencias. Esto puede hacerse de una forma mayormente consciente (identificándonos con un chakra superior y, desde esta perspectiva, aceptando el problema como parte de la vida), o la experiencia puede entrar en la mente inconsciente, intensificando las energías del chakra y produciendo una liberación emocional y una comprensión.

3. Podemos decidir transmutar el problema utilizando técnicas espirituales para provocar un cambio fundamental, activando todo el sistema de chakras en una solución holística.

Equilibrar: las técnicas

Dado que los tránsitos de los planetas exteriores son especialmente difíciles y duran mucho tiempo, una buena parte del resto de este capítulo estará dedicado a enseñar algunas técnicas para su dominio. Los procedimientos directos de compensación son los más accesibles y se proporcionarán en abundancia. Los métodos de experimentación reciben tanta atención en los capítulos 4 a 7, que aquí sólo necesitan tratarse brevemente. Aunque las técnicas de transmutación son, en cierto modo, las más interesantes, a menudo me referiré a ellas únicamente de una forma tangencial pues, como dice Yogananda: «Debido a ciertos antiguos mandatos yóguicos, es posible que no os ofrezca una explicación completa en un libro dirigido al gran público».[9]

Contrarrestar a Saturno con Júpiter

Empecemos por Saturno. En un aspecto difícil, tiende a estimular un estado de consciencia que constriñe y aprieta, creando límites a nuestro movimiento

---

9. *Ibídem*, pág. 275.

y crecimiento. Éste es el estado de consciencia del «No puedo», que ve los peores aspectos de la vida, los más negativos y dudosos. Puesto que Saturno invoca una energía represiva, puede producir un estado crónico de inactividad, letargo y depresión. En términos generales, si quieres contrarrestar a Saturno, sube un chakra, hasta Júpiter. Vive y actúa desde la forma de ser de Júpiter. Regálate sus energías. Reconoce lo *bueno* que hay en tu vida. ¿Qué hay que sea armonioso, que te dé una razón para tener confianza y te dé satisfacción? ¿Cuáles son tus bendiciones? Mírate al espejo y afirma lo bueno que hay en ti y en tu vida.

Utiliza la afirmación: «Cada día estoy mejor en todos los sentidos» como mantra. (Funcionó para Émile Cové y sus seguidores en el siglo XIX, ¿por qué no habría de hacerlo para nosotros?). Escríbelo en una hoja de papel y pégalo en el espejo del baño. Míralo. Dilo. Repítelo una y otra vez durante el día. Realinea tu mente.

Mira a tu alrededor y descubrirás que la fuente de la energía de Júpiter está a tu alcance. Pasa tiempo con amigos optimistas, que te apoyen. Aléjate de las personas crónicamente negativas; ahora no necesitas los problemas de los demás. Pregúntate quiénes te hacen sentir bien. Si se aproxima una serie de tránsitos de Saturno, empieza a fortalecer la relación con los amigos que puedan ayudarte a pasar por épocas más difíciles y solitarias.

Con Saturno, en ocasiones puedes sentirte vacilante o falto de seguridad en ti mismo. Si estos sentimientos persisten, busca tu colección de música jupiteriana y ponla a todo volumen hasta que recuerdes cómo es sentir una absoluta seguridad en uno mismo. Mi música favorita para provocar este cambio de estado de ánimo es una serie de entusiastas fanfarrias de trompetas. A veces enciendo mi *walkman* y me empapo de esas melodías metálicas mientras me muevo por la casa o por el barrio.

Saturno pide a gritos una dosis de humor jupiteriano. Deja de tomarte tan en serio a ti mismo y a tus problemas. Cuenta un chiste. Lee un libro divertido. Asiste a un taller de humor. Ve a ver (o alquila) una película hilarante: «Sillas de montar calientes», «Cuatro bodas y un funeral» o «Un pez llamado Wanda» pueden hacer cosquillas a tu hueso de la risa y ayudarte a reír hasta olvidar tus penas (Saturno).

Saturno grita: «¡Yo! ¡Yo! ¡Yo!». Bajo su influencia estás absorto en ti mismo, incluso te vuelves egocéntrico. Haces hincapié en tus problemas, tus fracasos, tus decepciones: *«Mea culpa, mea máxima culpa»*. Bajo Júpiter te resultaría fácil ser expansivo, atento con los demás, generoso; pero es ahora cuando necesitas disipar el aislamiento de Saturno volviéndote hacia fuera de una forma consciente e intencionada para hacer algo bueno por otras personas. Haz el esfuerzo de servir. Al extenderte hacia fuera puedes romper la intensa concentración en «Yo».

He aquí una técnica yóguica para contrarrestar (y quizá, hasta cierto punto, transmutar) a Saturno: el mantra de *Om Nama Shivaya*. (Pronunciación: la «O» es larga, la «a» como en «mama» y la «i» es corta). *Shiva* simboliza el principio divino de la Muerte que disuelve y destruye todos los desequilibrios y la negatividad interior. El mantra podría traducirse como «Oh, favorable Señor, ante ti me inclino». Se recita repetidamente de una forma burbujeante, enérgica, alegre, con repeticiones alternas que acaben primero con una entonación hacia arriba y luego con una inflexión hacia abajo. Prueba este mantra. Si te sirven de algo sus varios miles de años de historia, así como mi propia experiencia, con su uso sentirás que te elevas por encima de las profundidades saturnianas.

Contrarrestar a Saturno con Marte

El estado de consciencia de Saturno no es desconocido en esta época de vida sedentaria. Todos hemos pasado por épocas en las que nos hemos sentido deprimidos, pesados, sin inspiración. Pero ¿te has fijado qué distinto te sientes cuando consigues atravesar el umbral de la puerta de tu casa para ir a correr o a patinar? Regresas sintiéndote energizado, habiendo mejorado tu circulación y el metabolismo, y ya no te sientes tan aplastado. Te sientes mejor porque, literalmente, has roto tu línea de consciencia crónica de «¡Ay de mí!» y has entrado en Marte, movilizando su chakra y el estado de ánimo relacionado con él. Saturno te clava al suelo, Marte te libera y te empuja a salir por la puerta. De modo que: ¡Muévete! ¡Actúa! ¡Haz ejercicio! ¡Ponte *físico*! Y Saturno se retirará. O utiliza la energía marciana de una forma menos directa: come platos muy condimentados, como los platos hindúes con curry, o los italianos o mexicanos con pimienta, o los japoneses con mostaza *wasabi*; o la comida picante tailandesa o china. Éstos estimulan tu sistema y, según el modelo yóguico, hacen que la energía ascienda desde la base de tu columna vertebral hasta el plexo solar.

Utiliza a Marte para despertar la consciencia de tu valentía, en lugar de permanecer en el miedo que Saturno estimula. La música, esta vez de tono marciano, es una gran ayuda. ¿Quién puede sentir miedo mientras baila, como lo he hecho yo, al ritmo de *La Valkiria* de Wagner? Limitarte a escuchar también ayuda, pero el movimiento magnifica el efecto.

Saturno cede ante Marte, pero también ante Venus y más allá. Pero dejaré los detalles de esos enfoques a tu propia inventiva. Recuerda también que esta compensación puede realizarse también mediante el uso de un ritual. Estos métodos merecen una atención especial y se tratan en el capítulo 11.

Experimentar a Saturno

Experimentar, en el contexto de este capítulo, puede ser un acto mayormente consciente, o relativamente inconsciente en su centro. El primer caso implica un cambio de *perspectiva*, de un chakra inferior a uno superior, para que el ego pueda actuar en consecuencia. Fíjate, por ejemplo, en el estado de ánimo y las acciones de Mahatma Gandhi cuando al principio de su lucha a favor de la justicia racial fue arrojado de un tren sudafricano, lejos de Pretoria. «No sabía dónde estaba mi equipaje, ni me atreví a preguntarlo a nadie, por temor a ser insultado y atacado otra vez. Dormir me resultaba imposible. La duda se apoderó de mi mente. Más tarde, por la noche, llegué a la conclusión de que huir a la India sería un acto cobarde. Debía realizar lo que me había comprometido a hacer. Tenía que llegar a Pretoria sin que me importaran los insultos, e incluso los ataques. Pretoria era mi objetivo.»[10] Este «ennoblecimiento» del problema al que uno se enfrenta cuando uno lo ve a la luz de un bien mayor constituye una experiencia consciente. Para Gandhi, este tipo de prueba de carácter y respeto a sí mismo se convertiría en algo frecuente, llevándolo así al principio de «*satyagraha*... la fuerza nacida de la Verdad y la no-violencia».[11]

---

10. Mohandas K. Gandhi, citado en el artículo de Robert T. Jones incluido en el libreto de la interpretación en el Chicago Lyric Opera de *Satyagraha*, de Phillip Glass, Nueva York, CBS Masterworks, 1987.

11. *Ibídem.*

Cuando Saturno pesa sobre nosotros podemos encontrar algún alivio tomando consciencia (algunos dirían «racionalizando») de que sin su eterno desafío no habría ningún incentivo para fortalecer el carácter, ni para los logros. De modo que, cuando te encuentres en medio de tu próxima lucha, prueba el camino de la noble aceptación. Permítete experimentar a Saturno y haz una pausa para reflexionar sobre el regalo que te ofrece.

Tanto contrarrestar como experimentar, tal como se han descrito hasta ahora, se apoyan en el ejercicio de la voluntad del ego para cambiar el entorno o nuestra respuesta consciente a él. Cuando, en lugar de eso, nos rendimos completamente a la experiencia del momento amplificando su intensidad y permitiendo que emerjan los sentimientos y los elementos inconscientes, entramos en un nuevo nivel de experimentación. En un extremo, esta forma de actuar nos aporta un buen llanto, seguido de la aceptación; en el otro, el cambio es tan profundo que nos aproxima a las técnicas espirituales «transmutadoras». Éste es un ejemplo personal de la experiencia de Saturno: cuando mi padre estaba enfermo con lo que había de ser una enfermedad terminal, me alejé unas horas del hospital para salir con una amiga. Queríamos ver una película y, mientras pasábamos delante de un cine, una plaza de aparcamiento quedó libre justo delante de él. Me detuve pensando: «Debe ser el destino». La película resultó ser *La decisión de Sophie*, cargada con una ración completa de muerte y desesperación saturnianas. Mi amiga y yo lloramos durante toda la película, pero al salir del cine me sentí muy aliviada. Había entrado en el dolor que había estado evitando, había pasado unas horas desdichadas en sus garras y me había deshecho de él llorando. Si lo haces, ¡asegúrate de llevar contigo a una *buena* amiga!

En los primeros capítulos ya has conocido algunas técnicas de experimentación, de modo que no las repetiré. Vuelve a consultarlos, especialmente los capítulos 4, 5, 6 y 7. Los aspectos de Saturno pueden hacer que busques una guía para una experimentación profunda, especialmente si tienes en cuenta que este planeta puede estimular temas no resueltos con tu padre u otras figuras de autoridad del pasado. Quizá necesites recurrir a la psicoterapia o a una experiencia grupal intensa. Pero no siempre se requieren estas medidas drásticas. Otra forma de enfrentarse a Saturno mientras uno lo está experimentando es, simplemente, «quemarlo» trabajando muy duro, o utilizando su evocación de las estructuras para ayudarte a poner las cosas en orden. Se pueden hacer muchas cosas bajo un Saturno difícil, aunque descubrirás que no es una tarea fácil o rápida. Sé paciente y sigue esforzándote. Las recompensas llegarán más tarde.

Contrarrestar a Urano con Saturno

Saturno trae el orden, Urano mora en el caos. Saturno disfruta de las estructuras, Urano se deleita en lo informe. Saturno es el patrono del encierro, el control y la opresión. Urano es el sumo sacerdote del impulso, de lo impredecible y, por lo tanto, de la posibilidad de libertad. Opuestos polares, los dos están conectados de una forma inextricable y están representados así en el modelo de los chakras, a nivel de la base. Cuando están en equilibrio con el alma humana, son como una cuerda armoniosa que subyace al fluir melódico de la vida. Cuando están desequilibrados, por un lado imponen los tonos mórbidos del canto fúnebre y, por otro lado, una loca cacofonía. Aplicando el uno al otro podemos alcanzar la armonía. Pero concentrémonos primero en contrarrestar a Urano con Saturno.

Cuando estés bajo la influencia de un tránsito de Urano, haz un esfuerzo consciente por introducir el autocontrol de Saturno. Cuando estés considerando una acción radical, tómate tu tiempo. Las decisiones impulsivas pueden romper estructuras de la vida, de modo que procede con cuidado y metódicamente. No ignores el viejo dicho: «Cuenta hasta diez (o hasta diez mil) antes de dar un paso precipitado». Y mantén los pies en la tierra. Utiliza cualquiera de las técnicas de anclaje sugeridas más adelante para contrarrestar a Neptuno. Al «anclarte» estás sujetando la energía errática, frenética, dispersa, proporcionándote más control y paz interior. Haz que ésta sea también una época para poner orden a tu alrededor. Considera la posibilidad de limpiar tu casa a fondo. Reorganiza tu oficina o tu lugar de trabajo. Ver orden en el mundo exterior te ayudará a recuperarlo en tu interior.

Sin Urano no está presente el impulso de cambiar. Sin Saturno el cambio conduce a la desintegración en lugar de hacerlo al crecimiento. Con un exceso de Saturno aplicado durante demasiado tiempo el cambio puede ser explosivo. El uso equilibrado de este planeta con Urano implica una *planificación*. Prevé tus tránsitos de Urano y planea cómo incorporar su influencia mucho antes de que ésta te golpee. Metódicamente, haz una lista de lo que has empezado a sentir como limitación. Ésas son las áreas en las que debes establecer objetivos para un cambio en la estructura y la rutina, incorporando una acción y una dirección nuevas. Tus amigos uranianos no te ayudarán en este proceso. Inclínate por los más saturnianos, serenos y responsables, en lugar de hacerlo por los frenéticos e impredecibles que no harán más que distraerte de tu tarea. Planifica ahora, diviértete después.

Contrarrestar a Urano: otras maneras

La planificación para Urano puede incluir también el trazado de un plan para contrarrestarlo evocando a los otros chakras, o mediante la experimentación o la transmutación. Por ejemplo, para impedir la acumulación de presión antes del avance principal del tránsito, decide activar a Marte iniciando un programa de ejercicios. Pero guárdate de los extremos, porque Urano puede atacar y causar daños a través de accidentes.

En otra manifestación de su carácter, Urano puede provocar sentimientos de alienación. Dado que en el ámbito interior está teniendo lugar una tormenta eléctrica, los sentimientos no previstos, desconcertantes, y los cambios repentinos de humor pueden alejarnos de aquellas personas cuyas vidas parecen estar transcurriendo de la forma habitual. ¿El antídoto? Colócate en la consciencia del chakra de Júpiter. Únete a un grupo, taller u organización que estén orientados a la autoayuda, el crecimiento y el cambio para proporcionarte un contacto más frecuente con otras personas. O haz una llamada a los amigos y los miembros de tu familia con los que has perdido contacto.

Algunas ideas son especialmente compatibles con Urano. Utiliza los auspicios del chakra de Mercurio para buscar actividades con contenido uraniano. Aprende nuevas técnicas y habilidades específicas como, por ejemplo, la programación informática. O aborda ahora una idea compleja de astrología. Investiga sistemas que sean nuevos para ti, como la astrología armónica o uraniana.

Experimentar y transmutar a Urano

Ciertamente, hay lugar para permitir que Urano se presente en toda su capacidad en nuestra vida y en nuestros actos. He aquí un consejo un tanto curioso, pero muy útil, que creo que podría atribuirse al cantante Willie Nelson: «Tienes que volverte loco para estar cuerdo». La danza caótica (brazos y piernas hacia fuera, sin ningún plan o pauta aparentes) con una música de ritmos extraños o discordantes (un poco de jazz y rock, mayormente punk y Nueva Ola) es una buena salida para ese sentimiento uraniano excitado. Rajneesh y sus seguidores han enseñado una «meditación caótica», que podría formar parte de un enfoque transmutador, y se puede encontrar música para esta práctica (*Music of Shree Rajneesh Ashram*, Lucerne Valley, California, Geetam Rajneesh Sannyas Ashram, 1979). Si estás participando en un programa espiritual que incluye la meditación como herramienta para la transformación personal, probablemente ya habrás percibido que, durante un tránsito de Urano, ésta puede ser perturbada; pero la persistencia tiene sus recompensas.

Contrarrestar a Neptuno

Saturno hace que la realidad sea conocida y cierta. Urano desmantela la consoladora ilusión de lo previsible. Neptuno cuestiona la realidad misma, ofreciendo la inquietante sugerencia de que se trata de una ilusión. Este planeta tiene un impacto importante en el ámbito de la percepción. Bajo un Neptuno desfavorable, la claridad desaparece y quedamos con una especie de «discernimiento borroso» que hace que nos resulte prácticamente imposible distinguir entre lo que es relevante y lo que es meramente fascinante. Sin duda, Neptuno nos guía, pero con demasiada frecuencia lo hace por caminos oscuros y callejones sin salida. Al igual que Júpiter, con quien está emparejado en el sistema de chakras, expande la consciencia, pero cuando en el primero esta expansión provoca la integración en un todo mayor, en Neptuno no tiene límites y acaba en la disolución.

No deberíamos desear prescindir de los sueños e ideales grandiosos que nos regala Neptuno, pero para que el sueño no se convierta en una ilusión debemos mantener los pies en la realidad ordinaria. Deja que Mercurio te aconseje. Piensa: ¿Esta idea es realista, o me estoy engañando? ¿Estoy viendo la verdad o estoy siendo seducido por una gran ilusión? Cuando Neptuno te esté rondando, no te apoyes únicamente en tu propio criterio. Razona los asuntos con un amigo que piense con claridad. Durante este período, tus decisiones más importantes están particularmente vulnerables a la confusión. Si es posible, posponlas, o haz que los contratos sean de corta duración antes que de larga, e incorpora una cláusula de rescisión. De ese modo, cuando la claridad regrese, seguirás teniendo opciones.

Neptuno en un aspecto difícil con Venus o Marte puede ser particularmente problemático para tu vida amorosa, ya que tenderás a la idealización excesiva, viendo a un alma gemela en cualquier pillo que aparezca. Antes de alquilar el salón o contratar las flores, permite que cualquier relación nueva que llegue a tu vida se muestre tal como es. Da por sentado que hay algo que no estás viendo. En cuanto a los amigos, cuídate de no atraer a personas necesitadas, dependientes, que podrían aprovecharse de ti.

Con Neptuno, la planificación por adelantado resulta especialmente difícil. Es como si estuvieras conduciendo por una carretera oscura y solitaria, y el camino quedase oculto tras una densa niebla. Para atravesarla debes mantener la vista fija en esa línea blanca y seguirla hasta llegar a casa. De manera similar, para contrarrestar a Neptuno debes atender los asuntos que tienes a mano. Concéntrate en seguir con tu rutina diaria. Vive el día a día. Establece metas que puedas alcanzar y que te hagan sentir bien, usando así a Saturno para tu mayor beneficio.

Observa que la postura de loto de la meditadora en nuestro diagrama de los chakras (página 168) la coloca sobre una base firme, sólidamente conectada con la tierra. El contacto con la tierra, el anclarse, es especialmente importante para contrarrestar los efectos de Neptuno. He aquí una lista de maneras sencillas de conectar con ella:

1.   Ponte de pie y camina descalzo sobre la tierra.

2.   Date una ducha (esto es especialmente bueno después de trabajar con la energía psíquica alterada de otra persona).

3.   Ingiere alimentos que te ayuden a anclarte, especialmente carne roja y cereales.

4. Mantente lejos de todas las drogas y de la gente que las consume.

5. Mientras estás de pie sobre la tierra, imagina que eres el tronco de un árbol con las raíces profundamente enterradas. Imagina que éstas son gruesas y fuertes, y que se extienden hasta lo más profundo. Permite que cualquier cosa que te confunda o te desconcentre penetre dentro de las raíces, descendiendo por ellas hasta las profundidades para ser absorbida por la tierra.

6. Pasa tiempo con tus amigos terrenales.

7. Si dispones de un espacio al aire libre, plantar y cuidar del jardín es un excelente medio para anclarte continuamente. Si vives en la ciudad, cuida de las plantas que tienes en tu apartamento.

8. Tómate descansos con regularidad y sal al campo. Contempla la tierra, mírala, camina y acuéstate sobre ella.

Experimentar y transmutar a Neptuno

Si te has ocupado de los asuntos prácticos y has reservado tiempo para Neptuno, puede ser una delicia simplemente flotar con sus divagaciones ensoñadoras. Recuerdo un día neptuniano en el cual mi marido y yo estuvimos en la pradera de una montaña desde el amanecer hasta bien entrada la noche estrellada viendo pasar el día. El ensueño estaba en un mismo pie de igualdad con la belleza natural que nos rodeaba y nos produjo un «colocón montañero» digno de recordar. Cuando sabes que se acerca un efecto neptuniano, debes buscar maneras de experimentar sus cualidades positivas. Recupera la práctica de la meditación que tenías abandonada. Haz un esfuerzo especial para recuperar tus sueños. Permítete escapar en un sentido positivo a través de una lectura inspiradora (*The Way of the White Clouds*,[12] el relato de Lama Govinda de su viaje al Tíbet, o *The Snow Leopard*[13] de Peter Matthiessen, o *Black Elk Speaks*[14] de John Neihardt serían una buena elección).

---

12. Lama Anagarika Govinda, *The Way of the White Clouds*, Boulder, Colorado, Shambhala, 1970.

13. Peter Matthiessen, *The Snow Leopard*, Nueva York, Bantam Books, 1978.

14. John G. Neihardt, *Black Elk Speaks*, Nueva York, Pocket Books, 1972.

Los problemas que surgen en los aspectos profundamente afligidos de Neptuno pueden ceder sólo ante las aproximaciones transmutadoras. Nunca me sorprende encontrar alcoholismo o drogadicción, ludopatía, excesos en la alimentación o relaciones adictivas en cartas astrales con aspectos neptunianos difíciles. «¡Simplemente di: No!» es un buen consejo, pero un mandato no suele ser suficiente, ni siquiera para «molestar» a una adicción, una vez que se ha iniciado. Para el alcoholismo y otras adicciones, sólo hay un enfoque que ha producido la recuperación de millones de personas: Alcohólicos Anónimos y sus programas afiliados de los «Doce Pasos». Esto debe ser así porque AA es un programa espiritual completo, cuyo propósito no es aliviar los síntomas sino transmutar la energía que produce el impulso a abandonarse a los excesos, transformando la vida de quien lo sufre a nivel físico, mental, emocional y espiritual. Los sistemas espirituales orientales no son un sustituto para AA (si eso es lo que necesitas, no dejes de acudir ahí), pero ofrecen diversos medios de autotransformación que te liberan del apego, la compulsión y el sufrimiento. En el Kriya Yoga, por ejemplo, hay meditadores que llevan la respiración de chakra a chakra, integrando sus energías y descargando la carga del karma. Su objetivo es la Liberación total y el Conocimiento Absoluto, más allá del alcance de cualquier ilusión neptuniana.

Contrarrestar a Plutón

Forma, dispersión, caos, reforma. Toda sustancia, toda energía, todo ser, participa del ciclo de la interminable cadena de Muerte y Renacimiento. Y la mano de Plutón guía cada revolución de la rueda. Todo ego nace y morirá, sólo para volver a nacer, incluso dentro de las fronteras de una única vida. Inspirado en innumerables experiencias con sus pacientes, Stanislav Grof, pionero en la psicoterapia con LSD, describe la quintaesencia de la experiencia de Plutón:

> Paradójicamente, aunque se trate únicamente de un pequeño paso en una experiencia de liberación fenomenal, el individuo tiene el sentimiento de una catástrofe inminente de enormes proporciones. Con frecuencia, el resultado de esto es una lucha desesperada y decidida por detener el proceso... La transición... implica una sensación de aniquilación a todos los niveles: destrucción

física, desastre emocional, derrota intelectual y filosófica, fracaso moral fundamental y una condena absoluta de proporciones trascendentales. Esta experiencia de muerte del ego parece acarrear un instante de destrucción despiadada de todos los puntos de referencia anteriores en la vida de la persona.[15]

Compasivamente, no todos los tránsitos de Plutón nos arrojan a esas profundidades; pero el potencial siempre está presente. Incluso con una intensidad menor, Plutón agita emociones profundas, descubre todo lo que tienes oculto, escondido en tu inconsciente, y exige que aceptes tu naturaleza interior. Es un planeta digno de respeto, incluso de temor, pero recuerda que, al igual que Kali, diosa hindú de la destrucción, Plutón destruye únicamente para volver a crear. Para lidiar con su aspecto difícil es esencial que reconozcas tu necesidad de un cambio fundamental. Por esta razón, las técnicas de compensación no son la respuesta fundamental, pero puesto que estando en las garras de Plutón probablemente pediremos cualquier forma de alivio, al menos deberían ofrecerte lo que se ha demostrado que funciona.

Las técnicas de anclaje saturnianas ofrecidas antes para Neptuno parecen ayudar a eliminar el exceso de energía de Plutón. Pruébalas. Dado que con Plutón nuestro sistema fisiológico se agita y se calienta hasta el exceso, intenta también reclutar a Saturno ingiriendo alimentos refrescantes. Mantente alejado de las carnes pesadas y los condimentos que estimulan el chakra Marte/Plutón. Y considera la posibilidad de ayunar, pues asentar tu sistema digestivo puede aliviar un poco la agitación.

Cuando Plutón nos visita, no solemos ser una compañía fácil para los demás. Nuestros sentimientos son tan profundos e intensos que nos cuesta comunicarlos. Y es tan probable que arremetamos contra alguien como que roguemos su comprensión. De modo que, justamente cuando más necesitamos recibir apoyo, menos probable es que lo obtengamos. Es el momento de recurrir a la fuente interior de amor. Estimula tu chakra de Venus. Al concentrarte intensamente en el amor, la amabilidad y la compasión por ti mismo y por los demás, puedes restarle un poco de fuerza a Plutón. Quiérete. Encuentra maneras de ser bueno contigo mismo y de darte placer. Come tu plato

---

15. Stanislav Grof, *The Adventure of Self-Discovery*, Albany, NY, State University of New York Press, 1988, pág. 30.

favorito. Por lo que más quieras, si tienes a mano una bañera con agua caliente, sumérgete en ella. Si te sientes solo llama por teléfono a tus seres queridos y diles que te importan: el amor es un regalo que siempre regresa a quien lo da. Honra tu necesidad de calor y contacto; envuélvete en una manta o en tu viejo abrigo de invierno y siéntate junto al fuego. O pide a alguien que tenga una naturaleza cariñosa que te dé un masaje semanal.

A menudo, el amor por uno mismo exige que uno se perdone y perdone a los demás. El yoga ofrece un «Mantra del Perdón» que he utilizado con frecuencia para aligerar la carga de Plutón: «*Hai Ram, Jai Ram, Jai, Jai Ram*». (*Hai* se pronuncia «jei» y *Jai* como «chai»). Cuando Gandhi fue asesinado, ésas fueron las últimas palabras que pronunció. En esencia, estaba diciendo: «Perdono este acto». Para tu propio perdón a ti mismo recita el mantra de una forma monótona, dejándote hechizar por el sonido. Continúa recitándolo durante una hora, o más, si es necesario. Tus sentimientos te guiarán en esta decisión. En los días especialmente intensos, puedes seguir recitando en silencio a lo largo del día, liberando continuamente el enfado, la frustración y la inseguridad, y abriéndote a la paz y al amor de Venus. Yo he descubierto que no hay mejor herramienta para contrarrestar a Plutón.

Experimentar y transmutar a Plutón

Plutón penetra en todos los niveles de la mente, transformando y rompiendo las capas calcificadas de la consciencia. Así, sus aspectos indican que es una época óptima para los esfuerzos de autotransformación. Te beneficiarás especialmente de los estudios metafísicos, o de prácticas espirituales como el yoga, el tantra, la autohipnosis, la meditación, las regresiones a vidas anteriores y de un trabajo psicológico como el análisis junguiano de los sueños, el psicodrama, la relajación corporal reichiana o la bioenergética, el *rolfing* u otras terapias mente-cuerpo. Con un guía cualificado podrías probar este método sencillo pero poderoso: siéntate cómodamente y dirige tu atención hacia tu interior. Empieza a respirar profundamente y, cada vez que lo hagas, repite para tus adentros: «Tengo miedo» (o «estoy triste», o «estoy enfadado», si es que encajan mejor con tu estado de ánimo). Mientras continúas respirando y repitiendo la frase, probablemente notarás la aparición de sentimientos, quizá asociados con imágenes o recuerdos del pasado. No los censures; antes bien, permite que se expresen de alguna manera (adopta la posición fetal, golpea una almohada o llora). ¡Una advertencia justa! No intentes hacerlo a solas, a menos que estés muy seguro de tu capacidad de soportar sentimientos fuertes.

También se pueden utilizar métodos que den una forma externa al arquetipo emergente de Plutón. Por ejemplo, podrías hacer una máscara de tu «lado oscuro». Intenta encontrar una manera de representar en ella cada uno de tus demonios interiores; luego colócala en tu altar con flores y velas y medita sobre ella. (Véase el capítulo 11 para una descripción más completa de este ritual). Honra el poder del lado oscuro que hay dentro de ti. Será interesente descubrir cómo percibes la máscara y respondes a su simbolismo. A algunas personas, el simple hecho de ver la vida interior en una forma concreta las ayuda a tener una sensación de control. Entonces, Plutón puede tornarse más personal y menos amenazador.

Cuando Plutón estimula tu carta, tus deseos te empujan con fuerza y es posible que te abrumes con una actividad excesiva. Esto sugiere tres soluciones: simplifica. Simplifica. Simplifica. Permite que las influencias de «vuelta a lo elemental» de Saturno te lleven a una línea de acción más manejable. Deja de lado algunos de los temas complicados y concéntrate únicamente en los que más te presionan. Mantén la atención en la tarea que estás realizando y engendrarás más logros y menos esfuerzo. Si descubres que ni siquiera puedes recordar los beneficios de la simplicidad, toma una lección de *Winnie the Pooh*.[16] En una ocasión, cuando un tránsito de Plutón particularmente desagradable me estaba volviendo loca, mi marido me compró una colección completa de libros de ese encantador osito. Con cariño, Bob se refirió a los libros como «algo para completar tu educación». ¡Y eso fue lo que hicieron! Pooh responde a las cómicas complicaciones de su vida con Conejo y Tigger, Cangu y Rito, con una simplicidad y un asombro tales que no pude evitar ver la manera de aplicarlo a mi propia vida. Durante tu próximo episodio plutoniano, tómate una tarde libre y lee a *Winnie*. Tú también puedes aprender a ser un «oso de poco cerebro».

---

16. A. A. Milne, *Winnie the Pooh*, Nueva York, Dell Publishing Company, 1982.

10

Facilitar grupos: consejos, técnicas y desarrollo de las habilidades

Aunque muchos métodos de la astrología por la experiencia son adecuados para el uso individual, otros requieren grupos bien dirigidos para su éxito. En este capítulo intentaré condensar mis años de experiencia en una guía breve pero útil. Si eres principiante, apreciarás la atención que dedico a los fundamentos del proceso y el diseño del grupo. Si llevas mucho tiempo dirigiendo grupos, aún así es posible que encuentres consejos e ideas útiles, especialmente cuando adapto los principios conocidos a los requerimientos particulares de los grupos de astrología por la experiencia.

G. I. Gurdjieff nos recuerda que cada uno de nosotros tiene un repertorio definido de papeles que interpreta en su vida cotidiana, con un determinado papel para cada circunstancia en la que se suele encontrar; en ocasiones uno o dos para su familia, uno o dos para el trabajo y otro para los amigos. No somos una sola persona, sino seis, siete, o más. En algunas ocasiones nos encontramos tan metidos en uno de los papeles que interpretamos que acabamos identificándonos con él.[1]

Cuando creamos un entorno que nos coloca en circunstancias ligeramente distintas, como por ejemplo en un grupo, tenemos dificultades para encontrar roles adecuados y, momentáneamente, nos convertimos en nosotros mismos. Fuera de nuestro repertorio, nos sentimos incómodos. Gurdjieff creía que únicamente sintiendo esta incomodidad podemos experimentarnos verdaderamente a nosotros mismos. Una situación grupal ayuda a eliminar la opresión de nuestras «percepciones dominantes» y nos permite experimentar otras posibilidades en nuestro interior.

Estar con otras personas en un grupo nos expone a otros puntos de vista y nos ayuda a ver que todos tenemos problemas y experiencias similares. Vemos algo de nosotros en las circunstancias de los demás: alguna actitud, una respuesta, un comportamiento o una reacción que compartimos. Al entrar en contacto con la humanidad del otro, al reconocerla y aceptarla, nos sentimos animados a hacer lo mismo con la nuestra.

Trabajar juntos en un grupo ayuda a los individuos a conseguir una nueva sensación de participación y la capacidad para actuar en sus vidas. Al participar en el momento, nos experimentamos a nosotros mismos fuera de nuestros papeles habituales y, al hacerlo, vemos que podemos ser tan emprendedores y dinámicos como nos plazca.

Empezar un grupo: los preliminares

Si quieres formar un grupo para probar los métodos experimentales, tanto si lo haces por una tarde como si es de forma continuada, hay algunas consideraciones básicas que te ayudarán a diseñar una experiencia grupal más eficaz. En primer lugar, considera la logística. ¿Qué dimensiones tendrá el grupo? ¿Se conocen sus miembros? Si es así, necesitaréis menos tiempo para «romper el hielo». ¿Es el lugar de trabajo adecuado para el grupo? Esto puede ser crítico. Cuanto más cómodo sea el entorno, más conducente será a la partici-

---

1. G. I. Gurdjieff, tal como lo relata P. D. Ouspensky en *In Search of the Miraculous*, citado en «ARCS», *Parábola*, vol. 3, agosto, 1981, pág. 42.

pación activa. Una habitación grande, bien iluminada, que tenga una parte alfombrada y una parte con un suelo pulido, con espejos y cojines, te dará la mayor flexibilidad. No se puede favorecer el movimiento y la expresión en una habitación atiborrada de cosas.

¿Durante cuánto rato se reunirá el grupo? Si estás planeando una duración de un día, debes saber que la energía del grupo estará en su punto más alto dos o tres horas después de iniciado el proceso y en su punto más bajo en el período inmediatamente posterior a la comida. Planifica la actividad clave del día para el momento más álgido y elige momentos de tranquilidad o de actividad física para después de comer.

¿Cuál es el nivel de conocimientos astrológicos de los participantes (básico, intermedio o avanzado)? Inicialmente, encontrarás que es mejor no mezclar los tres niveles en un único grupo. Demasiadas diferencias en el nivel de habilidad pueden hacer que te resulte más difícil satisfacer las necesidades de todo el mundo. Los alumnos de nivel intermedio y avanzado trabajan bien juntos, pero los principiantes suelen sentirse sobrepasados. En una ocasión cometí este error sin darme cuenta, y me encontré compensando excesivamente a quienes estaban empezando, al tiempo que no prestaba la atención necesaria a los de nivel avanzado, ¡y ellos me lo hicieron saber!

Empezar

Una vez que hayas considerado la logística, aclara tus propios objetivos ante el grupo. ¿Lo más importante es que el proceso favorezca una concentración interior meditativa? ¿O el compartir? ¿O la catarsis emocional? ¿O el juego? Tus objetivos determinarán la cualidad particular y el tono que tendrá el grupo. (El propósito de favorecer una catarsis creará una experiencia grupal muy distinta a la de divertirse con la astrología.) Programa reunir a tu grupo cuando los tránsitos apoyen más tus intenciones. Por ejemplo, si tu objetivo es una experiencia meditativa, hazlo cuando Mercurio esté en trígono con Neptuno. Una meta catártica podría requerir un Plutón estacionario o una Luna llena en Escorpio. Si tu propósito es la diversión, hazlo con un Júpiter en sextil con Mercurio/Marte.

El objetivo general debería ser que la experiencia fuese positiva para los participantes, especialmente si se trata de un astrodrama serio. Te sugiero que empieces con un tono positivo. Indica los recursos que tiene el director para equilibrar los aspectos más problemáticos. Una vez explorados estos recursos, pasa a partes más delicadas de la psique. Una vez creada una atmósfera de posibilidad, se puede entrar en los temas más dolorosos. Desde el principio, aspira a una conclusión de la experiencia que deje al director con una sensación de logro positivo.

Con cualquier grupo, debes ser flexible y estar dispuesto a modificar tus objetivos. Puesto que no puedes conocer exactamente cómo responderá a estas experiencias, deja de lado tus propias expectativas y ábrete a la posibilidad de cambiar tu plan. Al adaptar la actividad para que sirva a la situación, puedes responder mejor a las energías particulares de tu grupo.

Sé claro en tus instrucciones. La confusión de cualquier persona reducirá los efectos, e incluso puede minar el ejercicio. Si éste no se desarrolla tal como tú lo planeaste, o si el grupo no lo ha comprendido, admítelo. No es ninguna vergüenza tener que repetir las instrucciones. El grupo apreciará la aclaración.

Pide a los participantes que lleven ropa cómoda y no restrictiva, para favorecer el movimiento y un clima relajado. Y, por favor, ¡sé innovador! ¡Utiliza estas ideas como trampolín para tu propia creación!

Dar seguridad

La tarea más importante para el facilitador de una experiencia grupal satisfactoria es, sin duda, crear un entorno seguro. Los miembros del grupo deben sentir que pueden compartir sus sentimientos sin temor a ser juzgados o criticados. Si esta neutralidad no existe, habrá una resistencia consciente o inconsciente al proceso y probablemente tus objetivos no sean alcanzados. Para tener éxito, primero debes crear un ambiente de confianza. Una de las mejores maneras de lograrlo es empezando lentamente. Haz que los participantes se sientan cómodos unos con otros. Comienza con calentamientos, con ejercicios para romper el hielo y algunos sencillos estiramientos corporales. Luego, cuando la gente se empiece a soltar, añade más movimiento. Cuando invitas a las personas a estirar sus cuerpos, estás invitándolas a estirar también sus molestias y resistencias. Algunos grupos necesitarán más tiempo para pasar por esta fase de calentamiento, de modo que ten unos cuantos ejercicios divertidos y estimulantes a mano, por si acaso.

Para mantener la confianza y una buena relación en el grupo, siempre deja claro que los participantes pueden declinar realizar cualquier ejercicio, sin que por ello deban sentirse incómodos. La experiencia ha demostrado que si una persona se aproxima a lo que para ella es un punto peligroso, instintivamente se detendrá, no absorberá lo que ha aprendido y reconstruirá sus defensas. Si esto se respeta, no deberías tener ningún problema. Es especialmente importante que no olvides correr riesgos. Si el grupo percibe que eres aventurero y estás estirándote, esto le da permiso a él también para hacerlo. Tu actitud puede marcar el tono. Además, deberías ocuparte de decidir cuál será tu papel en relación con el grupo. Dirigirlo utilizando el formato tradicional de enseñanza de un miembro activo y diez pasivos suele tener menos éxito que «facilitarlo» o guiarlo para que se cree por sí solo. De este modo, el centro no eres tú, sino el grupo.

Dinámica de grupo

Durante los años setenta, los grupos adquirieron una prominencia especial como medio para permitir que más personas tengan acceso a la ayuda psicológica a un coste más bajo que la terapia individual. Así, se empezó a reconocer que sus miembros son, unos para otros, un gran recurso como «ayudantes psicológicos», y se empezó a acumular una gran riqueza de conocimientos en relación con la forma de maximizar dicha ayuda. Al recurrir a ese cuerpo de conocimiento puedes hacer que tus propios grupos sean eficaces y respaldar las energías de apoyo y cariño que hacen que este tipo de experiencia tenga un mayor impacto. Una gran parte de lo que viene a continuación lo he obtenido de mi formación y mi experiencia como facilitadora.

Los sentimientos

Los grupos experimentales deberían proporcionar un encuentro directo con los sentimientos. A través de la experiencia directa entramos en un contacto más profundo con estas importantes respuestas emocionales. Gran parte del comportamiento neurótico proviene de un deseo de evitar las emociones. Para algunos de nosotros el intelecto ha supuesto una especie de «interferencia» que nos separa de nuestros sentimientos. No estoy minimizando el valor del razonar y discutir, sino haciendo hincapié en el valor de nuestra desatendida vida emocional. Cuando igualamos la disparidad entre las dos formas de experiencia, somos capaces de ver nuestro mundo desde una perspectiva más tridimensional.

Dado que las emociones liberadas durante el proceso de experimentación pueden ser poderosas, es importante mantener el ritmo de los acontecimientos en la actividad grupal. Pide que se hable lo mínimo inmediatamente después de una experiencia para impedir la dispersión de energía. Si los miembros del grupo empiezan a hablar de inmediato puede deberse a que han tocado un área sensible para ellos. Cambiar de tema simplemente hace que regrese al inconsciente, donde no necesita expresarse.

Después de una experiencia, también es importante permitir que el grupo «baje» gradualmente. Puesto que cada experiencia nos estimula de distinta manera, debes dejar tiempo para su digestión y para una reflexión en silencio. Al establecer un ritmo entre acción y reflexión honras el intercambio natural entre experiencias interiores y exteriores. Esto produce una sanación más completa.

Si el grupo es fuerte en el elemento Aire, es aún más importante que se centre en los sentimientos. Los miembros de un grupo así tenderán a permanecer en sus mentes y querrán «hablar» de sus sentimientos, en lugar de expresarlos. Hace varios años tuve una experiencia así con un grupo con un fuerte «Aire». Para ayudar a sus miembros a acceder a su lado sensible, el del cerebro derecho, les pedí que interpretasen sus astrodramas sin palabras. Aunque les costó mucho, resultó ser una intervención valiosa.

Estructura y distribución del tiempo

Tanto un exceso de estructura como demasiado poca estructura sofocarán la creatividad del grupo. Si éste está excesivamente estructurado, se sentirá reprimido y controlado, incapaz de ser espontáneo y expresivo. Si, por el contrario, la estructura es mínima, la energía podría disiparse. O quizá se quedaría atascada en una lucha competitiva entre sus miembros por el control. Conseguir este equilibrio y mantenerlo es algo que aprenderás con la experiencia.

El tiempo de atención promedio en los adultos suele ser de veinte minutos, de modo que asegúrate de variar el ritmo de tus procesos. Mezclar ejercicios individuales con un gran ejercicio grupal o de parejas y con pequeños ejercicios mantiene vivo el interés del grupo. Por ejemplo, puedes alternar uno del cerebro izquierdo con uno del cerebro derecho, o utilizar las cuatro modalidades de consciencia a las que se refiere Jung, combinando una experiencia sensorial con otra mental o intuitiva.

Intercambio de información

Enseña y modela en todo el grupo el intercambio de un *feedback* preciso. La información registrada y compartida por los demás puede ser tan reveladora como la propia experiencia de un momento poderoso, contribuyendo a darle forma. Muchos no intercambiamos una información adecuada sobre el impacto que ha tenido en nosotros el comportamiento de la otra persona. O somos demasiado «educados» y no proporcionamos información, o lo hacemos de una forma demasiado general o acusatoria. «Nunca me dices nada», nos quejamos, o, «Eres tan mandona como tu madre». ¡Ninguna de estas formas consigue buenos resultados! Aprende a ser directo y concreto, describiendo el comportamiento específico que te afectó, el sentimiento que provocó y tus interpretaciones: «Cuando no te detuviste a escucharme, me sentí enfadada y dolida, porque me pareció que mis necesidades no eran importantes para ti». En un grupo experimental, como en cualquier área de esta vida, suele haber sentimientos heridos; la mejor manera de enfrentarnos a ellos es mediante un intercambio preciso, cariñoso y mutuo.

«Primum non nocere». *(Primero, no hagas daño).*

Hay una regla entre los terapeutas: no eches abajo aquello que no estés preparado para reconstruir y que no seas capaz de volver a construir. Como facilitador, debes conocer claramente tus capacidades y tus limitaciones. En ocasiones, la astrología por la experiencia agita energías inconscientes muy poderosas, de modo que, si no te sientes capaz o seguro para asumir el papel de terapeuta, no lo hagas. Si percibes que te has acercado a tu límite, muévete con lentitud o, mejor aún, retrocede. Sé especialmente cuidadoso cuando reconozcas una «resistencia». Detrás de ella hay algún tipo de miedo. Jung diría que la resistencia es una señal del contacto con un «complejo» inconsciente. Aquí, simbólicamente, es donde se halla el volcán. Si tienes la capacidad de hacerlo, puedes continuar indagando. Si no es así, no fuerces la situación, pues ello podría acarrear serias consecuencias.

Trabajar en profundidad con otras personas requiere sensibilidad y habilidad. Según mi experiencia, sólo serás capaz de llevar a un grupo tan profundamente como hayas ido tú. Si realmente tienes serias intenciones de trabajar en este nivel de intensidad con los demás, acude a una terapia para resolver tus propios problemas. O asiste a una clase de facilitación de grupos, psicodrama, psicosíntesis o terapia Gestalt. Pero el viaje por tus propias profundidades desarrollará la experiencia necesaria para que puedas trabajar en profundidad con otras personas.

Si ya estás cualificado para trabajar de este modo, tus habilidades permitirán al grupo sumergirse debajo de la superficie y transformar las energías psíquicas y emocionales problemáticas. Pero, insisto, debes conocer tus límites. Particularmente si se trata de un grupo que se reunirá únicamente en una o dos ocasiones. Cuando alguien desee trabajar en profundidad, asegúrate de que tenga una fuente de seguimiento a la cual recurrir en el caso de que los sentimientos incómodos continúen desplegándose. Si un participante está viendo a un terapeuta, insiste en obtener su consentimiento antes de proceder.

Perfil de los grupos de experimentación

He aquí un perfil elemental que utilizo a veces para los grupos de experimentación. Úsalo como punto de partida y luego adáptalo a tu situación.

1. Presentaciones

Habla al grupo sobre ti, sobre tu interés en los métodos de experimentación y tu experiencia con ellos. Recuerda que los primeros diez minutos de cualquier encuentro, tanto si es con una persona como si es con un grupo, son los más importantes, pues «marcan el tono» de todo lo que vendrá a continuación.

A. Pide a los participantes que se vayan turnando para presentarse. Cada uno de ellos debe dar su Sol, su Luna y su ascendente. ¿Tienen alguna experiencia con este tipo de grupo? ¿Qué es lo que esperan? (Esto es importante. Siempre habrá temas ocultos, pero resulta útil conocer sus expectativas conscientes.) ¿Tienen alguna habilidad que les gustaría compartir y que podría ser valiosa para el grupo? (Actuar, bailar, experiencia extensa con grupos, asesoramiento, masajes, etc.)

B. Mezcla del grupo: a medida que los miembros se vayan presentando, pide a una persona que anote el Sol, la Luna y el ascendente de cada individuo. Después de las presentaciones, comprueba los resultados y comenta la «mezcla del grupo». (Los astrólogos reconocerán esto como algo que caracteriza únicamente el tono general del grupo, ya que no se tienen en cuenta otras variables de la carta.) Esto ayuda los participantes a reconocer qué características comparten y cómo es más probable que respondan a la experiencia grupal.

Conocer y reconocer la mezcla elemental te permite diseñar una experiencia creativa para un determinado grupo de personas. Por ejemplo, si éste es fuerte en el componente Fuego, podrías añadir más ejercicios físicos para estimular su entusiasmo. O quizá sea apropiado dirigir esa energía y, en algún momento, anclar al grupo con algunas experiencias sensoriales. Si lo que predomina es el Aire, asegúrate de no «hablar sobre» las experiencias con demasiada frecuencia. Los ejercicios no verbales o altamente físicos y los astrodramas podrían ayudarte.

Si el grupo tiene un fuerte componente de Agua, tenderá a estar más en contacto con sus sentimientos. Si las reuniones están programadas cerca de una Luna llena en Agua, puedes esperar una gran descarga emocional. Para romper con esta atmósfera, prueba a realizar alguna danza marciana energética.

C. Después de las presentaciones, comunica al grupo lo que has planificado para el día, con la finalidad de que puedan saber qué esperar. Por ejemplo: «Haremos improvisaciones en parejas hasta el mediodía, con un descanso de diez minutos entre ellas. Luego nos tomaremos una hora para comer, seguida de una sesión de tarde con dos astrodramas completos. Acabaremos el día con treinta minutos para intercambiar y compartir impresiones, finalizando a las cinco de la tarde».

2. Estiramientos, calentamientos y romper el hielo

Empieza con estiramientos, con movimientos y danza lentos. Continúa con varios ejercicios para romper el hielo que vayan creando, gradualmente, comodidad y confianza en ti y en el resto del grupo. Aumenta el nivel de interacción de una experiencia a la siguiente, pasando de parejas a grupos pequeños de tres o cuatro personas y, finalmente, a ejercicios que incluyan a todo el grupo.

3. El Proceso

El proceso que utilices depende de tu objetivo y de las personas con las que estés trabajando. Si tu objetivo es enseñar los fundamentos a un grupo de principiantes, podrías empezar centrándote en los cuatro elementos, describiendo sus diferencias. Luego añade un ejercicio para cada uno de éstos, como los que se indican en el capítulo 4. O podrías pasar la tarde tratando el tema de los cinco planetas personales y completándolo con la experiencia de la música y el movimiento adecuados para cada uno de ellos. Para variar, puedes hacer que el grupo recorte imágenes de revistas para hacer tableros de imágenes de los planetas.

También podrías presentar el concepto de dualidad hablando de los planetas duales: Sol/Luna, Venus/Marte, Júpiter/Saturno. Una amiga que enseña astrología en Chicago dedica una clase a cada planeta. Está tan entusiasmada con la astrología por la experiencia que se disfraza del «planeta de la semana» ¡e imparte toda la clase caracterizándolo! Cuando es Marte, alardea y es enérgica, ¡y como Venus es suave y dulce!

Si el grupo tiene más experiencia, programa una noche de Júpiter en la que todo el mundo venga vestido como dicho planeta y pase la velada compartiendo sus reflexiones sobre los aspectos y tránsitos de su Júpiter. Planifica la reunión para cuando el planeta esté fuerte por su tránsito. Para una noche de actividad, reúne al grupo durante un tránsito de Júpiter en conjunción con Marte. Una noche de arte podría coincidir con un Júpiter en trígono con Venus. Si deseas meditar sobre el planeta en cuestión, prueba hacerlo cuando se encuentre armoniosamente aspectado con Neptuno. ¡Tus opciones con la astrología por la experiencia son infinitas!

4. El cierre

Es importante dejar tiempo al final de la sesión para que el grupo hable de sus sentimientos, para que intercambie información y se despida. Sin una clausura, algunas personas podrían irse sintiendo todavía el efecto de las experiencias del día. Un ejercicio de cierre ayuda al grupo a acabar de una forma centrada.

Aprender a facilitar grupos de astrodrama con habilidad te tomará algún tiempo. Espero que este capítulo te haya proporcionado un buen punto de partida.

Astrodrama: intervenciones

En el capítulo 7, mencioné que a menudo querrás intervenir en los astrodramas del grupo. He aquí algunas de las formas de intervención que he encontrado útiles:

¡Congelados!

En ocasiones, el desarrollo espontáneo del astrodrama estimula a los planetas a interactuar y a hablar todos a la vez. Cuando se presente el caos, grita: «¡Congelados!». Entonces todos se detendrán súbitamente y se quedarán en silencio. Mientras la acción está detenida, pregunta al director qué es lo que le gustaría más ver en ese momento. O, como facilitador, podrías sugerir lo siguiente: «¿Por qué no se queda todo el mundo en silencio, excepto la cuadratura-T? Empecemos ahí y avancemos hacia su contacto con Júpiter».

«¡Congelados!» también puede servir para detener la acción si ves que al director le está afectando demasiado lo que está ocurriendo. Esto te permite comprobar con él, o con ella, si necesita hacer alguna cosa, o si la acción está estimulando algo y deberíais centraros en otro tema.

Los dobles

Esta técnica la he tomado prestada directamente del psicodrama. Un doble es una persona que camina junto al director y aporta ideas o sentimientos que éste podría no estar expresando. Normalmente hay dos dobles, uno para apoyarlo, el otro para echarlo abajo. Por ejemplo, supón que el director está, simultáneamente, bajo la influencia de una cuadratura de Saturno y una de Urano. Él sabe que seguir en su empleo actual lo está matando, pero se siente paralizado e incapaz de moverse. Aquí es donde entran los dobles. Haz que uno de ellos interprete a su Saturno en esta situación y el otro a su Urano. Coloca una línea recta imaginaria fuera del círculo de la carta y pide al director que camine de arriba abajo por ella. Los dobles caminan a su lado. Uno da voz a la perspectiva de la cuadratura de Saturno: «Mantente a salvo. Quédate con lo conocido. Sí, es aburrido, pero es seguro». Luego haz que Urano dé su opinión: «No puedes quedarte más tiempo. Si lo haces gritaré. Morirás en este trabajo si no lo dejas». Entonces el director responde a cada uno de ellos como si fuesen sus voces interiores. ¿Hay alguna manera de trabajar con ambas energías en estos momentos? Haz que el director se ponga a caminar otra vez y permite que cada uno de los dobles interactúe con él para ayudarlo a encontrar una solución a su parte del problema.

Otro ejemplo: consideremos a otro director que está preocupado por su inminente Plutón en oposición con la Luna. Haz que una persona doble la cualidad negativa de Plutón en oposición y que otra exprese los desenlaces y posibilidades positivos de la oposición. Al representar esta situación por adelantado, el director no sólo entra en contacto con su temor a este tránsito, sino que además obtiene un anticipo de las posibles oportunidades que le esperan. El uso frecuente de los dobles puede permitirle aprovechar el lado positivo de Plutón y armonizar con él.

Lo último a mencionar aquí es una versión astrológica de la intervención Gestalt de Friz Perls, del «Perro superior/Perro inferior», que resulta muy útil cuando aparece un conflicto de polaridad.[2] Es importante recordar que las polaridades no sólo se oponen la una a la otra, sino que también se buscan y se atraen. Estos conflictos interiores polares deben ser integrados para dar a la psique una sensación de totalidad. Perls equiparaba al «Perro superior» con el superego freudiano y lo caracterizaba como el dictador y juez que nos dice

---

2. Frederic S. Perls, «Gestalt Therapy and Human Potentials», capítulo V en Stephenson, *Gestalt Therapy Primer*, Nueva York: Jason Aronson, 1975, pág. 77.

194

qué hacer, que nos critica y nos minimiza. El otro rol, el del «Perro inferior», es el pequeño papel pasivo, aparentemente menos poderoso. Perls mantenía que este último normalmente ganaba saboteando, posponiendo y evadiéndose. Para hallar una resolución entre las dos mitades se puede establecer un diálogo entre ellas. Si deseas utilizar esta técnica, coloca dos sillas dentro del círculo de la carta astral. (Supongamos que la directora ha reconocido un conflicto en su cuadratura natal Saturno/Venus, la cual se ha manifestado como un deseo de casarse. A pesar de este deseo, ella siempre sabotea y rechaza las relaciones en cuanto sabe que ha conocido al «hombre adecuado».) Para iniciar el proceso, la directora asume ambos papeles y se turna para sentarse en la silla del «Perro superior» y en la del «Perro inferior». Un diálogo típico sería algo así: El «Perro superior» (Saturno) dice que todos los hombres son débiles e irresponsables, con un defecto fatal. El «Perro inferior» (Venus) reconoce su dependencia, el deseo de que un hombre cuide de ella, pero le sorprende su frialdad cuando conoce a una pareja adecuada. El facilitador le pregunta si el «Perro superior» le recuerda a alguien. Ella descubre que se trata de su padre. El diálogo se transforma en uno entre ella y su progenitor. A través de este intercambio, se da cuenta de que, aunque él siempre la trataba como a una princesa, conseguía minar las relaciones que ella tenía con sus novios degradándolos. Ahora ve que, subconscientemente, estaba de acuerdo con él y que su actitud entrometida vive dentro de ella.

La resolución del conflicto también podría enfocarse sin la metáfora del «Perro superior» y el «Perro inferior». Simplemente, pide al director que se enfrenta a su conflicto interno que se siente y exprese ambos aspectos de sus sentimientos. Haz que camine de arriba abajo, de una silla a la otra, hasta que algo empiece a salir y se dé a conocer. A continuación, desarrolla un diálogo de acuerdo con lo que ha sido revelado.

Segunda parte

Planetas y signos

11

El Sol y Leo

Empezando con el siguiente tratamiento del Sol y Leo, cada uno de los próximos capítulos presenta primero, y luego comenta, extensamente un planeta y el signo o signos relacionados significativamente con él. Aporto películas que ilustran a cada símbolo astrológico, así como una selección de música que puede utilizarse para evocar y comprender la energía adecuada. Por último, ofrezco numerosos ejercicios detallados para traer al planeta o al signo a una plena expresión experimental. Mi propósito es poner en tus manos todas las herramientas de la astrología por la experiencia.

El Sol simboliza el principio activo, energizante. Es el «foco» o la verdadera fuente de luz a través de la cual las energías planetarias son sintetizadas e integradas; lo que Jung llama el «Yo». Éste representa la necesidad que tenemos todos de expresar nuestra identidad total del ser y desarrollar nuestro pleno potencial.

El Sol/Leo está ligado a la consciencia, la luz, el día, la paternidad y la voluntad. Es el principio que se expresa en la mitología como el Héroe. El viaje del Héroe se expresa a través de los símbolos y las imágenes asociadas de la carta natal.

Las personas con una fuerte energía Sol/Leo pueden ser vibrantes, dramáticas y vitales. Si está afligida, la personalidad Sol/Leo puede exigir ser el centro y tener la admiración constante de los demás. Los individuos con poca energía Sol/Leo pueden dudar ante la posibilidad de correr riesgos o de expresarse frente a los demás.

El siguiente ejercicio puede sacar a la superficie sentimientos contradictorios en alguien que tenga un tema extrovertido-introvertido fuerte, como serían los planetas Leo/Géminis/Aries en la mitad superior de su carta y un ascendente Virgo/Escorpio con planetas debajo.

El Sol: una experiencia del yo (el viaje del Héroe)

El mito del Héroe puede enseñarnos de una forma profunda acerca del principio y el proceso de la energía solar en nuestra psique. El viaje puede hacerse de una manera activa o pasiva. Como una experiencia más activa, recrea el drama pidiendo al grupo que elija e interprete los diversos papeles del viaje del Héroe. Tú podrías ser el narrador de la historia básica mientras ellos la embellecen e improvisan. O cada persona podría actuar para sí misma el papel del Héroe durante la narración.

También podrías realizar el viaje del Héroe de una forma menos activa, quizá relatando la historia como un ejercicio de imaginación guiada y dando al grupo la oportunidad de dibujar en diversas etapas de la misma. (Coloca junto a cada persona papel prensa y lápices de cera, rotuladores, etc.) Procede de la siguiente manera: pide a los participantes que se tiendan y se pongan cómodos. Baja la intensidad de la luz. Haz que los miembros del grupo se concentren en su respiración, guiándolos para que la hagan más profunda, más lenta. Cuando hayan alcanzado una relajación profunda, empieza a contar la historia del Héroe. Como verás, hay varias etapas clave en el viaje del Héroe. Detente en cada una de ellas y pide a cada persona que dibuje los sentimientos y las imágenes que está experimentando. ¿Cómo se relaciona este viaje con su vida actual? Este proceso hará que emerjan muchas cosas para compartir y comentar cuando la experiencia haya finalizado.

La historia del viaje del Héroe

Para comprender de una forma más completa el mito del Héroe, lee *The Hero with a Thousand Faces* de Joseph Campbell. Éste es un resumen escueto de la historia. El Héroe tenía dos anhelos: en primer lugar, descubrir los detalles de su nacimiento para, así, conocer su Verdadero Propósito, y en segundo lugar, encontrar a su Amada (su otra mitad) para poder estar completo. Estas dos ansias fueron su llamada a la aventura. Esta llamada produce «el despertar del Yo» que levanta la cortina que cubre un misterio, un momento de tránsito espiritual en el cual la antigua vida es superada y abandonada. Ya no contento con los viejos ideales, valores o patrones emocionales, el Héroe es impulsado a atravesar el primer umbral. Guiado por su destino, entra en una zona de poder, en cuya puerta hay un guardián. Ésta representa la frontera de la vida actual del héroe, lo que lo retiene y lo que ayuda a contenerlo. Al otro lado está la oscuridad y lo desconocido. Las regiones de lo desconocido contienen todas las proyecciones de su contenido inconsciente.

El paso por el umbral mágico no se produce con la derrota del guardián, sino porque el Héroe es succionado hacia lo desconocido y parece haber muerto. Una vez atravesada la puerta, el Héroe entra en un terreno lúcido en el cual debe sobrevivir a una serie de pruebas y adversidades. Normalmente, es ayudado por unos asistentes a los que conoció antes de hacer su entrada, o va tomando consciencia lentamente de que hay un poder benevolente que lo apoya. La prueba del Héroe representa el inicio de un largo camino de conquistas iniciáticas, con momentos en los que su comprensión se intensifica. Una y otra vez, debe matar dragones y su supervivencia se ve constantemente amenazada pero, sin embargo, también hay victorias.

Inmediatamente después de estas aterradoras pruebas (una vez que los obstáculos y los demonios han sido vencidos), el Héroe encuentra a su Amada, su amante, novia, madre y hermana. Ella es la promesa de perfección, la alegría del consuelo y el cariño, la «Buena Madre» arquetípica. La imagen de la Amada no es simplemente benigna, pues también contiene a la «Mala Madre» y, asimismo, a la Madre inalcanzable, ausente, la Madre

que estorba, que prohíbe, la Madre deseada pero prohibida y la Madre posesiva, asfixiante.

En esta etapa del viaje, el Héroe obtiene seguridad de la Mujer servicial cuya magia lo protegerá en una futura prueba adicional: las iniciaciones con el Padre, que destrozan su ego. El Padre es quien pasa a los jóvenes al mundo más extenso. Del mismo modo que la Madre representaba tanto lo Bueno como lo Malo, lo mismo ocurre con el Padre, pero con el elemento añadido de la rivalidad.

Después de enfrentarse a las pruebas de los aspectos Femenino y Masculino, al Héroe finalmente se le concede un beneficio. Aunque sus obstáculos han sido muchos, ha triunfado y le es revelado que ahora es un Hombre Superior. Y ha conseguido realizar sus anhelos originales. Al atravesar umbral tras umbral, conquistando a sus dragones, ha superado sus horizontes limitadores para entrar en un plano más amplio, aumentando continuamente su consciencia y su percepción espiritual, hasta que finalmente rompe la esfera del cosmos y alcanza una realización que trasciende todas las experiencias de la forma.

Cuando la búsqueda del Héroe se ha cumplido, aún le queda una etapa más del viaje por completar: debe regresar con su gente y con su comunidad, con la humanidad. Y debe llevarles el Don, los resultados de su bendición del Dios y la Diosa, el Elixir sanador y restaurador. Aquí es donde reside el problema central del regreso del Héroe. ¿Cómo podría comunicar siquiera una mera sombra de lo que ha hallado? ¿Cómo transmitir los secretos de las Oscuridad, lo Desconocido, el Inconsciente? ¿Cómo va a trasladar una revelación que acaba con los pares de opuestos? ¿O comunicarse con personas que insisten únicamente en la realidad de los sentidos?

¿Cuál es el desenlace final del milagroso tránsito y retorno del Héroe? Él, o ciertamente *ella*, pues únicamente la convención hace que el protagonista sea masculino, es ahora un *Yo* completo, habiendo descubierto que el viaje a lo Desconocido no destruye, sino que ilumina. Así pues, el mito del Héroe nos permite experimentar, directamente, el principio del Sol interior.

¿Qué hay de bueno en ti?

En un grupo, separaos en parejas y sentaos uno frente al otro. Una persona empieza siendo la que pregunta y la otra responde. El interrogador dice: «¿Qué hay de bueno en ti?». La persona que responde se ofrece a sí misma un cumplido. El interrogador permanece en silencio, excepto para asentir con la cabeza. Luego vuelve a preguntar: «¿Y qué más hay de bueno en ti?». El proceso continúa hasta que la persona que está respondiendo ya no le quedan más cumplidos que decirse. Entonces cambiad de roles. Luego haced estas preguntas: ¿Te resultó difícil o fácil? ¿Encontraste fácilmente cumplidos para ofrecerte? ¿Actualmente tienes a tu Sol o a Leo en un aspecto complicado, o tránsitos difíciles con ellos?

Memorizar un poema

Memoriza uno de tus poemas favoritos, o un chiste, o una historia graciosa. Turnaos para poneros de pie delante del grupo y recitar vuestra pieza memorizada. Presta atención a cómo te sientes cuando se va acercando tu turno. ¿Estás muy nervioso, avergonzado, seguro, tranquilo, ansioso o expectante? Encuentra una palabra que describa mejor el sentimiento predominante antes de actuar. Después de tu «actuación», encuentra una palabra que encaje mejor con tus sentimientos de ese momento. ¿Te sentiste aliviado, estimulado, energizado, etc.? Ahora, retrocede e intenta capturar el sentimiento que tenías mientras hacías tu pieza. Compara las tres palabras. ¿Revelan un típico proceso que experimentas cuando te expresas ante los demás o eres el centro de atención? ¿Esta experiencia está relacionada con los aspectos de tu Sol o Leo en tu carta? Discusión grupal.

Recitar un nombre

Nuestros nombres están fuertemente vinculados a las imágenes del Yo y a la cualidad de la expresión. Recitar tu nombre es una experiencia sumamente poderosa. En un grupo, permite que todos sus miembros se vayan turnando para sentarse en el centro del círculo. (En realidad, lo que el grupo está haciendo es el símbolo del Sol, y la persona en la que se concentra se convierte en el «punto central».) Pide a los participantes que cierren los ojos y respiren profundamente unas cuantas veces. Luego, lentamente, haz que reciten el nombre de pila de la persona que está en el centro. Pídeles que dejen que sus voces rueden y suban en crescendo. Cuando uno escucha su nombre, cuando lo oye resonar en el círculo que lo rodea, en uno mismo, suena muy etéreo, casi como una llamada de los ángeles. Es una experiencia conmovedora. (Utilízala como cierre para el astrodrama de una persona, o haz la prueba de hacerlo en tonos particularmente suaves y amorosos para alguien que tenga un tránsito Sol/Saturno.)

Cuenta una experiencia Leo

Cuéntale al grupo alguna experiencia Leo que hayas tenido (un papel protagonista en una obra de teatro, una presentación en el trabajo, una aparición en TV, dirigir un grupo o una clase, etc.). ¿Cómo te sentiste al ser el centro de atención? ¿Qué tipo de respuesta obtuviste? ¿Cómo evaluaste tu experiencia?

Contar historias

Cuéntale al grupo algún incidente divertido de tu pasado.

Narra alguna experiencia de humildad de tu pasado. (Esto podría ser bueno para el personaje Leo, «Yo soy el señor/señora Maravilla» que hay en algunos de nosotros.)

Turnaos para leer o contar un cuento de hadas, o una historia, al grupo.

Ponte de pie y habla de ti durante tres minutos.

Elijas la variación que elijas, evalúa la experiencia posteriormente. ¿Te resultó fácil hacerlo? ¿Te sentiste más cómodo teniendo un «guión» delante o siendo espontáneo? ¿Tuviste un subidón de adrenalina en algún momento? ¿Esto tipifica el modo en que sueles comportarte delante de un grupo?

Afirmación

Escribe: «Cada día, en todos los aspectos, estoy creciendo en vitalidad, en consciencia de mí mismo y en luz». Pégalo en el espejo de tu baño para verlo cada mañana y repetir esta afirmación. Esto te ayudará cuando los planetas exteriores influyan problemáticamente en la energía solar.

Cálido y peludo

Este ejercicio de Análisis Transaccional se inicia con el grupo formando un círculo, todos sentados. Una persona empieza teniendo en sus manos un objeto pequeño, preferiblemente peludo. (Podría ser un pequeño animal de peluche o una bola de esponja.) Luego, esta persona mira a su alrededor y busca a alguien a quien desea decirle un cumplido. Pronuncia el nombre de la persona, le lanza el objeto «cálido y peludo» y le dice algo agradable de la forma más sincera y entusiasta posible. (Pronunciar el nombre hará que el cumplido tenga un mayor impacto.) La persona intenta sentir de verdad lo que le han dicho y luego empieza a buscar a alguien a quien desee decirle un cumplido. Seguid jugando hasta que todo el mundo haya recibido dos o tres cumplidos del grupo. Otra versión de esto es dar abrazos en lugar de lanzar el objeto «cálido y peludo».

¿Te resultó fácil decir un cumplido? ¿Fue más fácil recibirlo? ¿Te sentiste despreciado o ignorado por algún miembro del grupo? ¿Cómo fue sentir eso?

Otra variación de «cálido y peludo» es formar un círculo y luego turnarse para ponerse de pie en el centro. El grupo puede dirigir los cumplidos a la persona que está en el medio o ésta puede decirse dos o tres a sí misma. ¡Sed tan orgullosos y leonianos como podáis!

Una persona con poca energía solar o de Leo puede tener más dificultad con este ejercicio, o sentirse más incómoda. Si esto ocurre, podrías darle una tarea para hacer. Haz que *se dé cuenta* cuando alguien le dice un cumplido. Dile que escriba los cumplidos en un cuaderno especial. Esto podría ayudarla a ser más consciente de las cosas agradables que le dicen y de su respuesta a ellas, lo cual favorecería una comprensión más profunda de por qué responde a los cumplidos de la forma en que lo hace. Ésta sería una buena sugerencia para alguien con aspectos natales Sol/Saturno difíciles.

Rey o reina

En un grupo, turnaos para interpretar al rey o la reina. (Todos los que tenemos a Plutón en Leo no deberíamos tener ningún problema con esto.) Todos los demás serán sus súbditos. El rey o la reina hace una asamblea. Escucha los casos que le son presentados y toma decisiones al respecto. Después, pregúntale: ¿Te gustó ser rey/reina? ¿Te pareció que eras justo con tus súbditos? ¿Fuiste arbitrario? ¿Dominante? ¿Un soberano amable?

Tomar el Sol

Cuando estés teniendo dificultades con los tránsitos solares, particularmente de Saturno, pasa tiempo tomando el Sol. Imagina que la salud y la vitalidad que emanan de él están entrando en tu cuerpo y en tu psique, y atravesándolos. Permite que te sane y te revitalice.

Ritual de cumpleaños

Dado que, todos los años, tu cumpleaños es el momento en que el Sol regresa a su lugar de nacimiento, se trata de un ciclo importante. Haz que te calculen una carta de retorno solar para conocer el momento exacto en que regresa a su posición natal. Tómate el día libre y céntrate en repasar y evaluar el último año, apreciando especialmente lo que has conseguido o lo que te hace sentir bien. Dedícalo a expresarte, dibujando, escribiendo o haciendo exactamente lo que quieres hacer. Cuando se acerque la hora exacta de tu retorno solar, pon tu carta astral en un altar y medita sobre tu signo solar, cómo lo exaltas al expresarte y qué contactos positivos tiene tu Sol con los demás planetas. Respira como tu Sol, absorbiendo nueva vida, nueva vitalidad y nuevas esperanzas. O utiliza cualquier técnica de meditación que se centre particularmente en el centro solar, el *chakra Ajna* o punto entre tus cejas. O concentra la atención en tu respiración, recordando que te estás acercando al momento de tu primer aliento. Respira como si cada vez que lo hicieras fuese la primera. O enciende una vela, símbolo de tu Sol, y medita o reflexiona sobre él. Canta tu propio nombre, repitiendo suavemente su sonido.

Un bonito ritual para el cumpleaños de un amigo es reunir a un grupo para que cante su nombre o se turne para decir lo que más os gusta de él. O enciende una sola vela delante de ellos y meditad todos sobre esa persona y su vida, enviándole prosperidad, felicidad y paz para el nuevo año. Puedes cerrar el ritual haciendo que quien cumple años camine alrededor del círculo y encienda la vela que sostiene cada uno de los miembros del grupo como símbolo de su luz uniéndose a la vuestra y tocándola.

Una experiencia conmovedora para un grupo grande que se reúne para un congreso es encender una vela que simbolice el espíritu colectivo, la inspiración y las aspiraciones del tema a tratar e irla pasando para que vaya encendiendo todas las velas de los participantes.

Meditaciones y visualizaciones

Meditación del Sol: la «bola de luz»

Cierra los ojos. Respira profundamente unas cuantas veces, expulsando al exhalar las tensiones, los pensamientos o la energía dispersa que puedas tener. A continuación, *lentamente*, lleva tu consciencia hasta el punto que hay entre tus cejas, llamado centro solar, *chakra Ajna* o Tercer Ojo. En el cuerpo, este punto representa el Sol en tu carta. Es la luz a través de la cual todas las demás se expresan. Ahora, intensifícala gradualmente. Haz que se haga un poco más grande, un poco más intensa. Coloca toda tu percepción consciente en esta luz de tu existencia. Permite que crezca más aún y se haga más intensa. Deja que se convierta en una bola de luz, llenando tu cabeza de luz como si fuese una gigantesca bombilla. Ahora, haz que empiece a expandirse lentamente hacia fuera, penetrando en tu garganta, tu pecho, tus brazos, caderas, nalgas, piernas y pies. Deja que todo tu cuerpo se convierta en una bola de luz, radiante en la plenitud de quien eres.

Meditación de la «bola de luz» grupal

En un círculo formado por el grupo, crea una bola de luz dentro de tu cabeza. A continuación, envía la energía de tu bola de luz hacia el centro del círculo. Fúndete y mézclate con la luz de las personas que hay a tu alrededor, manteniendo la concentración en el centro del círculo. Intensificad la bola de luz. Ahora, expandidla para que penetre en los cuerpos de todo el mundo, visualizando cómo avanza hasta la parte posterior de vuestras espaldas. A continuación, lentamente, ampliad la luz para que llegue a tocar a todos vuestros seres queridos. La distancia no importa. Dedicad unos momentos a visualizar a los seres queridos dentro de la bola de luz. Sentidlo durante unos instantes. Ahora, atraed la bola de luz que ha tocado a vuestros seres queridos e imaginad que regresa y está otra vez detrás de vuestras espaldas. Intensificad la luz. A continuación, haced que regrese al centro del círculo. Luego, haz que regrese a tu cabeza. Permite que vaya disminuyendo hasta ser una luz del tamaño de la punta de un lápiz. Tomaos unos minutos de silenciosa reflexión y reorientación para volver a la habitación.

El andar del Sol/Leo por el planeta

Visualízate como un miembro de la realeza, como rey/reina del mundo. Concéntrate en expandir tu pecho. Infla todo tu cuerpo. Imagina que es grandioso y hermoso de ver. Ahora, con confianza, amplía tu paso habitual, adoptando una postura noble. Adaptar tu forma de andar te ayudará a entrar en contacto con la parte solar/Leo de tu psique.

Películas y música recomendadas

Películas Sol/Leo

Ve al cine a ver una película con tema Sol/Leo, o alquílala. Por ejemplo: *El rey león, Apollo 13, Shine, Evita, Hércules, It's a wonderful life, El color púrpura, Zorba el griego, Breaking away.*

Música recomendada

«Brass in Pocket», *The Pretenders* (The Pretenders); «Hot Fun in the Summertime», *Sly and the Family Stone Greatest Hits* (Sly and the Family Stone); «Good Day Sunshine», *Revolver* (The Beatles); «Here Comes the Sun», *Abbey Road* (The Beatles); *Obertura de Guillermo Tell* (Gioacchino Rossini); *Suite del Pà o de Fuego* (Igor Stravinsky); *Superman* Banda sonora, «Symphonies for the King's Bed Chamber», «Soldier's Air» y «Fanfares for the Royal Tournament», *The Baroque Trumpet* (Lully); *El Mesías* (Handel).

12

La Luna y Cáncer

La Luna simboliza la facultad pasiva, receptiva, nutritiva y femenina de la psique, la retención de impresiones o acontecimientos del pasado con carga emocional que crea nuestro comportamiento y unos patrones emocionales condicionados. La Luna/Cáncer está vinculada a las mareas, a la madre, al parto, la familia, la intuición, las imágenes y las condiciones fluidas, así como al arquetipo cultural y social de lo femenino. Ahora, después de un período de interrupción, esta feminidad está volviendo a emerger, pues muchas personas se sienten atraídas a comprenderla e integrarla mejor en su experiencia diaria y en nuestra cultura en su totalidad.

Los individuos con una fuerte energía Luna/Cáncer pueden ser cálidos y cariñosos. Si están afligidos, pueden ser fácilmente influenciables, vacilar o revolcarse en el drama emocional. Las personas que tienen muy poca energía Luna/Cáncer pueden tener dificultades para conocer sus sentimientos y tienden a ser emocionalmente frías. Las que tengan cartas astrales muy polarizadas, como oposiciones Sol/Luna, pueden experimentar sentimientos contradictorios, especialmente durante la Luna llena y los eclipses.

La actual abundancia de libros de mujeres nos ilustra en cierta medida sobre el aspecto de lo femenino dentro de nuestra psique y su papel emergente en nuestra cultura. Para empezar a comprender mejor lo femenino, prueba leer algunos de los excelentes libros que se puede encontrar, especialmente *The Return of the Goddess* de Edward C. Whitmont,[1] *Descent to the Goddess* de Sylvia Brinton Perera,[2] *She* de Robert A. Johnson[3] y *Women's Mysteries* de Esther Harding.[4]

Debido a que la Luna tiene que ver con el proceso de reflexión, la mayoría de ejercicios descritos en el capítulo 6 («¡Hazlo tú mismo!») serán apropiados como prácticas lunares. Dado que la Luna simboliza el ámbito inconsciente e instintivo, el trabajo con los sueños también es una técnica apropiada para comprenderla de una forma más completa. Las visualizaciones creativas y las imágenes guiadas aportan un conocimiento añadido de la función de la Luna. *Visualización Creativa* de Shakti Gawain habla de una manera sencilla sobre este proceso y ofrece instrucciones útiles.[5]

He aquí un consejo: planifica experimentar tu Luna tan cerca de la Luna llena como te sea posible. Los resultados tendrán un mayor impacto. Los mejores momentos para reflexionar y realizar una búsqueda interior son cuando la Luna se encuentra en los signos de Agua, en conjunción con tu cuarta casa, o transitando por las casas de Agua, por las casas cuatro, ocho y doce. Para una investigación más amplia, espera hasta que la Luna progresada esté en un signo de Agua, o transitando por las casas de dicho elemento. El mejor período para realizar una sanación emocional de las heridas de tu niñez o de tu relación con tu madre es cuando la Luna está en Agua, por tránsito o por un tiempo largo por una progresión.

---

1. Edward C. Whitmont, *The Return of the Goddess*, Crossroad, NY, Garber Communications, 1984.

2. Sylvia Brinton Perera, *Descent to the Goddess*, Toronto, CAN, Inner City Books, 1981.

3. Robert A. Johnson, *She*, Nueva York, Harper & Row, 1976.

4. M. Esther Harding, *Woman's Mysteries*, Nueva York, Harper & Row, 1971. (Trad. esp.: *Los misterios de la mujer,* Barcelona, Ediciones Obelisco, 1987.)

5. Shakti Gawain, *Creative Visualization*, Nueva York, Bantam, 1982.

Otra excelente experiencia de la Luna se encuentra en el libro de Jean Houston, *The Possible Human*. En él se describe una secuencia, que dura de dos horas y media a tres horas y media, llamada «Ejercicios de la Memoria Evolutiva».[6] Ella nos permite volver a experimentar el desarrollo evolutivo de la vida en el planeta, del pez al reptil, y continuando hasta el ser humano moderno y el «humano extendido». Al haber realizado este ejercicio en uno de los talleres de Jean, puedo dar fe de que esta experiencia estimula un profundo conocimiento corporal, al tiempo que nuestro cerebro y nuestro cuerpo responden a esas formas de existencia, antecedentes de nuestra evolución humana. Puedes consultar el libro de Houston para conocer otra interesante experiencia lunar: «Recordar al Niño».[7]

La Luna y los cuidados

Resulta sanador tomarnos un descanso del mundo para experimentar un período de cuidados. Varias amigas y yo nos reunimos periódicamente para un baño de pies grupal. Cada una de nosotras trae una toalla y una cacerola de cocina para sus pies. Hervimos una combinación de diferentes hierbas calmantes, (camomila, lavanda, salvia, valeriana, caléndula y pétalos de rosa) durante veinte minutos. Luego mezclamos esto con agua fresca hasta que esté a una temperatura agradable, introducimos los pies en la cacerola y nos relajamos. Las hierbas hacen su trabajo, y éstos son unos momentos que una se dedica a sí misma.

Podrías reflexionar sobre tu Luna mientras lo haces. ¿Qué tal se te da dedicar tiempo a cuidar de ti? ¿A que te hagan un masaje? ¿A darte un baño de hierbas? ¿A que te hagan una manicura? ¿Eres bueno para recibir? ¿Y para permitir que los demás sean generosos contigo? ¿Qué tal se te da cuidar de los demás?

La Luna simboliza el agua y los cuidados, de modo que, como grupo, podríais visitar los baños termales o el balneario de vuestra zona. Pasar una tarde de relajación mientras aliviamos nuestros músculos cansados es «ser» en lugar de «hacer», y así nos ayudamos unos a otros a experimentar la modalidad receptiva, femenina.

---

6. Jean Houston, *The Possible Human*, Los Angeles, J. P. Tarcher, 1982, pág. 102-110.
7. *Ibídem*, págs. 91-94.

Fotografía de la infancia

Enseña al grupo una foto tuya de la infancia. Dividios en parejas para hablar sobre esa época de vuestras vidas. ¿Cuáles eran las circunstancias que rodeaban a la fotografía? Dedica un rato a recuperar tus recuerdos de esos momentos. ¿Era una época feliz o difícil? ¿Tus recuerdos evocan sentimientos? Si el tiempo lo permite, amplía esta exploración para incluir a toda tu infancia. ¿Fue un período feliz o difícil? ¿Puedes recuperar algunos recuerdos específicos? Deja tiempo para que este proceso se desarrolle, pues éstos pueden ser momentos muy íntimos, de intercambio, para las dos personas.

Si estás solo saca tu álbum de cuando eras un bebé y reflexiona sobre cómo eras. En tu imaginación y en tu cuerpo, ¿puedes experimentar otra vez ser un bebé? Podrías probar acurrucándote en posición fetal, o caminando a gatas.

Variación: trae una foto de tu madre. ¿Cómo era? ¿Cuáles son tus primeros recuerdos de ella? ¿Fue una buena madre para ti? ¿Cómo de buena madre eres tú contigo? ¿Puedes ver la relación entre cómo te mimaron y el modo en que tú te mimas? Reflexiona sobre tu propia Luna y sus aspectos natales.

¿Puedes recordar experiencias concretas que tengan paralelo con aspectos específicos? Por ejemplo, si tienes a la Luna en oposición con Júpiter, ¿puedes recordar a tu madre asegurándose de que hubieras comido, siempre dándote golosinas o postres? ¿O experimentaste a tu Luna en oposición con Saturno como una madre que te obligaba a sentarte en la mesa hasta que lo habías acabado todo, reteniendo los postres? ¿O quizá ni siquiera estaba en casa para darte de comer? Estas reflexiones pueden ayudarte a entender tus relaciones lunares.

Mecerte

Mecer puede ser un cálido ejercicio grupal si se hace adecuadamente. Haz que una persona se acueste boca abajo. Cada miembro del grupo agarra una zona del cuerpo: una pierna, la cabeza, la parte superior del torso, etc., colocando sus manos debajo. Todo el grupo levanta lentamente a la persona hasta la altura de la cintura. A continuación, la mecen suavemente hacia atrás y hacia adelante, hacia arriba y hacia abajo. Es importante que haya suficientes personas para poder hacerlo con comodidad. Esto funciona mejor cuando una agarra la cabeza y dos personas el torso. Además, asegúrate de que la cabeza esté sostenida cómodamente y el resto del cuerpo se mantenga alineado con ella. Después de unos minutos, bajad a la persona muy despacio, hasta dejarla otra vez en el suelo. Permaneced en silencio. Éste es un buen cierre para el astrodrama completo de una persona, como una forma de reconocimiento y de integración, y puede evocar sentimientos intensos. Yo he visto que esto funciona eficazmente para todas las personas que lo han probado. Es mejor que no empieces con este ejercicio; hazlo cuando se haya establecido un nivel de confianza en el grupo.

Variación: Si tienes un jardín con árboles, cuelga una hamaca. Yo tengo una y, en verano, la mayor parte de los días, me tomo un descanso y me mezo.

La casa de tu infancia

Describe la casa de tu infancia. Si tuviste varias, elige la que más te gustó. Amplía esto para describir tu barrio, tus guaridas favoritas en tu niñez, etc.

Dónde te criaste

En un grupo, turnaos para describir brevemente dónde crecisteis. Amplía esto para preguntar, por ejemplo: «¿Dónde estuviste en el verano de 1968?». Es interesante saber dónde se encontraban los miembros del grupo exactamente en esos momentos. ¿Había entonces algún paralelismo entre las experiencias vitales de algunos de los participantes?

El hogar

Reflexiona sobre la casa en la que vives actualmente. ¿Eres feliz ahí? ¿Qué características concretas te gustan de ella? ¿Cuál es tu rincón favorito? Si no eres feliz viviendo ahí, ¿qué tipo de vivienda te gustaría tener? Aprovechar los tránsitos buenos de la Luna para buscar una nueva casa o para mudarte es hacer un gran uso de esta energía.

Un juguete de la infancia

Traed un juguete de vuestra infancia. Separaos en parejas y compartid recuerdos sobre ellos. ¿Sabes quién te lo regaló? ¿Recuerdas cuándo lo viste por primera vez? ¿Qué experiencias sociales tuviste con este juguete? ¿Puedes recordar una experiencia concreta en la cual te ofreció consuelo?

Variación: ¿Cuál era tu juguete favorito? Descríbelo extensamente. Podrías encontrar más «alimento para el pensamiento» si haces que los miembros del grupo dibujen su juguete favorito. O podríais dividiros en pequeños grupos, según el juguete en particular: por ejemplo, juntando a todas aquellas personas cuyo juguete favorito era un osito, o un perrito, o una rana. ¿Hay alguna característica del animal que exhiban en su personalidad?

¡Ésta es tu vida!

Como regalo de cumpleaños para un miembro del grupo, pasad una tarde de «Ésta es tu vida». Conseguid que su madre, hermanas, hermanos y amigos os proporcionen fotos y experiencias de su infancia.

Variación: dadle un masaje grupal a un amigo o amiga como regalo de cumpleaños. Regaladle un tratamiento facial, un baño de hierbas, etc.

Temas femeninos

Un grupo de discusión sobre temas femeninos puede sacar a la superficie las pautas emocionales y los sentimientos de sus miembros. Si tu intención es despertar sentimientos como parte del proceso, entonces elige temas emocionales como el aborto, los derechos laborales de la mujer, el acoso sexual en el trabajo, etc. Si tu intención es que los participantes estén más unidos, compartid vuestros recuerdos placenteros y divertidos de la infancia.

Dar a luz

Dado que la Luna representa la función de dar a luz y la crianza de los niños, otra discusión podría ser sobre el tema de tener o no tener hijos, o puedes hacer que las mujeres cuenten su experiencia de dar a luz a los suyos. En relación con esto, podríais ver una película sobre el nacimiento de un bebé y pasar un rato hablando de vuestros sentimientos al respecto. O, si es posible, presenciar un parto.

Una ampliación de esto podría ser facilitar un proceso a través de imágenes guiadas para permitir que los participantes recuerden el momento de su propio nacimiento. O, si deseas una experiencia lunar fuerte, podrías traer a un especialista cualificado en *rebirthing*. (Éste es un método terapéutico para volver a experimentar tu nacimiento.)

Si crees en la reencarnación, recuerda que el pasado distante también es lunar. Podrías usar a un regresionista a vidas anteriores para que te guíe a través de la experiencia de una vida pasada.

Temas de mujeres

Forma un grupo «sólo de mujeres» para tratar algunos de sus problemas. Una vez conocidos los sentimientos de todas ellas sobre un tema en particular, observa las cartas astrales de todas las participantes. ¿Dónde está la Luna por signo, casa, aspecto y/o tránsito? ¿Revela algo sobre el tipo de sentimientos, o el modo en que se expresaron?

Cartas de línea de tiempo

Realizar cartas de línea de tiempo es un proyecto largo para grupos que se reúnen regularmente y están interesados en aprender más acerca de la Luna. Utilizando cartón, cartulina o cuadernos, haz que cada persona construya una línea de tiempo, empezando por el año de su nacimiento y continuando hasta el presente. Deja sitio también para el futuro. Deja más espacio del que creas necesario. Luego dedica unos momentos a recordar y escribir brevemente tus recuerdos. Por ejemplo, escribe «monté bicicleta por primera vez» bajo el mes durante el cual ocurrió. Te sorprenderá lo maravillosa que es esta herramienta para recordar.

Un recuerdo recuperado te traerá otro, y otro, hasta que te empezarás a quedar sin sitio para las nuevas frases. A continuación, enseña tu línea de tiempo al grupo y comparte con él tus nuevos recuerdos. Pasad un tiempo observando los tránsitos que tuvieron lugar durante los acontecimientos más importantes de vuestras infancias. (Si tu grupo puede reunirse en casa de algún miembro que tenga ordenador, se pueden calcular rápidamente.) Esta observación puede ser muy reveladora. En muchas ocasiones, se llega a comprender mejor una determinada experiencia. Por ejemplo: «¡Ah, aprendí a montar bicicleta cuando Júpiter estaba en conjunción con mi Marte en Sagitario!» o, «¡Saturno estaba en cuadratura con mi Sol cuando mi profesora de cuarto grado me hizo estudiar durante el verano!».

Autobiografía

Otra ampliación de las líneas de tiempo consiste en escribir una autobiografía. Se trata, verdaderamente, de una experiencia lunar, de reflexión, que te ayudará a volver a despertar tu pasado. Somos tan pocas las personas que dedicamos tiempo a reflexionar sobre nuestras experiencias y a digerirlas... Escribir una autobiografía puede ser terapéutico e integrador.

Línea de tiempo de limpiadores de pipa

Compra un paquete de limpiadores de pipa largos (se venden en estancos). Entrega uno a cada persona. Usa el limpiador como símbolo de tu vida. Tuércelo y dóblalo para expresar su progresión hasta ahora. Utilízalo para expresar los altos y bajos en tu vida, para los hechos más importantes, etc. Cuando todos hayáis acabado, compartid lo que vuestro símbolo de vida significa a lo largo de ella.

Jugar con arena

Una técnica ofrecida por la terapia junguiana es la de jugar con arena. En ella, los participantes estimulan sus primeros sentimientos y recuerdos al regresar a un arenero lleno de juguetes, etc.

El Tarot de la Madrepaz

Se trata de una adorable herramienta creada por Vicky Noble y Karen Vogel para producir una sanación interior de lo femenino.[8] Su énfasis en el amor y

---

8. Vicki Noble y Karen Vogel, *Motherpeace Tarot Deck*, Nueva York, US Games Systems, Inc., 1981.

la compasión, su forma circular y sus poderosas imágenes hacen que esta herramienta sea ideal para sintonizar con la energía de la Luna de una forma continuada.

Meditaciones y visualizaciones

El andar canceriano por el planeta

Visualízate como un niño, o una niña, que acaba de aprender a caminar. Percibe la sensación de indecisión, de no sentirte muy seguro. Empieza a moverte, explorando tu entorno. Responde a las cosas que te rodean como si lo hicieras por primera vez. Rueda, gatea, camina o cae mientras te mueves, tomando consciencia de tus sentimientos interiores cambiantes, de placer, terror o sorpresa. Este ejercicio te ayudará a ponerte en contacto con la parte lunar/Cáncer de tu psique.

Meditación de la Luna: las mareas

Esta meditación es especialmente poderosa cuando se acerca una Luna llena en signos de Agua. Una forma eficaz de meditar sobre la Luna es poner una grabación del mar que contenga únicamente los sonidos de las olas. En primer lugar, prepara tu grabadora y colócala cerca de ti. Luego cierra los ojos. Respira hondo unas cuantas veces. Enciende la grabación y empieza a imaginar, lentamente, que estás tendido en tu lugar favorito cerca del agua. *Siente* la arena debajo de ti. *Siente* la arena bajo tus pies, tus pantorrillas, tus muslos, tus nalgas, tu espalda, tus brazos, tus hombros, tus manos y tu cabeza. Respira profundamente y déjate llevar; sigue el proceso y tus sentimientos tal como se vayan desplegando. Cuando acabe la música, concédete unos momentos de tranquila reflexión y reorientación.

Experiencia de la Luna: la gruta lunar

Adaptada de *Motherwit*, de Diane Mariechild, esta es una buena experiencia para que la realice un grupo de mujeres durante la Luna llena.

Relájate, intensifica tu concentración y deja que la protección te envuelva. Empieza moviéndote por las profundidades, serpenteando por los largos pasillos y los laberintos, descendiendo cada vez más hasta llegar a un cuerpo de aguas tenebrosas en las que hay un bote amarrado. Sube al bote. A continuación, avanza flotando por más pasillos, entrando cada vez más profundamente. Siente cómo se mece el bote y escucha el sonido relajante del agua golpeando contra él. Sigue flotando hasta que llegues a una enorme gruta. Tu bote se detiene en la orilla. Al mirar hacia arriba, ves que el espacio está iluminado por la Luna y que su luz se derrama a través de una abertura, delgada como un hilo, que se encuentra muy arriba. Sabes que este lugar es sagrado.

Aquí, en este lugar sagrado de magia, conoces a Sofía, la dadora de sabiduría. Ella se aparece aquí con cada Luna llena y comparte sus conocimientos con las mujeres que encuentran el camino hasta este lugar. Está apareciendo ahora. Haz una pausa de entre cinco y diez minutos. A continuación, abandona la gruta, serpenteando hacia el lugar de partida. Recuerda lo que has experimentado y llévate contigo ese conocimiento. Lentamente, empieza a tomar consciencia de tu entorno, sintiéndote fresca y relajada.

La danza del espejo

Pon una música que sea fluida y fácil de bailar. Empezad a hacerlo en parejas. Soltad vuestros cuerpos; a continuación, una de las dos personas levanta la mano. Ella es el Sol y será quien dirija. El otro bailarín es la Luna y sigue al Sol de la manera más precisa posible. Síguelo con los pies, las piernas, el cuerpo, los brazos y la expresión facial. Siente lo que hace el Sol. Después de un rato, intercambiad papeles. ¿Qué se siente al seguir a la otra persona? ¿Y al conducirla? ¿Fue fácil o difícil ser la «sombra» del Sol?

Una variación es hacer que una de las dos personas simule ser un espejo en el que la otra se mira. Añade un elemento dramático: «Estás escondiéndote en una habitación y no puedes ser descubierto. Alguien, que te está buscando, entra en ella. Está de pie justo delante de ti. Para no ser descubierto, debes ser su reflejo». El embellecimiento dramático puede añadir más emoción, concentración y diversión.

Películas y música recomendadas

Películas Luna/Cáncer

El Club de la Buena Estrella; Forrest Gump; Big Night; Hopo Dreams; Esperando un Respiro; Eat, Drink, Man, Woman; Mother; Martin's Room; Fanny y Alexander; El Estanque Dorado; Gente Corriente; A Trip to Bountiful; Let it Be!

Música recomendada

Secret Garden: Songs From a Secret Garden (Phillips); *Gone Again* (Patti Smith); música country; *Blue* (LeAnn Rimes); *You Were Meant for Me* (Jewel); *Bodzium* (Enkal Badu); «Feel Flows», *Surf's Up* (The Beachboys); «Dock of the Bay», *Best of Otis Redding* (Otis Redding); «Hymn to Her», *Get Close* (The Pretenders); «Woman», *Double Fantasy* (John Lennon); «Valses y nocturnos» (Chopin); *Claro de Luna* (Debussy); *Violin Concertos* (Beethoven); *Música del agua* (Handel); *El Danubio Azul* (Strauss); «Stardust» (Nat King Cole); «The Tide is High», *Autoamerican*, (Blondie); «Here Comes the Rain Again», *Touch*, (The Eurythmics).

13

Mercurio, Géminis y Virgo

Mercurio es la función pensante de la psique humana, la que analiza. Es la manera en que asimilamos nuestra experiencia, separando, discerniendo y clasificando la información. Es el modo en que formamos conexiones, tomamos consciencia de las relaciones subyacentes entre las cosas e intercambiamos ideas con los demás. Mercurio sirve a la función dual de comunicación interna y comunicación con el mundo circundante.

En ese sentido, Virgo representa el aspecto interior, introvertido y analítico del pensamiento de Mercurio, mientras que Géminis es el aspecto extrovertido de la comunicación, el que busca fuera. Mercurio es un planeta que tiene el gobierno dual de Virgo y Géminis.

Mercurio está relacionado con el Hermes griego, un ser andrógino que posee las llaves del conocimiento y ejerce de mensajero entre los Dioses y la humanidad. Está vinculado a las palabras, a los orígenes del lenguaje, a toda

la literatura y a todas las formas y medios de comunicación y de educación a través de los cuerpos de conocimiento.

Las personas con una fuerte energía Mercurio/Géminis en su horóscopo pueden tener un sano deseo de adquirir conocimientos y adaptabilidad mental. Si están afligidas, pueden dispersar sus fuerzas mentales y utilizar sus habilidades sociales como una defensa contra una intimidad profunda. Los individuos con una menor energía Mercurio/Géminis pueden carecer de sociabilidad.

Las personas con una fuerte energía Mercurio/Virgo pueden tener excelentes habilidades analíticas y suelen estar dispuestas a trabajar duro para alcanzar la perfección. Si están afligidas, pueden ser incesantemente críticas consigo mismas y con los demás. Los individuos que tienen menos energía Mercurio/Virgo pueden carecer de concentración y atención al detalle, o experimentar sentimientos de timidez e incompetencia en algunas áreas de su vida.

La experiencia Mercurio/Géminis

Mercurio representa las habilidades y técnicas particulares que aprendemos a lo largo de nuestras vidas. Cualquier experiencia de refinamiento y mejora de éstas es un buen ejemplo de la energía de Mercurio. Hay una visualización guiada llamada «Ensayo de habilidades con un Maestro», que se describe en *The Possible Human*[1] de Jean Houston, que es ideal para ello. Este ejercicio te permite alcanzar una comprensión más profunda, mejorar tus conexiones motoras entre el cerebro y el cuerpo, y obtener nuevos recursos para el uso de tus habilidades. Tiempo: cuarenta y cinco minutos. Puedes grabar el ejercicio con anterioridad, o un facilitador puede conducirlo.

Elige una habilidad que desees mejorar. Repasa los movimientos físicos que ella requiera y ensáyalos poniendo toda la atención que puedas al detalle. Obviamente, te será más fácil practicar un swing de tenis que nadar al estilo mariposa. Una vez hayas ensayado, detente e imagina en tu mente que estás realizando esta actividad. Recrea tanto como puedas las respuestas del cuerpo

---

1. Jean Houston, *The Possible Human*, Los Angeles: J. P. Tarcher, 1982, pág. 177.

a ella. A continuación, avanza y retrocede, representando la habilidad primero y luego viéndote hacerlo con tu mente y tu cuerpo. Ahora corre como un niño de tres años, revolcándote, girando, rodando y saltando hasta que te sientas exhausto. Luego, tiéndete.

Escucha estas instrucciones:

Siente que estás tendido en un pequeño bote de remos. Estás siendo llevado mar adentro por el suave oleaje del mar. Te sientes relajado mientras las olas te transportan cada vez más lejos. El bote empieza a descender y a dar vueltas, como si estuvieras siendo arrastrado en un vórtice, descendiendo y penetrando cada vez más profundamente en el océano. El agua no te toca. Se eleva por encima de ti mientras vas entrando más profundamente en un túnel de agua. Aterrizas en el fondo del mar. Descubres el picaporte de una puerta y tiras de ella. La puerta se abre y bajas por el hueco de una escalera de piedra que conduce a un reino que se encuentra debajo del suelo del mar.

Bajas un escalón, y otro, y otro, entrando cada vez más profundo. Las escaleras se acaban y te encuentras en una gran caverna llena de estalactitas y estalagmitas. Descubres un pasillo de piedra y te internas en él, caminando. Llegas hasta una puerta de roble en la que está escrito: «La habitación de la habilidad». Entras en ella y te encuentras en un lugar completamente imbuido de la presencia y el espíritu de tu habilidad. En esta habitación está el maestro de dicha habilidad.

El maestro puede expresarse con palabras o enseñarte mediante sentimientos o sensaciones musculares. El aprendizaje será eficaz y profundo y te dará mucha más confianza. La persona hábil que hay en ti está emergiendo y superando las inhibiciones y los bloqueos. Estás experimentando un entrenamiento y un aprendizaje muy intensivos.

Tómate unos cinco minutos. Ése será todo el tiempo que necesitarás para recibir esta enriquecedora lección del maestro.

Ha llegado el momento de dejar a tu maestro. Da las gracias a este ser y sabe que puedes regresar siempre que quieras. Antes de irte, ves una luz especial que desciende desde el techo. Colócate debajo de ella. Es la luz de la confirmación de tu habilidad. Siente en toda tu mente y en todo tu cuerpo la profundización y la confirmación de tu habilidad.

Sal de la habitación, cerrando cuidadosamente la puerta. Avanza por el pasillo hasta la caverna y hasta tu pequeño bote. Sube por el vórtice, que ahora

226

se invierte para elevarte hasta la superficie del océano. Sientes que tu habilidad continúa creciendo dentro de ti, penetrando en todo tu ser.

A medida que tu bote se va acercando a la orilla, te vas sintiendo emocionado y deseas salir para probar tu habilidad. Cuando llegas a la costa, estás completamente despierto y rebosante de tu habilidad, y te pones de pie lo más pronto que puedes para ir a practicarla.

Ensáyala físicamente. Ahora detente y ensáyala en tu mente-cuerpo. Visualiza la imagen de ti mismo realizando la actividad a la perfección. Avanza y retrocede entre el acto de realizar tu habilidad y verte haciéndola con el ojo de tu mente. Ensaya hasta que sientas que las dos se están integrando.

¿Qué es lo que notas respecto a la mejoría de tu habilidad?

¿Qué recuerdas sobre tu maestro?

Yo participé en esta experiencia en uno de los talleres de Jean. Antes de iniciar este viaje de visita al maestro, Jean pidió a un voluntario que demostrase su habilidad antes y después de la visualización. Una mujer se ofreció voluntaria para tocar el piano. Se sentía extremadamente insegura, tocó con vacilación y se equivocó unas cuantas veces. Después de la visualización, se sentó con una expresión de pura dicha en el rostro y tocó la misma pieza tranquilamente y sin cometer ningún error.

El movimiento de Mercurio

La acción de Mercurio es rápida, cambiante y juguetona. Pon un poco de música mercuriana como, por ejemplo, música de los *Talking Heads*. Mueve tu cuerpo y haz una pantomima con las manos de su ritmo conversacional.

Diálogo con un planeta

Una importante técnica de interacción que muchos de nosotros no tenemos en cuenta es la de hablar con nuestro inconsciente a través de nuestros planetas. Éstos no son símbolos abstractos; son una energía que vive en nuestro interior. Siéntate con tu carta natal y realiza un intercambio con algún planeta que te esté dando problemas. Hazte alguna de estas preguntas: habitualmente, ¿qué energías planetarias afectan más a mi vida? Examina tu carta natal y haz una lista por orden. ¿Qué energías planetarias están afectándome más en mi vida en estos momentos? Analiza tus tránsitos. ¿Qué aspectos fuertes armoniosos/problemáticos son más evidentes en la actualidad?

Esto puede hacerse como una meditación. Respira hondo unas cuantas veces y empieza a concentrarte en el planeta del cual deseas obtener respuestas. Imagina que está ante ti una presencia viva, o el arquetipo de dicho planeta. (Podrías imaginar a Hermes para Mercurio, a Afrodita para Venus, a un guerrero para Marte, la carta del Tarot del Loco para Urano, o la Suma Sacerdotisa para la Luna.)

Visualiza esa imagen delante de ti. Invítala a que se siente y hable contigo. Continúa haciendo que tu concentración sea cada vez más profunda, inundándote con el sentimiento de esta energía planetaria que tienes delante. Haz las siguientes preguntas, una a una:

Si el planeta es problemático para ti, pregunta: «¿Por qué me estás dando tantos problemas?».

Si el planeta está claramente ayudándote, dale las gracias por ello y pregúntale: «¿Qué otra cosa me puedes dar?».

Luego, pregúntale: «¿Qué es lo que necesitas de mí?».

Permanece un rato en silencio con cada pregunta para que pueda aparecer la respuesta. Dado que estás tomándote el tiempo necesario para interactuar con tu propio inconsciente, surgirán nuevas percepciones y respuestas.

Juegos de memoria

Puesto que Mercurio tiene que ver con la función de ordenar datos, se le puede estimular con un juego como éste, que ejercita el poder de la memoria. Toma una baraja completa de cartas. Espárcelas boca abajo. Elige una carta y dale la vuelta. Selecciona otra. Si los números son iguales, empieza una pila de cartas del mismo número y prueba otra vez. Si no son iguales, vuelve a ponerla boca abajo en su lugar original e intenta recordar dónde está cada número. Calcula cuánto tiempo te toma recordar y hacer coincidir todas las parejas. Realizar este ejercicio con regularidad te mostrará en qué medida va mejorando tu memoria.

Otra versión de este juego permite a dos jugadores utilizar una baraja de cartas, anotando un punto por carta. En un grupo, podríais separaros por parejas y ver qué equipo puede hacer coincidir las cartas en menos tiempo.

Para jugar a esto en un grupo, reúne unos cuantos objetos pequeños (aproximadamente veinticinco) sobre un tablero y cúbrelos para que no se puedan ver. Descúbrelos y muéstralos a los participantes durante diez breves segundos. Vuélvelos a cubrir y pide a cada persona que escriba todos los objetos que pueda recordar.

El teléfono

Este conocido juego de niños es un buen ejercicio Géminis, pues nos indica con cuánta claridad y precisión escuchamos y nos comunicamos. Formad un círculo. Alguien comienza susurrando al oído de la persona que tiene al lado una frase descriptiva un poco larga, que sea difícil para los adultos. La vais transmitiendo por todo el círculo, y la última persona tiene que decir en voz alta la frase que oyó.

Conceptuar el cielo

El zodíaco y los planetas forman parte del modelo conceptual de un astrólogo y, sin embargo, muchos de nosotros no somos conscientes a diario de dónde están los planetas ese día. Párate a pensar. ¿En qué grado está el Sol y dónde se encuentra en relación a ti en este momento? ¿Dónde está la Luna? ¿En qué parte de su ciclo se encuentra: en cuarto creciente, Luna llena, etc.? ¿Dónde está Mercurio? ¿Y Marte? ¿Y Venus? ¿Es el lucero del alba o la estrella vespertina? ¿Dónde están los otros planetas?

Durante la noche, sal al exterior, encuentra el cinturón del zodíaco e identifica a los planetas que estén visibles. ¿Cuáles están a punto de elevarse? ¿Y de ponerse? ¿Cuáles se encuentran en el otro lado de la Tierra? Realizar una observación diaria mental o visual de los planetas que se mueven a tu alrededor te mantendrá en contacto.

Algunos de nosotros no tenemos una buena comprensión mental del modelo astronómico que utilizamos, ni del movimiento celeste. Por ejemplo, ¿cuál es el ecuador celeste, o la declinación, la ascensión derecha, el acimut, o los nodos planetarios? Si no conoces la respuesta a estas preguntas, cómprate un libro de astronomía para astrólogos. En los congresos suele haber clases de astronomía; toma una. O apúntate a algunas clases en tu planetario local.

Diario de acontecimientos de una semana

Mantén un registro escrito de las observaciones astrológicas que hagas de los acontecimientos de tu entorno. Si ves a un peatón agitando el dedo con ira ante un motorista, escríbelo con la notación (Mercurio/Marte), o hazlo si ves a un hombre corpulento comprando lionesas de chocolate en una pastelería (Sol/Júpiter/Venus/Neptuno), o a una niña abrazando a su osito de peluche (Luna/Venus), o una procesión funeraria pasando delante de ti en la autopista (Saturno/Mercurio). Relaciona lo que ves con los símbolos astrológicos. Aprenderás a utilizar la astrología más fácilmente en relación con tu entorno cotidiano.

Un cóctel

Con un grupo, celebrad un «cóctel» de diez minutos en el que cada uno de vosotros es el anfitrión o la anfitriona. Vuestro objetivo es establecer un contacto social/verbal con todas las personas que están en la habitación. ¿Qué te resultó incómodo? ¿Te sentiste a gusto en un ambiente altamente social, comunicativo?

Mímica

Formad parejas y turnaos para imitar los movimientos de la otra persona. Intentad observar cuidadosamente y hacedlo con la mayor perfección posible, prestando atención a ojos, manos, expresiones, etc. Hay una versión de esto en la que cada pareja debe hacer algo delante del grupo. Por ejemplo, haced mímica como si fuerais un par de cachorritos, u objetos que trabajan juntos en tándem, como un mortero y su mano, unos corchetes, dos pedales que giran en una bicicleta, etc. Haced que el grupo adivine lo que estáis imitando.

Las personas con un Mercurio fuerte tienden a ser excesivamente verbales. Realizar un ejercicio no verbal en el cual nos expresamos puede resultar útil. Con un compañero o compañera, haz declaraciones sobre todo lo que has hecho desde que te despertaste. En lugar de repetir la frase, la otra persona utiliza sus manos para expresarla en silencio. Intercambiad papeles.

Seguir al líder

Pide al grupo que se coloque en fila contra una pared en un espacio amplio. Pon buena música para bailar. Pídeles que se turnen dirigiendo un movimiento o acción que todos los demás deben intentar imitar con exactitud mientras avanzan hacia el otro lado de la habitación. Continuad hasta que todos los miembros hayan conducido un movimiento al menos una vez.

Aprender a escuchar

La consciencia necesaria para escuchar es, en sí misma, la disciplina que agudiza nuestra habilidad para comunicarnos. Siéntate con una persona a la que no conozcas. Turnaos para hablar de vosotros mismos. Presta atención a lo que tu compañero te está diciendo y cómo lo está haciendo. A continuación, presenta a esta persona al grupo, acercándote tanto como puedas al modo en que ella lo hizo.

Relajación

La principal herramienta, tanto de Géminis como de Virgo, es su función pensante. Ambos tienen una fuerte tendencia a dejarse llevar por sus mentes, absortos en sus procesos de pensamiento y desconectados de sus sentimientos y sus cuerpos.

Para las personas mercurianas, cualquier técnica de relajación mental es beneficiosa. Deberían aprender a «desconectar la mente», a respirar profundamente y a hacer que la consciencia regrese al cuerpo. Aprender a simplemente «ser» es bueno para este tipo de personas.

Mi viaje ideal

Mercurio, particularmente Géminis, está asociado con el viaje. En tu imaginación, dedica diez minutos a crear tu viaje ideal. ¿Dónde irías? ¿Cómo llegarías hasta ahí? ¿Cuánto tiempo te quedarías? ¿Qué harías?

Variaciones: en un grupo, haz que un miembro dirija una visita guiada, recreando su experiencia de viaje más memorable.

Reúne a un grupo para ver diapositivas y fotos de un viaje exótico reciente que haya realizado alguno de sus miembros. Haz que cuente con vívidos detalles cómo fue la experiencia. Pide a cada persona que imagine de la forma más completa posible las vistas y los sonidos.

Lenguaje

El proceso de aprender una lengua nueva es una experiencia de Mercurio. Toma una clase o un curso para estudiarla.

Charada

Éste es un juego clásico para tener la experiencia de comunicarte sin usar tu boca o las palabras.

Galimatías

Con otra persona, pasad cinco minutos charlando sin usar ningún lenguaje conocido. Al principio puede resultarte difícil, pero una vez que lo captas, puedes comunicarte de una forma bastante explícita. Es tonto y divertido.

Hermanos

Reúne a tus hermanos y hermanas y pídeles que escriban tres párrafos sobre vuestra familia. En primer lugar, describid a vuestro padre, luego a vuestra madre y, por último, vuestra vida familiar en la infancia. Comparad notas. ¿Cada uno de vosotros lo ve de una forma distinta? ¿Puedes ver en la carta astral de tu hermano o hermana por qué respondió de esa manera?

Juego del diccionario

Éste es un juego clásico de palabras, de dominio de ellas y de astucia; todo ello forma parte de la energía de Mercurio. En un grupo, reparte hojas de papel y lápices. Concede a cada persona su turno para engañar a los demás eligiendo una palabra oscura del diccionario. El objetivo del juego es inventar una definición que suene como si encajase. La persona que ha elegido la palabra escribe la verdadera definición. Las falsas se juntan con la auténtica y se leen todas en voz alta. Cada persona debe adivinar cuál de ellas es la versión del diccionario. Un jugador gana un punto si elige la correcta, o cuando alguien escoge su definición falsa. Si nadie acierta, la persona que escogió la palabra aventaja al grupo obteniendo puntos adicionales al restarle un punto a cada uno de los otros jugadores. En este juego se aprenden palabras nuevas y se agudiza la habilidad para organizar pensamientos. ¡Puede ser todo un reto jugar con un grupo de personas con una fuerte energía Géminis/Virgo como yo!

Trivial Pursuit

El juego de mesa «Trivial Pursuit» es ideal para los Géminis/Virgo que hay entre nosotros.

Perfil de salud

Virgo suele estar asociado a nuestra preocupación por la salud. Escribe un perfil de salud de tu pasado para ayudar a clarificar algunas de tus pautas.

Hace varios meses, encontré mi historial médico que había realizado el médico de la familia. En él estaba documentada cada enfermedad, accidente, dolencia e inmunización que he tenido desde mi nacimiento. Al anotar las enfermedades y fijarme en los tránsitos particulares que estaban teniendo lugar en ese momento, descubrí algunos patrones interesantes. Por ejemplo, he tenido tres accidentes que incluían coches, motocicletas y caballos, así como dos accidentes con cuchillos de cocina estando bajo un tránsito Marte/Urano; un efecto secundario repetitivo a una determinada medicina cada vez que Neptuno estaba aspectado con el regente de mi sexta casa; y un notable aumento de peso siempre que Júpiter ha estado en cuadratura u oposición con mi Venus natal en los últimos nueve años. Al saber esto ahora, puedo protegerme mejor en los futuros tránsitos similares.

Una tarea de detalle

Obsérvate haciendo alguna tarea que necesite atención al detalle. Podría tratarse de un proyecto de artesanía, coser, tejer, trabajar la madera, o limpiar y organizar ese cajón de tu escritorio que está lleno de cosas viejas. ¿Cómo te sientes mientras realizas esta tarea? ¿Sientes que lo has hecho bien? ¿Estás satisfecho con los resultados?

Análisis del trabajo

Dedica un tiempo a analizar tu situación laboral actual. ¿Estás satisfecho con tu empleo? ¿Con la manera en que lo estás realizando? ¿Qué es lo que te molesta de él? ¿Qué es lo que te resulta placentero? ¿Disfrutas estando con tus compañeros de trabajo? ¿Con quién? ¿Por qué? Si hay algo que te molesta sobre el trabajo o tus compañeros, ¿se te ocurre algo/alguien que podría ayudar a mejorar la situación? ¿Puedes desarrollar una estrategia o un plan para lidiar con ello de una forma satisfactoria?

Meditaciones y visualizaciones

El andar de Mercurio/Géminis por el planeta

Visualízate como un adolescente joven y curioso. Siente la energía fresca y dinámica que emana de ti. Adapta tu forma de caminar para que sea ligera y animada, casi como si a duras penas pudieses mantener los pies en el suelo. Expresa curiosidad sobre muchas cosas mientras caminas por la calle, con tu atención siempre revoloteando de un objeto de interés a otro.

El andar de Mercurio/Virgo por el planeta

Obsérvate caminando normalmente. ¿Se te ocurre alguna forma de cambiar para hacer que tu paso esté más logrado? Percibe todo el proceso de tu caminar tan detallada y precisamente como te sea posible, desde pequeñas respuestas motoras hasta dónde y cómo llevan tus pies tu peso. ¿Cuánto dura un paso promedio? ¿Dónde centras la mirada al caminar? Ahora camina con movimientos muy lentos. ¿Notas algo más respecto a tu forma de andar?

Meditación de Mercurio

La narración de cuentos es una forma mercuriana de meditación, tanto si eres tú quien lo cuenta como si simplemente escuchas. La persona que los cuenta teje palabras para crear historias. Éstas están diseñadas para hacernos pensar y escuchar. Acurrúcate con un buen cuento.

Películas y música recomendadas

Películas de Mercurio

Short Cuts; Ausencia de Malicia; Todos los Hombres del Presidente; Estados Alterados; Sin Aliento; Una Habitación con Vistas; House of Games; El Diario de Anna Frank.

Música recomendada

Mercury Falling (Sting); mucha música *rap* (por su contenido político y filosófico); «Coyote», *Hégira* (Joni Mitchell); «Cross-Eyed and Painless», *Remain in Light* (Talking Heads); «Once in a Lifetime», *Remain in Light* (Talking Heads); *Speaking in Tongues* (Talking Heads); «I Feel So Good» (Mose Allison); canciones de Bob Dylan; *Seargent Pepper's Lonely Hearts Club Band* (Los Beatles, especialmente las canciones de John Lennon); «Mercury, The Winged Messenger», *The Planets* (Holst).

14

Venus, Tauro y Libra

Venus es la función femenina, equilibrante y armonizadora de la psique. Está relacionada con la más antigua diosa griega, Afrodita, diosa del amor y la belleza. Venus es el anhelo de unir los opuestos, de buscar similitudes y de crear un equilibrio. Está vinculada a una polaridad magnética con Marte, el dios de la guerra, que expresa el principio opuesto, de acción agresiva y de coacción, de exponer las diferencias y crear olas que agiten el equilibrio.

Venus está vinculada a todas las formas de comportamiento que producen solidaridad, coherencia, comprensión y paz; a todo lo que valoramos, el dinero, las posesiones, las relaciones, la intimidad y nuestro sentido estético y la apreciación del arte y la belleza.

Venus posee atributos sensuales y suavemente eróticos, en contraposición a Marte, que es sexual, rudo y primitivo. Tiziano, el pintor renacentista, representó esta sensualidad en su pintura *Venus*. *El nacimiento de Venus*, de

Botticelli es un cuadro que no sólo captura su naturaleza plena y sensual, sino que la pinta dentro de una concha nacida en el mar. Este mito del origen de Venus es digno de tenerse en cuenta, pues Neptuno, gobernador del mar, es la manifestación más elevada y más refinada de Venus.

Las personas con una fuerte energía Venus/Libra en su horóscopo (por signo, casa y aspecto), pueden ser agradables y cooperadoras. Si están afligidas, pueden ser excesivamente pasivas e idealistas, prefiriendo no enfrentarse a la parte difícil de cualquier relación. Quienes tienen poca energía Libra pueden negarse a trabajar en relaciones largas y serias.

Los individuos con una fuerte energía Venus/Tauro pueden estar decididos a tener éxito y ejercer un efecto estabilizador sobre otras personas. Si están afligidos, pueden ser consumistas, pues su necesidad de seguridad suele estar directamente vinculada a las posesiones, el dinero o el placer sensual. Aquellos que tienen menos energía Tauro podrían tener pocas ansias de disfrutar de los placeres del mundo. Es posible que no estén orientados a los sentidos.

Venus: una experiencia de los sentidos

Dado que Venus, especialmente bajo la influencia de Tauro, está tan orientada a los sentidos, he aquí una actividad grupal para que puedas sentirla. Para una experiencia del tacto, reúne objetos como balones, arcilla, toallitas, imanes, pelotas livianas, clips, etc. Pide al grupo que se siente en un círculo, colocándose suficientemente cerca unos de otros como para poder pasarse los objetos fácilmente. Haz que respiren profundamente unas cuantas veces para relajar el cuerpo. Frotar las palmas de las manos estimulará el riego sanguíneo y el sentido táctil.

Puesto que habitualmente nos apoyamos en nuestra vista, estas experiencias sensoriales funcionan mejor si se realizan con los ojos cerrados para ayudar a centrar más la atención en los otros sentidos. Pide que esto se haga en silencio, pues las respuestas verbales espontáneas pueden distraer a los demás. Empieza pasando un objeto a la vez, en la misma dirección, para que dé la vuelta al círculo.

Anima a cada participante a que experimente con los objetos, acariciándose con ellos la mejilla, el cuello, las muñecas, las piernas y los pies. ¿Qué

aspecto imaginas que tiene esto? Huélelo. Pruébalo. Escúchalo. ¿Notas que hace algún ruido? Imagina que cada objeto es una posesión personal tuya. ¿Qué tipo de sentimientos despierta en ti cada uno de ellos?

Después de que cada objeto haya dado la vuelta, colócalo en el centro. Cuando una persona los haya experimentado todos, permítele que abra los ojos y permanezca sentada en silencio hasta que todo el mundo haya acabado. Es interesante observar este proceso, pues las expresiones faciales dejan ver una variedad de sentimientos; algunos objetos provocan respuestas similares de placer, o de disgusto. En muchos casos, se puede ver cómo sale el «niño». De hecho, algunos objetos estimularán recuerdos de la infancia, especialmente las toallitas, la tiza, etc. (Si tu objetivo es estimular la memoria, esta experiencia podría usarse también para un ejercicio de la Luna.)

Si quieres probarlo tú solo, reúne tus objetos sensoriales delante de ti, cierra los ojos, mézclalos y, uno por uno, empieza a tocarlos, olerlos, probarlos. O, para una experiencia más sensual, elige varios tipos de telas (seda, tafetán, terciopelo, piel, encaje, cintas, etc.).

Para experimentar el sentido del olfato, junta bolsitas de distintas hierbas que tengan fragancia: camomila, hojas de laurel, albahaca, eneldo, etc. O varios perfumes diferentes y característicos.

Para experimentar el sentido del gusto, reúne distintos sabores y texturas de alimentos: limón, caramelos blandos, uvas, macarrones cocidos, tabaco, etc. O prueba distintos tipos de frutos secos.

Naranjas

Trae una naranja para cada miembro del grupo. Haz que cada persona elija una y se siente con ella durante cinco minutos, notando sus marcas particulares, cómo se siente, etc. Luego coloca todas las naranjas en el centro, mézclalas y pide a cada participante que encuentre la suya.

Contacto

Nuestro sentido del tacto es tan importante para nuestro contacto con la realidad como el sentido de la vista. Durante cientos de años, en nuestra cultura, nos hemos relacionado con el mundo principalmente a través de la dominación de la visión. Para muchos, el mundo del tacto es un nuevo territorio. He aquí algunas maneras de comunicarte sin palabras y de aprender a tocar:

Masaje

El masaje es un arte sanador. Cuando se practica entre amigos o amantes puede ser una forma muy bonita de mostrar amor y cariño. La esencia del masaje es que es un modo único de comunicarse sin palabras. La mayoría de nosotros estamos desconectados de nuestros cuerpos y no prestamos demasiada atención a las tensiones que se acumulan en nosotros. El masaje puede ser un regalo maravilloso que ayude a otra persona a entrar más en contacto con su cuerpo, a liberar tensiones, a relajarse y a recibir algunos cuidados. Para una información más específica sobre técnicas de masaje, lee *The Massage Book*, de George Downing.[1]

Juegos de contacto

Estos juegos hacen que la gente entre en contacto tocándose. Recuerda que cualquier experiencia que tenga que ver con el tacto o la intimidad debe ir seguida de un tiempo adecuado para ser procesada. Esto puede agitar el interior de muchos jugadores, estimulando sus problemas con la intimidad, la sexualidad o las relaciones. Sé sensible a esto. En general, es mejor que los juegos de contacto se realicen después de que se haya establecido un nivel de confianza en el grupo.

Una línea de masaje

Haz que el grupo se gire en una dirección. Durante cinco minutos, pasa el rato masajeando la espalda, el cuello y la cabeza de la persona que tienes delante.

---

1. George Downing, *The Masaje Book*, Nueva York, Random, 1972. (Trad. esp.: *El libro del masaje*, Barcelona, Ediciones Urano, 1987.)

Toque de cuchara

Un jugador tiene los ojos vendados. Él, o ella, tiene una cuchara de madera en cada mano y está de pie en el centro. Un participante sale y se coloca en cualquier posición (de rodillas, agachado, acostado) delante de la persona que tiene los ojos vendados. Ésta intenta identificarlo tocándolo con las cucharas.

El juego de las sábanas

Cada jugador se coloca una sábana por encima de la cabeza. Pide a los miembros del grupo que caminen por la habitación en silencio e intenten identificarse unos a otros sintiéndose a través de la sábana. ¿Cómo reconoces a las personas? ¿Quizá por sus rasgos físicos? Después, pregunta a los participantes cómo se sintieron al palpar a los otros a través de la sábana. ¿Vacilantes? ¿Agresivos? ¿Avergonzados?

El contacto con los demás

Haz que todos cierren los ojos y empiecen a moverse con los brazos extendidos. Cuando dos personas entren en contacto, diles que se coloquen frente a frente, manteniendo los ojos cerrados. Pídeles que bajen los brazos y se concentren en sus sentimientos. Pregúntales cómo se sienten en relación con la otra persona después de que hayan pasado un minuto percibiéndose. Luego, diles que entren en contacto con otra persona de la misma manera. Después de cuatro o cinco contactos, diles que se sienten, abran los ojos y hagan una lista. ¿Qué palabras describen la cualidad del contacto con el número 1? ¿Y con el número 2?, etc. (Un participante podría haber encontrado a la misma persona dos veces.) Pregúntales si pueden hacer encajar su experiencia sensorial con la persona concreta.

Ponte de pie

Este juego de cooperación es estupendo para unir a un grupo. El resultado es todo un conjunto de personas esforzándose y riendo. Empezad con dos participantes sentados espalda contra espalda, las rodillas flexionadas y los codos tocándose. A continuación, ¡poneos de pie juntos! Con un poco de práctica y cooperación funcionará. Luego, añadid una persona más e intentad poneros de pie. Continuad añadiendo gente hasta que todo el grupo acabe intentando levantarse al mismo tiempo. (El truco para un grupo grande es ponerse de pie rápidamente y exactamente en el mismo momento.) Si lo haces con más de cuatro personas, ¡es un auténtico logro!

Almohadas

Dado que a Tauro le encanta la comodidad, reúne una gran cantidad de almohadas. Turnaos para amontonaros encima de ellas, rodar alrededor y debajo de ellas, rodeándoos de su suave confort. ¿Qué palabras describen la experiencia? ¿Tienes algún planeta en Tauro?

Adicción a la comida

Venus puede representar la adicción a un alimento, particularmente al azúcar. Analiza tus pautas alimenticias, especialmente tu uso del azúcar. ¿Cuántas veces por semana comes postre? ¿Lo deseas con ansia? ¿Comes en exceso algún alimento en particular? ¿Cuándo? ¿Se trata de una técnica para hacer frente a las emociones dolorosas? Si es deseable un cambio, lee cualquiera de los numerosos libros que hay actualmente en el mercado sobre la adicción al alcohol. Las mismas estrategias pueden aplicarse a la adicción al azúcar.

Como grupo, salid a comer juntos. Esto puede hacerse con la idea de simplemente disfrutar y compartir la comida y la compañía. O podéis ir al restaurante fingiendo que sois críticos gastronómicos, evaluando los platos, la decoración y el servicio.

Pasad una noche juntos hablando de comida. ¿Cuál es tu plato favorito? ¿La cocina francesa? ¿Tu cena más memorable? ¿Tu experiencia más decadente con la comida? A ver si podéis llegar a un consenso grupal y elegir al mejor restaurante en vuestra ciudad que tenga la mejor leche malteada, el mejor *sushi*, las mejores hamburguesas, los mejores postres, el mejor café, etc.

Para una experiencia de aprendizaje de discernimiento de sabores, asiste a una cata de vinos. Muchas ciudades grandes tienen clases de cata o noches en las que se prueba una determinada variedad de vinos. ¿Sabías que hay más de ochenta categorías descriptivas utilizadas por los expertos en el tema para distinguir sus sutiles sabores?

Comer con consciencia

Al haber tanta disponibilidad de restaurantes de comida rápida y para comer corriendo, estamos más inclinados a alimentarnos con indiferencia, sin tomar consciencia de la experiencia. Este ejercicio puede ayudarte a recuperar la sensación de placer y disfrute que puedes tener al comer. Toma un trozo de pan o de tu queso favorito y siente su textura con las manos y los dedos. Fíjate en su apariencia y en su color. Huélelo. A continuación, pruébalo percibiendo su textura en tu lengua y la explosión de sensaciones de sabores en tu boca. Siente su gusto. Mastica lentamente, notando el sabor cambiante y las sensaciones de textura en tu boca. Por encima de todo, tómate el tiempo para comer de verdad.

El placer

Haz una lista de tus placeres y deleites. ¿Cuáles son las cosas que realmente disfrutas? ¿Practicar el *windsurf* en el lago? ¿Los helados? ¿Mecerte en una hamaca en Oaxaca, México? ¿Ir al estreno de la temporada de la sinfónica? Recuperar estos recuerdos puede intensificar tus sentidos y tu sensación de placer.

Elige el más vívido. Visualiza la experiencia intensamente, como si estuviese ocurriendo ahora. Regresa a ese momento. Escúchalo, huélelo, deja que la experiencia llene todo tu cuerpo. Si es apropiado, alarga la mano y acércalo a ti. O muévete con él. Vive ese placer, permitiendo que inunde tu ser. Puedes cantar o dibujarlo. Saborea la experiencia.

Mis rasgos más atractivos

Haz una lista de tus rasgos físicos más atractivos. Clasifícalos por orden. Elige el más atractivo de todos. (Si estás en un grupo, coméntalo.) Luego, evalúa esta experiencia. ¿Te resultó fácil encontrar lo que te gusta? ¿O difícil? ¿Por qué? Si fue difícil, ¿tienes a Saturno, natal o en tránsito, en un aspecto desafiante con Venus?

Evaluar la ropa

La gente con Venus fuerte en su horóscopo puede estar obsesionada con «los trapos». Dedica unos momentos a repasar y evaluar tu ropa. ¿Qué no te gusta? ¿Qué es lo que ya no te cabe? ¿Cuáles son tus colores básicos? ¿Te han hecho «tus colores»? ¿Te gusta más la ropa de primavera? ¿La de invierno? ¿Verano? ¿Otoño? ¿Qué accesorios tienes? ¿Qué prendas necesitas buscar para dar más versatilidad a tu armario?

Podrías pedir una cita con una asesora de vestuario para que te ayude a repasar tu ropa. Júpiter en trígono/sextil con Venus es un momento estupendo para comprar prendas de primavera. Si quieres ir de compras y encontrar cosas que te gusten, hazlo en ese período. Quizá gastes más dinero del que querrías, pero te encantará lo que compres. Es una época clásica para embellecerte y mimarte. Hazte un nuevo corte de pelo, compra maquillaje, hazte un masaje o una manicura.

¡Fiestas!

Los tránsitos Venus/Júpiter te ayudan a hacer fiestas y/o celebraciones memorables. Prueba a hacer una cuando Venus esté en armonía con tu Júpiter o, mejor aún, cuando Júpiter lo esté con tu Venus. Con buena comida, vino, compañía y un ambiente agradable, ¡será un evento del que se hablará durante mucho tiempo!

Valoración del dinero

El dinero y Venus están íntimamente relacionados. ¿Cómo te sientes en relación con tu dinero? ¿Haces presupuestos? ¿O no tienes ni idea de a dónde se va? ¿Cuánto dinero necesitas? ¿Cuánto deseas? ¿Has visto alguna vez a un asesor financiero? ¿Sería una buena idea hacerlo ahora? Saca un billete de veinte, cincuenta o cien. Habla con tu dinero. (Suena tonto, pero puede ayudarte a tener una idea más clara de tu relación con él.) O si deseas crear más, haz un «imán del dinero». Necesitarás una suma de dinero razonablemente grande para ti, que no podrás gastar. Su propósito es actuar como un imán para el dinero. Envuelve esta suma con una bolsa de tela, de cuero o de seda y guárdala en un lugar sagrado. Trátala como un objeto ritual o ceremonial. Observa lo que ocurre.

Erótica

Venus simboliza el aspecto de nuestra sexualidad que es suave, sutil, invitador, sensual y femenino. Gran parte de la literatura erótica (*no* la pornografía) es de tono venusiano. La erótica hace hincapié en las emociones de la relación, en la excitación del romance y en las sutilezas del entorno.

Antes de *Little Birds* y *Delta of Venus Frank*[2] de Anais Nin, las mujeres tenían poca elección, aparte de leer literatura erótica victoriana escrita por hombres. Debido a esto, hace unos años, Anais Nin animó a las mujeres a escribir su propia literatura erótica. Ahora, en los últimos años, la erótica de las mujeres ha florecido y ha sido publicada por grandes editoriales y por los principales clubes de libros.

Si quieres experimentar el erotismo venusiano de una forma más íntima, he aquí otras buenas fuentes de lectura: *Ladies Own Erotica* de la *Kensington Ladies' Society*,[3] o *Pleasures* o *Erotic Interludes*[4] de Lonnie Barbach son libros sensibles y bien escritos.

Relaciones

Para la mayoría de nosotros, nuestras primeras relaciones significativas son las que tenemos con nuestros padres. Escribe una lista de personas que representen las relaciones más importantes para ti, desde tu nacimiento hasta la actualidad. Después de verlas escritas, repásalas una por una y reflexiona sobre ellas. ¿Qué tipo de sentimientos tiene esta relación? ¿Cuál es tu recuerdo más placentero con esta amiga? ¿Qué cualidad te gusta más de ellas? ¿Y

---

2. Anais Nin, *Little Birds*, Nueva York, Bantam, 1980, y *Delta of Venus*, Nueva York, Bantam, 1985.

3. Kensington Ladies, Society, *Ladies Own Erótica*, Berkeley, CA, Ten Speed Press, 1984.

4. Lonnie Barbach, *Pleasures*, Nueva York, Harper & Row, 1985, y *Erotic Interludes*, Nueva York, Harper & Row, 1985.

cuáles no te gustan? ¿Qué te gustaba y qué no te gustaba acerca de la forma en que estabas con ellos? Al realizar esta reevaluación, puedes ver una pauta en el modo en que te relacionas con los demás.

Arte

El arte como medio creativo es una expresión de Venus. Pasa un día en una galería de arte o asiste a la inauguración de una exposición. O recibe una clase sobre apreciación del arte. Lee un libro sobre cómo enfocar y criticar el arte. O dedica unos momentos a reflexionar sobre uno de tus artistas favoritos. Toma una clase para explorar una nueva expresión creativa: cerámica, naturaleza muerta, fotografía, danza, o música.

La caja de material de arte

Éste es un recurso indispensable para cualquier persona que practique la astrología por la experiencia. Cuanta mayor sea la variedad de medios que tengas a mano, mejores serán tu espontaneidad y tu inspiración. Consigue hojas grandes de cartulina, arcilla, papeles de colores, rotuladores, lápices de colores, lápices de cera, pintura de dedos, témpera, acuarela, purpurina, plumas, lentejuelas, gasa para enyesar (para la fabricación improvisada de máscaras) y cosas básicas como cola, tijeras, cinta adhesiva, etc. Guárdalo todo junto en un lugar accesible dentro de una gran caja de cartón. Simplemente al saber que tienes estos recursos te sentirás inclinada a hacer uso de ellos.

«Mi corazón ahora»

Haz un dibujo de tu corazón utilizando colores, imágenes, palabras, o cualquier cosa que te parezca adecuada. Estudia esta imagen. ¿Hay algún sentimiento negativo en tu corazón ahora? ¿Está conectado con una persona en particular? Si quieres hacer algo al respecto, concéntrate en las partes de tu corazón que están despejadas, cálidas y llenas de amor. Imagina que esas partes se expanden lentamente ocupando los espacios más negativos. Intensifica la imagen y el sentimiento positivos. Permite que tu amor absorba la energía desequilibrada.

¿Hay algo que desees llevar a tu corazón ahora? Imagina que está delante de ti. Ahora, visualiza que tu corazón lo absorbe como un aspirador, llevándolo a su interior.

Baños lujosos

Una auténtica demostración de Venus es sumergirte en un baño especial. Prueba un baño de burbujas o uno de hierbas. Algunas hierbas se utilizan para relajar los músculos (corteza de sasafrás, ajenjo, raíz de bardana), para calmar el cuerpo (camomila) y otras para estimularlo y rejuvenecerlo (lavanda, menta, ortiga). Coloca un puñado de hierbas dentro de un cazo, hiérvelas y déjalas reposar entre diez y veinte minutos, o llena con hierbas una bolsita de muselina o una bolita para té, y déjalo caer dentro de la bañera.

El Herbal Body Book de Jeanne Rose[5]

En este libro hay una gran riqueza de ideas para cuidados de belleza naturales para hombres y mujeres. La señora Rose incluye un glosario de hierbas útiles, tanto para la salud como para la belleza, para vapores faciales, lociones naturales, champús, maquillaje, acondicionadores, tintes de hierbas para el cabello y baños herbales. Reúne a un pequeño grupo de amigos y pasad la tarde realizando tratamientos de belleza.

Ropa interior

Nada hace que una mujer se sienta más femenina que la ropa interior. El simple hecho de saber que tienes ropa interior bonita bajo tu ropa de calle te anima psicológicamente. Si tienes a Saturno aspectado con Venus, una visita a una tienda de lencería fina podría proporcionarte el impulso que necesitas.

Adoración a la Diosa

Bajo los tránsitos de Venus/Júpiter/Plutón, puedes adquirir un gran poder con la energía femenina de la Diosa. Si tienes un lugar de meditación o un espacio

---

5. Jeanne Rose, *Herbal Body Book*, Nueva York, Perigee (Puntam), 1982.

sagrado, crea un altar para Ella. Podrías colocar en él una estatua de Kwan Yin, o visualizar mentalmente y encarnar a Ishtar, Inanna, Psiquis, Perséfone o Afrodita. Si tienes un tránsito de Júpiter de un mes de duración, pasa ese tiempo concentrándote en la energía de la Diosa que hay en tu interior, invitándola a entrar en tu consciencia. Sácala al mundo contigo. Si tienes un buen tránsito de Plutón a Venus, este tránsito positivo de un año será la época más poderosa para una catarsis y una sanación profunda de tu corazón. Utiliza este período mágico para curar profundamente las heridas de tu corazón que provienen del pasado, transformándote y creando un cambio de ánimo.

Trabaja intensamente durante esta época para intensificar tu contacto con tu propio corazón. Luego toma la fuerza de ese amor interior y envía rayos de amor a las personas que conoces. Emana tus rayos hacia arriba, atravesando la atmósfera, enviándolos alrededor de la Tierra.

Una experiencia grupal muy catártica, especialmente en un congreso grande, es pedir a cada persona que intensifique el amor que hay en su corazón. Conscientemente, envíalo a todas las personas que te hayan conmovido. Luego envíalo a cualquier individuo que esté en la sala con quien hayas tenido alguna dificultad. Deja que el poder del amor del grupo la disuelva. Permite que las barreras y separaciones desaparezcan. Imagina el corazón del grupo expandiéndose y contrayéndose con la respiración de cada persona.

Meditaciones y visualizaciones

El andar de Venus

Venus se refleja en los movimientos fluidos, sensuales y suaves. Piensa en el primer momento en que te das cuenta de que estás enamorado. Recobra esa felicidad en tu cuerpo, en tus pasos y en tu sonrisa. Haz esto cuando lleves puesta ropa maravillosa.

Meditación de Venus

Acuéstate y ponte cómodo, preferiblemente sobre un montón de almohadas blandas. Pon música venusiana. Respira profundamente unas cuantas veces. Centra tu atención en tu corazón. Con cada respiración, expande tu corazón, llenándolo de amor. Expande tu corazón y tu amor durante unos minutos hasta que tu corazón parezca tan grande como tu cuerpo. Ahora permite a tu corazón que baile. Después de unos minutos, deja que tu corazón se calme. Respira profunda y suavemente dentro de él. Mentalmente canta repetidamente: «Construiré y preservaré todo lo que tenga sentido en mi vida». Pasa unos minutos dejándote llevar, absorbiendo tu cuerpo.

Otra variación potente es preguntarte, mientras estás expandiendo tu corazón: «¿Cuánta felicidad puedo tener dentro?». Mientras sientes la existencia de tu corazón, contén la respiración todo lo que puedas hasta que sientas que se expande. Continúa haciéndote esta pregunta, llegando al límite, respirando y abriéndolo. (Éste es un proceso de meditación poderoso para utilizar en rituales especialmente durante los tránsitos de Venus/Júpiter/Plutón/Neptuno.)

Películas y música recomendadas

Películas de Venus

Heart of the Lion; Sirenas; Bitter Moon; The Lovers; Como Agua Para Chocolate; El Cartero de Pablo Neruda; Sentido y Sensibilidad; Romeo y Julieta; El Paciente Inglés; La Boda de Mi Mejor Amigo; The Pillow Book; E. T.; Corcel Negro; Memorias de África; Casablanca; South Pacific; Emmanuelle; Esplendor en la Hierba.

Música recomendada

Ti Amo, Amore (Pavarotti); la banda sonora de *Don Juan Marco*, especialmente «Have You Ever Loved a Woman»; *Sensual Classics; Red Shoes Diaries; Passion for Guitar; Heartdance* (Robert Encila); *I Aint Movin'* (Desireé); prácticamente todo el tango; «Icarus» (varios artistas); *Deep Breakfast* (Ray Lynch); «Sailing» (Christopher Cross); «Natural Woman», *The Best of Aretha Franklin* (Aretha Franklin); «Love is All Around», *Greatest Hits* (The Troggs); «There is Love» (Captain and Tenille); «Evergreen» (Barbara Streisand); «Ave María» (Schubert); «Jesu, Joy of Man's Desiring» (Bach); «A una Rosa Salvaje» (Liszt); «Angels of Comfort» (Iasos); «On Wings of Song» (Mendelssohn); *Canon en D Mayor* (Pachebel).

15

Marte y Aries

Marte simboliza el primer paso en el proceso de individuación, la forma en que nos diferenciamos y nos separamos del grupo, y nuestra manera de iniciar este proceso. Es el modo en que actuamos para hacer que las cosas funcionen. Sin Marte, habría muy pocos logros. Es la raíz «primitiva» de nuestras necesidades instintivas y biológicas, especialmente de nuestra naturaleza sexual. Marte nos dice cómo es más probable que nos sintamos en relación con el sexo, el tipo de parejas que atraeremos, los conflictos potenciales en las relaciones y la manera en que nos aproximamos al enfrentamiento.

Las personas con una fuerte energía Marte/Aries en el horóscopo aman la acción (atletas) y tienen un espíritu pionero que puede actuar con independencia e iniciativa. Si están afligidas, la energía frustrada puede transformarse en agresividad: mal genio, destructividad, egocentrismo y temeridad.

251

A los individuos con poca energía marciana les puede faltar iniciativa, motivación, autoafirmación y el ímpetu necesario para llevar algo a cabo.

Marte: juego de aventuras de la NASA[1]

Este juego es ideal para explorar la polaridad Aries/Libra, observando los procesos independientes y cooperativos de la toma de decisiones en un grupo en una situación marciana: la supervivencia.

Son necesarias entre una hora y media y tres horas. Si el grupo es grande, divídelo en grupos pequeños de cinco a ocho jugadores. Cada participante debe tener papel, lápiz y las siguientes instrucciones:

Sois miembros de un equipo espacial que había planeado originalmente encontrarse con la nave nodriza en la superficie de la Luna. Sin embargo, debido a unas dificultades técnicas, vuestra nave espacial se ha visto forzada a aterrizar a unos trescientos kilómetros del punto de encuentro. Gran parte del material que hay a bordo se ha dañado durante el aterrizaje. Puesto que vuestra supervivencia depende de que lleguéis a la nave nodriza, tenéis que escoger, entre el material que queda disponible, aquello que tenga una importancia crucial para hacer el viaje de trescientos kilómetros. Debajo encontrarás una lista de las cosas que no se han dañado. Vuestra tarea consiste en clasificarlas en orden de importancia para el viaje. Escribe «1» junto al elemento más importante, «2» al lado del segundo en importancia, y así sucesivamente.

    1 caja de cerillas
    1 tubo de alimentos concentrados
    15 metros de cuerda de nylon
    30 metros de cuerda de paracaídas
    1 calentador portátil
    2 pistolas
    1 caja de leche en polvo
    2 bombonas de oxígeno de 40 litros

---

1. *NASA Adventure Game*, School of Public Administration 786, University of Southern California.

1 carta astronómica (constelación lunar)
1 bote inflable automáticamente, con botellas de CO_2
1 brújula magnética
18 litros de agua
cohetes de señales
1 botiquín de primeros auxilios con jeringas
1 receptor y transmisor de telecomunicaciones con batería solar

En este ejercicio, representamos nuestra capacidad de tomar decisiones bajo presión, probamos la forma más sensata de tomar decisiones y vemos qué dificultades surgen en el proceso.

En primer lugar, como individuo, encuentra tu propia solución al problema. Luego reúnete con tu grupo y llegad a un consenso. Esto significa que todos sus miembros deben estar de acuerdo en cuanto al orden de los elementos que serían necesarios para la supervivencia. En ocasiones, el pleno consenso es imposible, pero intentad diseñar un plan que cada miembro pueda aceptar al menos parcialmente.

Una vez que el grupo ha llegado a una solución, comparad el plan del grupo con el de los expertos de la NASA, los cuales establecieron el siguiente orden:

Cilindros de oxígeno (cumple con los requerimientos de respiración); agua (repone las pérdidas por sudoración); carta astronómica (uno de los principales medios para encontrar la dirección correcta); concentrado de alimentos (proporciona la ración diaria de alimentos requerida); aparato de telecomunicación (transmisor de señales para una posible comunicación con la nave nodriza); cuerda de nylon (útil para atar a un individuo herido a otro, o para ayudar a escalar); botiquín de primeros auxilios (las píldoras y las medicinas inyectables son valiosas); cuerda de paracaídas (cobijo contra los rayos del Sol); bote de goma (cartucho de CO_2 para autopropulsión a través de las fosas); cohetes de señal (llamada cuando la línea de visión es posible); pistolas (con ellas se podría fabricar instrumentos de autopropulsión); leche en polvo (alimento, mezclado con agua para beber); calentador (útil solamente si el grupo ha aterrizado en el lado oscuro); brújula magnética (probablemente no hay polos magnetizados, de modo que no sirve); cerillas (prácticamente no tienen ningún uso en la Luna).

Llegado este punto, cada miembro del grupo reflexiona sobre sus propias cartas y el modo en que manejó tanto la toma de decisiones individual como los procesos grupales. Si eres un tipo Aries/Capricornio fuerte, ¿te decidiste rápidamente o intentaste tomar el control? ¿Al cabo de cuánto rato? ¿Tenías una opinión contundente y forzaste tu punto de vista al grupo? Si tienes una naturaleza más Libra o Virgo, ¿renunciaste al control, no te importó el control, te retiraste o descubriste que eras influido fácilmente?

Reconocer los tránsitos del momento puede añadir otra dimensión de entendimiento. Por ejemplo, con tu Neptuno en tránsito en cuadratura con Marte, ¿tuviste dificultades para decidir qué elecciones eran las mejores? ¿Ahora está afectando esta influencia a tu comportamiento normal de «estar al mando»? ¿Cómo afectó esto al grupo y cómo está influyendo en áreas de tu vida ahora?

Si estás facilitando a este grupo, sé consciente de los procesos grupales en evolución. ¿Sus miembros trabajaron objetivamente? ¿Emocionalmente? ¿Hubo una lucha de poder? Si fue así, ¿cómo la manejaste? ¿Qué tal se llevó el grupo durante el proceso? ¿Quién permaneció en silencio? ¿Quién fue más verbal? ¿Quién más activo? ¿Y el más discutidor? Tus observaciones servirán para ayudar al grupo a entender mejor su proceso y su experiencia.

El juego de la NASA abre y estimula el reconocimiento de pautas de comportamiento en la vida cotidiana, como individuos y como miembros de un grupo. Puede haber una gran interacción y comprensión.

Ejercicio físico

Una manera obvia de sentir la energía marciana es a través de los deportes. Cualquier actividad en la que te expreses físicamente es marciana. Cualquier deporte en el que te pongas a prueba y aspires a logros físicos más elevados, como el levantamiento de peso o el culturismo, es marciano.

Si tienes buenos tránsitos en los que Marte esté implicado, planea realizar una excursión que suponga un desafío y sea físicamente exigente, como recorrer treinta y dos kilómetros patinando, o ciento sesenta kilómetros en bicicleta. O haz un entrenamiento de obstáculos o un curso de supervivencia.

¡Aventura!

La mayoría de nosotros sabe que cuando corremos riesgos y nos exponemos al desafío, vivimos plenamente cada instante. Estamos más *vivos*. Nada es más emocionante que viajar a otra parte del mundo y ponerte a prueba física, mental y emocionalmente con una nueva experiencia. ¡Emprende una aventura! Apúntate a un *rafting* para descender por un río en Colorado. Practica el submarinismo en Cozumel. Haz realidad ese sueño de viajar al Himalaya. Muchos de nosotros tenemos anhelos secretos como éstos. No te limites a desear iniciar una aventura, *¡hazlo!*

Deportes competitivos

Los individuos Marte adoran medirse con los demás, especialmente en deportes individuales que enfrentan la habilidad de una persona a la de otra: lucha libre, tenis, golf y carreras cuesta abajo. Observa esta sensación de competencia cuando estés realizando algún deporte.

Fútbol americano profesional

Pocos deportes expresan una energía marciana tan pura, bruta y cruda como el fútbol americano. Colócate lo más cerca de la acción que puedas. Pasa tiempo en el bar de tu barrio después del partido. Observa qué se siente cuando uno se alborota.

Parques de atracciones

La excitación y las emociones de un parque de atracciones son marcianas. Observa cómo te sientes antes de subirte a una atracción por primera vez. ¿Qué palabras describen tu proceso? ¿Cómo te enfrentas a los riesgos y los desafíos?

Emergencias

¿Te has encontrado en una situación de emergencia alguna vez? ¿Le ha ocurrido a algún miembro de tu grupo? ¿Has sacado a alguien de un coche en llamas, o has proporcionado primeros auxilios a alguien que estaba teniendo un paro cardíaco? Cuenta tu experiencia. ¿Actuaste sin pensar o fue una acción calculada? ¿En algún momento sentiste miedo o te viste en peligro? ¿Recuerdas haber experimentado alguna sensación física mientras respondías? ¿Cómo te sentiste después?

Aries/Libra empujando

Escoge a alguien que tenga una fuerza física similar a la tuya y dedicad un minuto a empujar uno contra el otro. Luego uníos a otra pareja y turnaos para que uno empuje contra los otros tres. Observa tus sentimientos mientras lo haces. ¿Te gusta empujar? ¿Te sientes desafiado cuando empujas contra otras tres personas? ¿O te resignas a perder?

Para una versión Libra/Aries de esto, colocaos en parejas y turnaos para ser la persona agresiva que empuja, y luego la que se somete. ¿Qué rol te resulta más familiar? ¿Cuál no te gustó? Esto podría revelar algo de tu división masculino/femenino, o acerca de tu eje de contacto Libra/Aries con otros planetas. También podría reflejar los tránsitos actuales.

La ira

Recuerda la última vez que te enfadaste de verdad. ¿Con quién estabas enfadado? ¿Cómo se desarrolló el proceso? ¿Cómo respondiste? ¿Te enfrentaste a la otra persona de una forma explosiva? ¿O controlada pero directa? ¿Tuviste que pensar primero? ¿«Tapaste» tu ira? ¿Tu respuesta se corresponde con los aspectos de Marte en tu carta? ¿O había una fuerte cuadratura u oposición por tránsito en el momento de la discusión?

Observa el enfado en los demás y cómo lo expresan. ¿En qué signo imaginas que está su Marte?

Observar tu Marte

Haz una lista de tus respuestas a estas preguntas:
   ¿Qué hace que te enfades?
   ¿Cuándo y cómo fue la última vez que corriste un riesgo?

¿Cuándo y de qué manera has sido valiente?

¿Por qué causas luchas?

¿Por qué causas lucharías físicamente?

Imágenes marcianas en televisión

La televisión está plagada de ejemplos de tipos agresivos, machos, duros. Pon cualquier canal y es probable que haya unas cuantas historias de luchas entre los buenos y los malos.

Meditaciones y visualizaciones

El andar de Marte por el planeta

Asertivo, agresivo y directo. ¿Has entrado al metro a empujones últimamente? ¿O te has apresurado a ganar a alguien en la cola? ¿Qué sentimientos asocias a este acto? ¿Te sientes desconsiderado, infantil, avergonzado, triunfante? ¿Eres así con frecuencia? ¿O rara vez? Examina a Marte en tu carta natal.

Meditación de Marte

Dado que Marte está relacionado con la acción, una meditación en movimiento sería la apropiada. Para experimentar a Marte en Libra, prueba una clase de Tai Chi, una práctica saludable y un arte marcial que se viene practicando desde hace más de seiscientos años como técnica meditativa. Se trata, esencialmente, de una danza sagrada para evocar la fuerza vital. La práctica de una forma de Tai Chi es una serie de patrones de movimiento que deben ejecutarse sin un exceso de actividad muscular o de tensión en el centro de gravedad para que todas las partes del cuerpo estén adecuadamente equilibradas. Cuando se realiza correctamente, genera una fuerza vital en todo el cuerpo y revitaliza nuestra energía.

Películas y música recomendadas

Películas de Marte

Con Air; Braveheart; Terminator; Mad Max; Beyond Thunderdome; Toro Salvaje; Pumping Iron; Rambo; Mona Lisa; Atracción Fatal.

Música recomendada

«Mars» de *The Planets* (Holst); *Drums of Passion* (Olatunji); la banda sonora de *The Emerald Forest*; *Jagged Little Pill* (Alanis Morisette); «Birds of Fire» (John McLaughlin); *Dynamic Meditation* (Shree Rajneesh Ashram); la banda sonora de *Flashdance*; «Inmigrant Song», *Led Zeppelin III* (Led Zeppelin); «Las Valquirias» (Wagner); «Pull Up to the Bumper», *Nightclubbing* (Grace Jones); *Música para Bouzouki y Orquesta* (Teodorakis); *Sinfonía Nº 5* (Tchaikovsky); *African Sanctus* (David Fanshawe); «Marches» (John Phillip Sousa); la banda sonora de *Carros de Fuego*; la banda sonora de *El Imperio Contraataca*; la banda sonora de *Oklahoma*; «Missionary Man», *Revenge* (The Eurythmics); «I Need a Man», *Savage* (The Eurythmics); *Toccata y Fuga en D Menor* (Bach).

16

Júpiter y Sagitario

Con Júpiter, dejamos atrás las fuerzas del ámbito personal, nuestros esfuerzos e impulsos sociales experimentados a través del Sol, la Luna, Mercurio, Venus y Marte. Júpiter y Saturno son guardianes de la puerta de la esfera personal que nos lleva fuera de las fronteras de nuestro ego y dentro de la influencia de los planetas exteriores, el inconsciente colectivo.

Júpiter simboliza la fuerza que nos impulsa más allá de nuestras preocupaciones individuales, el anhelo de estados de consciencia más amplios. Es la necesidad de llevar el caos del inconsciente hacia la luz de una perspectiva más amplia y de un mayor reconocimiento. Al hacerlo, percibimos y comprendemos el significado de las experiencias de la vida desde un punto de vista más expansivo. Júpiter es el anhelo espiritual que hay en nuestro interior y en nuestra sociedad, que mantiene la esperanza y el significado. Su fuerza brota de una fe inherente en la «bondad» esencial de la humanidad.

Júpiter está vinculado a nuestras filosofías, a nuestros sistemas de creencias, al sentido de justicia y a nuestro instinto de sanación. Está asociado al arquetipo del padre que inspira a sus hijos a través de su calidez y su aceptación. Los individuos con una fuerte energía Júpiter/Sagitario serán filosóficos, generosos y serviciales. Si están afligidos, especialmente por el Sol o la Luna, por signo, casa o aspecto, pueden sobreestimar sus propias habilidades, verlo todo color de rosa, ser fácilmente farisaicos, o aferrarse ciegamente a un dogma o a una idea equivocada.

Es posible que quienes tienen poca energía Júpiter/Sagitario en el horóscopo no se sientan motivados a refinar sus instintos más básicos o a reflexionar sobre sus vidas.

Júpiter: una experiencia de reconocimiento

El mayor potencial humano es nuestra capacidad de reconocernos unos a otros. Nuestra sociedad se ha concentrado tanto en «aparentar» el éxito, que esas apariencias ocultan la inanición de nuestro mundo interior, en el cual mengua el significado y la esencia es negada. Ser reconocidos por otra persona, especialmente en períodos de confusión y desánimo, es como recibir unos rayos de Sol. Con sólo decir «Te veo», cargamos los circuitos de los demás y les proporcionamos el estímulo de la esperanza renovada.

En un grupo, turnaos para sentaros en parejas durante cinco minutos. ¿Qué puedes reconocer verdaderamente en esa persona? Variación: cada miembro del grupo se turna para sentarse en medio del círculo y pasar unos minutos siendo reconocido por los demás. Esto puede ser muy energizante y sanador.

Aprender a reconocernos a nosotros mismos puede ser una tarea más difícil. Estamos tan condicionados como sociedad, a través de los medios de comunicación y otras fuentes, a reconocer lo que no funciona, lo que es ineficiente, ineficaz e inepto, que no vemos que este omnipresente estado de Saturno impregna toda nuestra vida cotidiana. Si cada uno de nosotros hiciese ahora mismo una lista de sus cualidades y características, adivino que muchos escribiríamos en primer lugar uno o dos defectos. Intenta hacer una lista de Júpiter. Escribe únicamente las cualidades positivas que puedas reconocer en ti. Éste es un buen ejercicio para equilibrarnos contra los tránsitos difíciles de Saturno, que es precisamente la época en que necesitas validarte.

O, si conoces a alguien que actualmente esté experimentando a dicho planeta, acuérdate de reconocerlo ahora. Reflexiona sobre la última semana. ¿Quién ha ayudado a hacerte la vida más placentera? ¿Fue el cartero, la cajera del supermercado, tu vecino, tu pareja? ¿Reconociste su amabilidad?

Las creencias

La mayoría de nosotros se asombraría ante las numerosas creencias inconscientes que tiene sobre sí mismo y sobre los demás. Nuestras creencias pueden ser como cercas que nos impiden juzgar con claridad y que obstruyen nuestra visión. Dedica un tiempo a reflexionar acerca de lo que piensas de ti, de tu vida y de la vida en general, y haz una lista. ¿Qué creencias te hacen sentir más cómodo? ¿Cuáles son más profundas? ¿Sientes que algunas de ellas te están limitando de algún modo? Si haces este ejercicio con un grupo, dedicad unos momentos a compartir vuestros pensamientos.

Las montañas

¿Qué mejor manera de sentir la expansión de Júpiter que pasear a caballo por la montaña? Con unos aspectos de Júpiter buenos, prueba a hacer una excursión con mochila de dos días. Bajo la influencia de este planeta, regresarás sintiéndote más inspirado y motivado, viendo tu vida desde una perspectiva más «elevada».

Amigos

Algunos de nosotros no distinguimos entre un conocido y un auténtico amigo. ¿Qué significa realmente la palabra «amigo» para ti? ¿Qué cualidades valoras más en los demás? ¿Quién, en tu entorno, tiene esas cualidades que admiras?

¡Viaje sorpresa!

He aquí una maravillosa manera de manifestar a Júpiter. Invita a un grupo de amigos cercanos, que tengan pareja, a una fiesta un viernes por la tarde. Antes de ese día, pide que cada pareja te dé el equivalente de cincuenta dólares. Pide que todos vengan a la fiesta preparados para un viaje de fin de semana. Una vez que ésta se haya iniciado, haz un sorteo de un viaje sorpresa. Entrega a la pareja ganadora los billetes para algún lugar exótico ¡y despídela! Tanto si ganas como si pierdes, participar en este evento es una gran diversión jupiteriana.

Fiesta temática

Organiza una fiesta temática para tus amigos. Podrías hacer una «fiesta de pijamas» o una cena cuyo tema sea el sur de Estados Unidos, en la que haya jamón, pastel de maíz y videos de *Lo que el viento se llevó* o *La gata sobre el tejado de zinc*. Pide a tus invitados que vengan vestidos como Rhett Butler y Scarlett O'Hara.

Exageración

En un grupo, o incluso con dos o tres personas, elige un episodio de tu vida reciente para hablar de él. En lugar de relatar la experiencia de una forma normal, embellece realmente tu narración. Exagera. Estira la historia hasta el límite. A ver cuán grande es la historia que eres capaz de crear.

Gente famosa

Imagina que estás dando una espléndida fiesta en una hermosa mansión, llena de opulencia, elegancia y estilo. ¿A qué diez personas que hayan existido en la historia invitarías a una noche de intercambio de diálogos agudos? ¿Por qué?

Las filosofías del mundo

Júpiter simboliza la base espiritual, los códigos de conducta y los valores que son adaptados por la sociedad para mantener unido al grupo. Éstas son las fuerzas creativas que se fusionan para formar las grandes religiones del mundo. Dedica un tiempo al estudio de uno de los libros sagrados de las grandes religiones del mundo: La Biblia, El Talmud, El Bhagavad Gita o Los Upanishads. Estudia uno que no pertenezca a tu entorno religioso.

Personas de otras culturas

Para estimular a Júpiter, sal a cenar con tus amigos extranjeros. Pasa ratos en la universidad de tu ciudad. O pasa la tarde en una galería de arte o un museo. Escribe cuántas nacionalidades diferentes de personas ves.

Películas extranjeras

Los festivales de cine extranjero te ofrecen el sabor de Júpiter. Lee críticas sobre determinados directores y guionistas para apreciar de una forma más completa su estilo y sus métodos.

Viajes al extranjero

Además de la sed espiritual de experimentar horizontes interiores, Júpiter representa la necesidad de tener una vida más rica, una perspectiva más amplia, el anhelo de conocer y participar en un mundo más allá del horizonte. Viajar a otros países y exponernos a los distintos contextos filosóficos y religiosos de otras culturas nos permite comprender nuestro mundo desde un punto de vista más abarcador.

Películas de viajes

Viajar a otro país sería la primera opción de las muchas de nuestra lista, pero el tiempo y el dinero no siempre lo permiten. Lo mejor que podrías hacer, después de eso, sería tener una experiencia de segunda mano del viaje de otra persona. Hace poco pasé una velada saturada de imágenes, descripciones e historias sobre un viaje de seis semanas que una amiga mía hizo a Nepal. El grupo le hizo preguntas con interés. Al final de la noche, todos habíamos experimentado indirectamente una aventura en los Himalayas.

Obsequios

Ésta es una tradición de los nativos norteamericanos que es puramente jupiteriana. A final del año, reúne a un pequeño grupo de amigos especiales. Pide a cada uno que traiga un objeto que haya sido importante para él, o para ella, y que deseen pasar a otra persona. Puede ser un cristal especial, un libro, un amuleto de la buena suerte, etc. Esparce los regalos sobre una manta. Turnaos para contar la historia de por qué ese obsequio es significativo para él o ella. Luego, cada uno de los participantes escoge un regalo. Observa tus sentimientos cuando eliges un artículo, o cuando alguien se lleva lo que le has regalado. ¿Cuán dispuesto estás a separarte de algo que es significativo para ti? ¿Experimentas un vínculo sutil con la persona que se lleva tu regalo?

Estiramientos

Muchos de nosotros pasamos largos períodos de tiempo sentados en una silla. A veces uno puede sentir sus vértebras aplastándose unas sobre otras. Para remediar este estado de constricción, realiza un estiramiento corporal completo. Tiéndete e imagina que tu cuerpo se alarga. Empieza por los dedos del pie. Estira cada parte de tu cuerpo. Luego deja que éste se mueva y te diga qué hacer.

Pintar con los dedos

Ningún otro medio artístico ofrece una experiencia jupiteriana como la pintura para pintar con los dedos. Consigue un paquete de hojas grandes de papel con un acabado satinado, no poroso, y pintura dactilar de color azul eléctrico. Coloca tu hoja de papel sobre papel de diario para proteger el suelo. Abre el bote de pintura azul, pon alguna música jupiteriana y déjate llevar. Siente verdaderamente la cualidad sensual de tus manos moviéndose en grandes círculos sobre el papel. Imagina que cada círculo representa una situación en tu vida que te hace sentir bien. Siéntelo y exprésalo.

Meditaciones y visualizaciones

El andar de Júpiter

Ponte ropa cómoda que te permita realizar movimientos fluidos y sueltos. Visualiza tu cuerpo. Imagina que está creciendo y expandiéndose hacia fuera desde cada poro. Siente que es un gigantesco globo de helio. Apenas consigues mantener tus pies en el suelo. Intenta caminar por la calle con pasos más largos y livianos, con una sensación de expansión.

Meditación de Júpiter

Tiéndete con una música etérea de fondo. Estira y relaja tu cuerpo. Respira hondo unas cuantas veces y empieza a imaginar que tu aliento se expande visualmente hacia fuera. Visualiza que inhalas más espacio cada vez que respiras. Continúa visualizando hasta que estés aspirando el cielo. Imagina que se ha hecho de noche. Aspira los planetas del sistema solar, las estrellas de nuestra galaxia y todas las que hay en el universo. Inspira este estado de consciencia de Júpiter.

Meditación de abundancia/sanación

Una excelente afirmación para neutralizar un estado de consciencia de Saturno es: «Cada día, en todos los aspectos, estoy más liviano, más seguro de mí mismo, más poderoso y más inspirado». Utilízalo a diario, incluso cada hora, si es necesario.

Películas y música recomendadas

Películas de Júpiter

Mr. Holland's Opus; Liberad a Willy; Baraka; Apollo 13; Gandhi; And Justice for All; A Thousand Clowns; Sonrisas y Lágrimas; The Robe; Los Diez Mandamientos; Song of the South; Carros de Fuego; Grita Libertad.

Música recomendada

«Dancing with the Gods», de la banda sonora de *Baraka* (Milan); *Luminous Ragas* (Steve Gorn); *Dixie Chicken* (Little Feat); «Oda a la Alegría» (de la *Quinta Sinfonía* de Beethoven); «Fanfare for the Common Man» (Copland); «Júpiter», de *The Planets* (Holst); *Shadowdance* (Shadowfax); «Journey to the Center of the Earth» (John McLaughlin); «Sailing» (Christopher Cross); «Tell

All the People», *The Soft Parade* (The Doors), «Marcha Nupcial» (Mendelssohn); «Climb Every Mountain» (Rodgers & Hammerstein); «Coro del Aleluya» del *Mesías* (Handel); *Sound of Music* (Rodgers & Hammerstein), *Concierto para piano nº 1* (Brahms); *Preludio a la siesta de un fauno* (Debussy); *Sinfonía nº 41*, «Júpiter» (Mozart); «Whistle While You Work», de *Blancanieves* y «Zipitty-Do-Da» de *Song of the South* (Disney).

17

Saturno y Capricornio

Saturno (ego) es el guardián de la puerta que hay entre los reinos de lo personal y colectivo de la psique. Simboliza la forma básica: la estructura de la psique o del cuerpo (huesos), las fronteras, las responsabilidades, el abandono de las viejas formas (muerte) y el principio de contracción. A través de la fuerza de contracción, uno aprende a trabajar con limitaciones, valores comunitarios, normas de conducta y reglas para crear una base estable para conducir su vida con una seguridad, un autoconocimiento y una sabiduría mayores.

Saturno está asociado al Padre/Dios Yaveh del Antiguo Testamento cuya naturaleza disciplinaria inaccesible, fría y dura exige obediencia a sus mandamientos.

Las personas con una fuerte energía Saturno/Capricornio en su horóscopo pueden mostrar autocontrol, perseverancia y una aproximación metódica y constante a la vida. Si están afligidas, pueden ser inaccesibles, escépticas e incluso crueles. Aquellas que tienen poca energía Saturno/Capricornio pueden carecer de una capacidad de permanencia, desanimarse fácilmente, ser controladas por otras personas y estar faltas de un sentido de dirección en la vida.

La experiencia Saturno/Capricornio

Dado que Saturno simboliza la muerte de la forma, una experiencia interesante de este planeta es la representación de la lucha del pollito que rompe el cascarón. Pon una música de trabajo apropiada, como «Saturno» de *Los planetas* (Holst). A solas, o en grupo, relájate y empieza a sentir la música. Imagina que eres un pollito acurrucado a salvo dentro de su cómodo y acogedor cascarón. Disfruta de la seguridad de tu entorno contenido y absolutamente nutritivo. A continuación, lentamente, imagina que con la nutrición que recibes te estás haciendo cada vez más grande. Cada vez que respiras, creces. Empiezas a sentir las paredes del cascarón. A medida que vas creciendo, te sientes cada vez más encerrado dentro de él. Con cada respiración, la sensación de encierro dentro del cascarón es mayor. Presta atención a cómo te sientes al enfrentarte a estos límites. ¿Sientes que es como alguna circunstancia de tu vida actual? Concéntrate en ella. Manteniendo el contacto con tu respiración, siente cómo el cascarón (la situación) se vuelve insoportable. Luchas, empujando, esforzándote para romper las limitaciones. En alguna parte, consigues abrir un agujero. A partir de ahí, menéate, esforzándote por sacar primero un pie, una pierna, la cabeza. Mantente en contacto con tus sentimientos mientras rompes el cascarón, el cual cae en pedazos a tu alrededor. Eres libre, pero el esfuerzo te ha dejado exhausto. Descansa. Tómate tu tiempo para reflexionar.

¿Hay un nuevo sentimiento o una nueva percepción? ¿La experiencia te ha ayudado a salir de tu lugar de «estancamiento»? Después de reflexionar, escribe cómo ha sido, o júntate con otro miembro del grupo y hablad de lo ocurrido. Comentad estos sentimientos con todo el grupo.

Fronteras

Las experiencias de fronteras y límites provocan una sensación de Saturno. Si un miembro del grupo está viviendo un tránsito de este planeta, o si nació

con un Saturno natal difícil que desea explorar más a fondo, pídele que se coloque de pie en el centro del grupo con los brazos a los lados. Dile que empiece a respirar lenta y profundamente, tomando consciencia de su cuerpo. Pide al grupo que avance *lentamente* hacia el centro, rodeando a la persona. A medida que el círculo se vaya estrechando, recuerda a la persona del centro que debe seguir respirando y concentrándose en lo que siente en su cuerpo. ¿Hay constricción en alguna parte? ¿Están apareciendo los miedos ahora? Indícale que se mantenga en contacto con los sentimientos que aparecen. Permite que el proceso se desarrolle como necesite hacerlo, manteniendo a la persona alerta y sensible a sus repuestas. Pregunta: «¿Es la misma sensación que tienes en alguna experiencia específica de tu vida actual?». Mantén la «presión» del grupo tanto tiempo como el individuo considere apropiado. Pregunta: «¿Deseas más presión?». Si puedes conseguir que se mantenga concentrado en su respiración y en sus sensaciones, es posible que surja alguna percepción importante.

Un grupo con el que estuve trabajando en Phoenix realizó este ejercicio para una mujer que deseaba entender mejor su Saturno natal en la séptima casa. En este caso, añadimos otro elemento saturniano: un aparato que la sujetaba desde la cadera hasta la cabeza. El trabajo hizo emerger una fuerte sensación de ahogo y recuerdos de la infancia que evocaron rabia y tristeza. Esta experiencia fue un catalizador para que ella pudiese avanzar hacia nuevas percepciones sobre su Saturno en la séptima casa. (Recuerda que debes actuar con suavidad y cuidado ante el proceso de la persona. *Ése* es el elemento más importante en esta experiencia.)

Variación: en lugar de formar un círculo, haz que la persona se coloque a cuatro patas. Otro de los participantes ejerce presión dejando descansar todo el peso de su cuerpo sobre la espalda de ésta. Pregúntale si quiere el peso de otra persona. Tiene que identificar cada nuevo peso con una persona específica o con una situación en la vida que siente que le limita. Luego procesad la experiencia.

Si quieres hacer esto a solas, utiliza pesas de uno, dos y cuatro kilos. Coloca una cantidad de pesas delante de ti. Identifica cada una con alguna dificultad que estés teniendo en estos momentos. Escoge una y empieza a caminar hacia delante y hacia atrás con ella. Sin soltar la primera pesa, añade otra, y luego la siguiente, y así sucesivamente. Presta atención a cómo te sientes al añadir más peso. ¿Puedes distribuir el peso de una forma que lo haga más fácil de cargar? ¿Hay algo de lo que te puedas desprender? Expresa tus sentimientos ante el grupo, o hazlo no verbalmente, con un dibujo.

Ciclos de vida

La mayoría de las personas son conscientes del proceso rítmico de los acontecimientos naturales como el ciclo diario de noche y día, o el ciclo que va desde la Luna nueva hasta la Luna llena y vuelve a empezar. Pero pocas perciben cuán extensamente impregnan estos ciclos nuestras vidas. Nuestros cuerpos tienen una multitud de ellos: nuestros glóbulos rojos sanguíneos se regeneran aproximadamente cada ciento veintiocho días, los ovarios expulsan cada veintiocho días, el estómago se contrae unas tres veces por minuto, el corazón late setenta y seis veces por minuto y los ritmos Alfa, Beta, Theta y Delta del cerebro pulsan cerca de diez ciclos por segundo. Estos ciclos ocultos son fuerzas vitales del ser humano. Pero también podemos observar ritmos más amplios y más largos en la vida.

Lo habitual es contemplar nuestra vida en fases: de bebé, de niño, de adolescente, de adulto joven, de adulto, de persona de mediana edad y de anciano. Utilizando estas categorías, retrocede en tu vida y observa cada uno de estos períodos como una unidad de tiempo distinta. ¿Cómo fue la etapa de bebé? ¿Qué hechos clave recuerdas que la hayan marcado? ¿Qué palabras te vienen a la mente cuando la evalúas? Haz lo mismo con todos los demás períodos. Compáralos. ¿Qué fases fueron más difíciles? ¿Y más fáciles? ¿Más satisfactorias? Examinar nuestra vida en ciclos puede aportarnos una claridad más consciente.

Cimientos

Individualmente o en grupo, dibuja tus cimientos actuales. ¿Sientes que son fuertes, firmes? ¿Son débiles en alguna zona? ¿Dónde? ¿Qué aspecto tiene esa debilidad? ¿Qué faceta de tu vida simboliza? ¿Está exigiendo esta situación una reconstrucción importante? ¿Tienes los medios para «reforzar» esta área frágil? Pide a cada persona que haga este ejercicio individualmente, luego compartid lo que se haya descubierto.

Si tu intención es que los miembros del grupo, no sólo obtengan claridad, sino que trabajen un tema de Saturno, pídeles que identifiquen qué recursos poseen que podrían ayudarlos a mejorar la situación limitadora que hay en sus vidas. Cada participante debería diseñar un plan estratégico para ejecutar en los meses siguientes.

Arcilla

Jugar con arcilla blanda es un maravilloso antídoto para los tránsitos de Saturno. Puesto que nos sentimos tan atascados, tan encasillados bajo los tránsitos difíciles de este planeta, sentir la arcilla suave y trabajar con ella nos recuerda inconscientemente la flexibilidad y la fase nueva y moldeable que sigue a la disolución de las viejas y secas formas. Esto es particularmente efectivo con una carta con un retorno de Saturno en el cual la arcilla se convierte en el símbolo de los nuevos cimientos y la nueva estructura que estás empezando a construir.

La historia en torno a tu nacimiento

Sabemos que los bebés, al igual que la arcilla blanda, son impresionables. Cada uno de nosotros absorbe la energía psíquica que hay a su alrededor antes y después de nacer. ¿Qué serie de acontecimientos estaba teniendo lugar en el mundo durante el período de nueve meses anterior a tu nacimiento? ¿Qué sentimientos absorbiste inconscientemente? ¿Puedes relacionar alguno de estos eventos mundiales con tu forma de sentir la vida?

Retorno de Saturno

Dado que el retorno de Saturno representa la culminación de un ciclo de treinta años, obviamente, se trata de un tránsito importante. Prueba esta experiencia cuando este planeta regrese a su posición natal para ti, o para un amigo, o un cliente.

Muchos tránsitos de largo plazo pueden comprenderse mejor con una metáfora. Una de las mejores imágenes que he encontrado para el retorno de Saturno es la de estar caminando por unas vías de tren que entran en un túnel en las montañas. Los seis a nueve meses que preceden el retorno de Saturno están simbolizados por las condiciones de la aproximación al túnel, el período de un año del tránsito exacto está representado por el viaje a través de él, y los seis a nueve meses inmediatamente posteriores al retorno están simbolizados por la nueva vista y las condiciones al otro lado del túnel. Utiliza esta metáfora en una visualización guiada para tu grupo. Modifica la experiencia para centrarte en determinadas fases del ciclo de la vida. Trabajar con esto durante un período de tiempo te ayudará a cristalizar tu comprensión del tránsito.

Para guiar a tu cliente a través de este «túnel», formula alguna de las siguientes preguntas: ¿Alguna vez has viajado con mochila por las montañas? Si no lo has hecho, imagina cómo sería. Visualízate cargando todo tu equipo: tienda de campaña, estacas, comida y mochila. Cuando empieces a aproximarte al túnel, crea una imagen que represente tu vida actual. Identifica cada elemento que estés llevando a cuestas con alguna situación específica de ella. Aventúrate dentro del oscuro túnel cargando todo tu equipo. ¿Qué es lo que más cansado estás de llevar? ¿Qué sentimientos asocias con la carga? ¿Qué podrías dejar caer? Deshazte de lo que no necesites. ¿Qué se siente al estar libre del exceso de equipaje? Mira delante de ti. ¿Puedes ver alguna luz al final del túnel? Camina a través de él hasta llegar al otro lado. ¿Qué ves? ¿Qué nuevas visiones y panoramas inexplorados se despliegan ante ti? Crea una imagen final de lo que prevés en esta nueva fase de tu vida.

Según mi experiencia, este proceso ayuda a las personas a expresar vívidamente sus sentimientos sobre este período que suele ser problemático: a volver a tener claro su propósito, a redirigir su enfoque del futuro y a renovar su esperanza y sus expectativas.

Variación: deja que el panorama que había antes del túnel represente el ciclo de treinta años. ¿Qué aspecto tienen esos primeros treinta años? ¿Qué rasgos, cualidades y experiencias caracterizan a ese período? ¿Puedes representarlos simbólicamente en un dibujo? ¿Qué éxitos, decepciones, retos o logros tuvieron lugar? ¿Qué colores o tonos dominan las distintas etapas de esos treinta años?

También podrías dibujar el panorama después del túnel para representar el siguiente ciclo de treinta años. ¿Qué características, cualidades y experiencias esperas que surjan?

Saturno retrógrado

Cualquier momento en que Saturno esté retrógrado por tránsito y haya suavizado un aspecto difícil en tu carta natal es un período de «gracia» que te ofrece una oportunidad potencialmente valiosa para evaluar tus respuestas al primer tránsito de Saturno. Algunos de nosotros perdemos este tiempo sintiéndonos tan aliviados de que la presión haya disminuido que volvemos a nuestras viejas costumbres o creemos que hemos resuelto nuestro problema. Utiliza este respiro temporal para examinar tu vida. ¿Te has aproximado a un problema reciente de una forma constructiva? ¿Qué nuevos métodos puedes continuar empleando para enfrentarte al reto que probablemente se presentará cuando Saturno sea directo y vuelva a aspectar tu planeta natal?

El cinturón de asteroides

Si estás experimentando un tránsito difícil de Saturno, este ejercicio te ayudará a cristalizar lo que te está limitando en tu vida. Visualízate viajando por el cinturón de asteroides entre los planetas. Haz un dibujo de los alrededores, incluyendo los asteroides grandes y pequeños, y asigna a cada uno de ellos una limitación que estés sintiendo actualmente. Identifica tu mayor obstáculo con el asteroide más grande. Darle un nombre a las influencias difíciles de Saturno puede resultar terapéutico.

¿De cuáles de estos obstáculos puedes deshacerte con mayor facilidad? ¿Cuál es el más grande? ¿Qué recursos tienes para ayudarte a superarlo? ¿Tienes algún tránsito positivo de Saturno que puedas utilizar? Inicia una estrategia para implementar cuando tengas la ayuda de un buen tránsito.

Dibuja tu problema actual

Este ejercicio puede hacerse a solas, pero es más efectivo cuando se realiza dentro de un grupo terapéutico. Pide a cada participante que haga un dibujo de su mayor problema actual. Turnaos para enseñar vuestros dibujos. Como grupo, evaluad cada uno de ellos según lo vívida que sea la imagen. Percibe sus puntos fuertes y débiles. ¿Están sus componentes bien integrados? ¿Cuál es el grado de simbolismo?

278

Comentad estas preguntas: ¿Cómo se está enfrentando la persona al problema? ¿Está negando su seriedad? ¿Quién está ganando? ¿Quién o qué siente la persona que es responsable del problema? ¿Y de la sanación? ¿Cuán indicativo es el dibujo de un buen desenlace? ¿Qué recursos, defensas y apoyos pueden ayudarla a resolver el problema? ¿Hay algún tránsito que la apoye?

La sombra

Reconocer nuestra propia oscuridad parece ser el prerrequisito para el conocimiento de uno mismo. Haz una lista de los rasgos de personalidad que más te cuesta aceptar en los demás. Cuando lo hayas hecho, ¡habrás producido una descripción exacta de las características que están reprimidas en tu propio inconsciente! Has descrito tu propia sombra. Precisamente lo que nos molesta en los demás son los elementos clave no integrados en nuestra propia psique, que proyectamos hacia el mundo. Este ejercicio puede agitar algunos sentimientos incómodos, pero ofrece mucho «alimento para el pensamiento».

Tercera edad

En un grupo, discutid el papel de los ancianos en nuestra sociedad. En comparación, ¿cómo se les trata en otras culturas? Dado que la edad de la generación del «baby boom» está avanzando, dentro de veinte años nuestra cultura experimentará un enorme cambio demográfico. Habrá muchas más personas mayores de las que hay actualmente. ¿Qué problemas potenciales resultan del creciente número de ancianos en nuestra sociedad? ¿Qué soluciones creativas se le ocurren al grupo?

Una persona mayor que recuerdo de mi infancia

Sólo, o en grupo, tiéndete y ponte cómodo. Deja que tu mente viaje hasta tu pasado y recuerda a una persona mayor que estuviera cerca de ti cuando eras niño. Concéntrate en visualizar a esa persona. Descríbela de la manera más completa que puedas. ¿Cómo era? ¿Qué tipo de sentimientos tenías hacia ella? ¿Qué regalos de sabiduría te hizo?

El viejo sabio

En muchas culturas, los ancianos son respetados y reverenciados. Saturno es el tiempo, y el tiempo nos enseña a través de la experiencia. Muchos de nosotros hemos conocido a uno o dos ancianos de los que hemos aprendido mucho.

Una experiencia satisfactoria es sentarse con una persona mayor y hacerle preguntas sobre su vida, sus recuerdos, alegrías, dolores, lecciones y logros. A través de ellos tenemos una vislumbre de nuestras propias vidas. Registra la historia personal de ese anciano o esa anciana. Incluye los momentos más significativos: cuando conoció a su pareja, su primer hogar, cuando él se marchó a la guerra, cuando ella tomó sola el autobús al hospital para dar a luz a su primer hijo, etc. La madre de mi marido nos envió una cinta con esta información. Nos dimos cuenta de cuán importante es tener algún registro de los ancianos de la familia, algún recuerdo de la historia de nuestro linaje personal. Podrías pedir a tus padres que hagan lo mismo. O entrevistarlos con una cámara de video. Más adelante, la considerarás una posesión valiosa.

Fortalecer tus cimientos

Un tránsito armonioso de Saturno es un momento auspicioso para fortalecer tus cimientos. ¿En qué aspecto de tu vida podrías tener más disciplina? ¿Qué parte de tus cimientos necesita reforzarse? Una vez que hayas identificado esa área, desarrolla una estrategia para fortalecerla. Las correcciones hechas ahora con diligencia y trabajo duro, solidificarán tus cimientos y te harán avanzar hacia tu objetivo.

Por ejemplo, hay varias formas productivas de hacer un buen uso de un trígono de Saturno con tu Sol. Es un momento en que la vida va sobre ruedas, cuando puedes realizar muchas cosas y fortalecer tu posición en el mundo. Dedica unos minutos al día a impactar conscientemente a tu psique con la energía positiva de Saturno. Visualiza que tu cuerpo y tu vida se hacen más fuertes. Si una parte de tu cuerpo está debilitada, imagina que recibe una energía vital, dadora de vida. Utiliza a diario la afirmación: «Cada día, en todos los sentidos, estoy más fuerte». O decide iniciar ahora algún régimen físico: dejar de fumar, empezar a hacer ejercicio a diario, etc. Habla de esta intención con convicción. Al mantener la convicción y la autodisciplina, verás resultados satisfactorios. Dentro de un grupo, puedes dar más poder a tu tránsito de Saturno en trígono con el Sol presentándote ante cada persona por separado y hablando *resueltamente* de tu propósito.

Ser reconocido positivamente puede fortalecer tu psique. Permite que el grupo te felicite por tu logros y tus éxitos. Ponlos por escrito para leerlos cuando Saturno esté en cuadratura con tu Sol, o cuando tengas un día saturniano difícil.

Variación: ser reconocido por los demás es importante para todos. Crea un archivo de las notas y cartas de aprecio que recibas de tus clientes o amigos. Esto puede ser un recurso psicológico útil cuando estés enfrentándote al desánimo o a la falta de valoración que podrías experimentar cuando Saturno esté en cuadratura o en oposición con tu Sol.

Objetivos

Bajo un buen tránsito de Saturno, la planificación y el desarrollo de estrategias concretas pueden ser evaluados de una forma más realista e implementados con una mayor eficacia. ¿Qué objetivos te has marcado para este próximo año? ¿Y para los cinco años siguientes? Si no tienes planes concretos de futuro, ¡dedica un tiempo a hacerlos ahora!

Representación de los tránsitos difíciles de Saturno

¿Y si tienes un tránsito de Saturno en oposición con tu Urano y quieres usar un método experimental para llevarlo a una expresión consciente? Recuerda, cuanto más niegues la existencia de un problema o te resistas a enfrentarlo, más probable será que éste salga a la superficie de forma repentina o explosiva. Este ejercicio puede hacerse eficazmente con otra persona amiga o en grupo. ¿Qué problema específico está provocando en ti esa sensación de intranquilidad? ¿A la autoridad de quién te estás resistiendo? ¿De qué te quieres liberar?

Una metáfora para este tránsito sería un caballo salvaje en una cuadra, inquieto y luchando contra la soga que siente que le restringe. Tu impulso podría ser el de liberarte de ella, pero debes vigilar la forma en que lo haces. La energía de Urano es tan impredecible que podrías saltar la cerca impulsivamente y quedarte enganchado a un alambre de púas, o escapar de los confines sólo para descubrir que no estás preparado para arreglártelas solo.

Interpreta con alguien el papel de lo que se siente al mantener una lucha entre tú y una figura o problema de autoridad. Podrías conseguir, literalmente, una cuerda y representar un tira y afloja. En primer lugar, respira profundamente y concéntrate en tus sentimientos. A continuación, haz que quien esté representando el «otro lado» tire de la cuerda, poniéndote a prueba y desafiando tu validez, o tu posición. Mantén la concentración en el proceso interno. Sigue respirando. Expresa estos sentimientos en voz alta. ¿Sientes la tensión en tu cuerpo? ¿Dónde, concretamente? Exterioriza esta tensión pateando un colchón o golpeando una almohada. La finalidad de este ejercicio es ayudarte a liberar y dispersar parte de la tensión inconsciente y aportar más consciencia a una situación potencialmente explosiva.

Si después de liberar parte de la tensión todavía te sientes agitado, podrías evocar a tu Júpiter interior. Visualiza un rayo de luz sanadora interviniendo, aportándote entendimiento, comprensión y una perspectiva más elevada sobre esta situación. ¿Quién, en tu vida, puede ofrecerte apoyo y una perspectiva jupiteriana en estos momentos?

Experiencias cercanas a la muerte

¿Alguna vez has experimentado un momento en tu vida en el que creíste que podías morir? Recuérdalo y reflexiona sobre ello. En un grupo, cuenta tu experiencia. ¿Te cambió? ¿De qué manera? ¿Sientes la muerte de una forma distinta ahora?

La muerte

Considera tus sentimientos sobre la muerte. ¿Piensas en la posibilidad de tu propia muerte? ¿Eso te hace sentir incómodo? ¿Ha muerto alguien cercano a ti? En un grupo, dividíos en parejas y contad la historia de la muerte de una persona cercana. Permite que tu compañero sea tu Luna y refleje tus sentimientos en silencio. Aunque este ejercicio podría estimular sentimientos tristes o dolorosos, a menudo hallamos alivio y sanación simplemente por el hecho de «contar nuestra historia».

Un estudio de la muerte

Existen varias fuentes excelentes para aquellas personas que deseen estudiar la muerte. *Death and Dying in the Tibetan Tradition* de Glenn Mullin[1] es un estudio de nueve fuentes tibetanas. Cubre temas como las técnicas de meditación para prepararse para la muerte, relatos inspiradores de la muerte de santos y sabios, la experiencia de la muerte y su secreto y señales internas, y los métodos de transferencia consciente.

Who Dies? de Stephen Levine[2] es un libro sensible e inspirador que te ayudará a ti y a tus seres queridos a enfrentaros al proceso de la muerte, y *Beyond Death* de Stanislav y Christina Grof[3] presenta iluminadores paralelos de conceptos de la vida después de la muerte en diferentes culturas, los relatos de quienes sobrevivieron a la muerte clínica, episodios de muerte y Renacimiento narrados por pacientes esquizofrénicos y estados psicodélicos inducidos en la psiquiatría experimental.

Meditaciones y visualizaciones

El andar de Saturno

El paso de Saturno es lento, pesado y laborioso. Imagina que tus pies pesan trece kilos cada uno. Mejor aún, coloca pesas en tus tobillos y muévete con ellas.

Meditación de Saturno

«Viajo por los caminos de la naturaleza hasta la hora en que debo tenderme y descansar; devolviendo mi último aliento al aire del cual lo he extraído a diario y hundiéndome en la tierra de la cual mi padre obtuvo la semilla, mi

---

1. Glenn Mullin, *Death and Dying in the Tibetan Tradition*, Londres, Routledge & Kegan Paul, Inc., 1986.
2. Stephen Levine, *Who Dies?*, Garden City, NY, Anchor Books, 1982.
3. Stanislav Grof y Christina Grof, *Beyond Death*, Londres, Thames & Hudson, Ltd., 1980.

madre la sangre y mi nodriza la leche de mi ser». Emperador Marco Aurelio, *Meditaciones*.[4]

Películas y música recomendadas

Películas de Saturno

La lista de Schindler; Rompiendo las olas; La decisión de Sophie; Muerte de un viajante; Places in the Heart; They Shoot Horses, Don't They?; I Never Sang for My Father.

Música recomendada

«Fountain of Sorrow» (Jackson Browne); *Flesh and Bone* (Skeleton Woman); *Te Deum* (Arvo Part); *Ambient Music for Another Time* (Shadows and Light); *Working Men's Dead* (Grateful Dead); *Sinfonía nº 3* (Gorecki); *The Essential Blues Two* (The House of Blues); «Saturn» de *The Planets* (Holst); «Dance of Maya» (John McLaughlin); «I Want You (She's So Heavy)» *Abbey Road* (The Beatles), «Adagio for Strings» (tema de *Platoon*-Samuel Barber); la mayoría de canciones de Leonard Cohen: «Dress Rehearsal Rag», «Nancy», «Desolation Row»; «Goin' Home» (Espiritual Negro); *Sinfonía nº 4* (Brahms); «Point Blank», *The River* (Bruce Springsteen).

---

4. Emperador Marco Aurelio, *Meditaciones*, citado en *Death and Dying in the Tibetan Tradition*, pág. 192.

18

Urano y Acuario

Los planetas clásicos (aquellos que se conocen desde tiempos remotos), desde el Sol hasta Marte, representan la esfera del ego personal. Júpiter y Saturno juntos representan la frontera o el puente entre el ego personal y el inconsciente colectivo. En este ámbito de los tres planetas exteriores (Urano, Neptuno y Plutón) podemos alcanzar la consciencia de que en la vida hay algo más que lo relacionado con el ego. Una nueva dimensión se añade a la psique, la percepción de energías que viajan en la periferia de nuestra consciencia cotidiana.

Urano es el «caos primordial», cuya energía es errática, impredecible y repentina. Como un rayo, conmociona y altera, sacudiendo los viejos cimientos y modelos que se han vuelto demasiado rígidos. Esto puede crear nuevas formas liberadoras que dan a la psique espacio para respirar y nuevas posibilidades para un desarrollo futuro. Si se reprime en el inconsciente, esta

energía puede explosionar, demoliendo y destruyendo dolorosamente una estructura conseguida a duras penas. Urano está vinculado a la acción original, creativa, inventiva, e incluso extraña.

Las personas con una fuerte energía Urano/Acuario pueden ser sumamente independientes. Experimentan los cambios como restauradores de vida y se dan cuenta intuitivamente de que hay más en el mundo que el ámbito del pensamiento concreto, amarrado por datos y por la percepción de los sentidos. Si están afligidas, pueden exhibir un rechazo categórico de las estructuras sociales y un comportamiento explosivo e impredecible. Los individuos que tienen poca energía Urano/Acuario pueden expresarse de una forma más conservadora, temer al cambio o criticar a quienes «mueven el bote».

Urano: una experiencia «electrizante»

Si estás cerca de una gran ciudad, uno de los lugares más accesibles para experimentar a Urano es la zona comercial de los mercados de abastos, o la bolsa. Visitar uno de estos sitios puede ser una experiencia emocionante y desconcertante. La intensa lucha por una porción de la acción emocionalmente exigente, que destroza los nervios, donde se hacen y se pierden fortunas en cuestión de segundos, hace que éstos sean uno de los entornos más impredecibles que uno pueda imaginar. Desde el toque de campana al iniciar la mañana, el lugar retumba con gritos frenéticos que destrozan los oídos, con el caos, la intensa ansiedad, con empujones, tirones y emociones humanas extremas: pánico, euforia, codicia, inseguridad y alegría. La naturaleza altamente impredecible de este escenario en el día a día, el alto riesgo y el juego atraen a aquellos que aman la libertad de ser sus propios jefes y que florecen en este ambiente.

Movimiento

El movimiento uraniano es errático, extraño y abruptamente cambiante. Para darte una idea de él, pon música rock *heavy metal* y empieza a mover las manos vigorosamente. Luego agita los brazos, la parte superior del tronco y finalmente el cuerpo entero. Mueve la cabeza. Déjate desorientar. Eso es Urano.

Acontecimientos inesperados

Espera lo inesperado. Uno de los tránsitos más difíciles de predecir con exactitud es el de Urano. Inevitablemente, puedes imaginar diez maneras posibles de anticipar el efecto de un determinado tránsito de este planeta y, fiel a su naturaleza, se manifestará de una forma que nunca se te habría ocurrido. Prueba este experimento: imagina diez posibles manifestaciones de tu próximo tránsito de Urano y escríbelas. Más adelante, comprueba si se manifiesta de alguna manera que no habías considerado.

Accidentes

Una de las formas favoritas de Urano de manifestar su energía contenida es a través de los accidentes. ¿Has tenido alguno en los últimos años? ¿El año pasado? ¿Puedes retroceder hasta el momento inmediatamente *antes* del accidente e identificar lo que estaba pasando por tu mente? ¿Había rabia, rebelión o represión?

Creatividad y originalidad

Urano estimula el apetito por la experimentación, la creatividad y la creación de nuevas formas. Prueba esto:

Acabas de heredar la fábrica de tirantes de tu querida tía Nell. Como ya no están de moda, la empresa ha perdido dinero. ¿Qué otros usos se te ocurren para todos esos tirantes? Piensa en tantas alternativas como puedas.

Es sabido que a medida que los seres humanos nos vamos desarrollando, cada vez utilizamos menos la capacidad de nuestro cerebro. La mayoría de nosotros, cuando llega a la edad adulta, utiliza menos de un diez por ciento. Imagina que han contratado para que idees soluciones a este problema. Piensa en tantas posibilidades como puedas.

La torre de papel periódico

Utilizando dos hojas de papel periódico y un rollo de cinta adhesiva, construye la torre más alta que puedas en treinta minutos. Corta, dobla o da forma a este material de la manera que desees.

Fantasía espacial

Eres miembro de la tripulación de la nave espacial *Intrépida* y acabas de entrar en un sistema solar desconocido. Tu nave se posa sobre el planeta que está más cerca de la estrella central. Dibuja el entorno que estás viendo por primera vez.

Ciencia ficción

Prueba leer alguno de los numerosos libros de ciencia ficción que hay disponibles. Los de Isaac Asimov, Robert Heinlein y Clifford D. Simak son algunos de los que están mejor escritos. Estira tu propia imaginación para incluir estos extraños universos, mundos y seres.

Un humor extraño

Gary Larson (*The Far Side*) y Gahan Wilson (*Playboy* y otras revistas) son dos dibujantes de cómic que tienen un humor uraniano. *The Far Side Gallery*[1] de Gary Larson es una colección de viñetas que muestran un humor a menudo extraño: dinosaurios que fuman, abuelas que van en coches de choque, un elefante con muletas en una cabina telefónica. Muy gracioso. Muy extraño.

Pasatiempos

Las últimas páginas de la revista mensual *Omni* son una buena fuente de pasatiempos y juegos de desafío mental uranianos. También puedes comprar *Classic Puzzles*[2] de Gyles Brandeth, que incluye trescientos rompecabezas clásicos que contienen números, palabras, formas y más cosas.

Planetario

Visita el planetario de tu ciudad y asiste a un espectáculo celeste. Muchas de estas funciones crean una experiencia de viaje fuera del sistema solar, y más

---

1. Gary Larsen, *The Far Side Gallery*, Kansas City, Andrews, McMeel and Parker, 1985.
2. Gyles Brendreth, *Classic Puzzles*, Nueva York, Harper & Row, 1985.

allá, utilizando sofisticados lásers, imágenes, música y efectos de sonido. En Chicago, el espectáculo celeste del planetario cambia cada dos meses, de modo que siempre hay algo nuevo para ver y aprender.

Arte uraniano

Los genios creativos que nos han ayudado a percibir el mundo de nuevas formas son ejemplos de una expresión uraniana/acuariana. el arte de Pablo Picasso y de Marc Chagall, o la arquitectura y la visión de Paolo Soleri y de Buckminster Fuller. Si tienes una galería de arte cerca, dedica unos momentos a experimentar su arte o lee libros de arte en tu biblioteca local. Pasa una tarde absorto en su mundo único de imágenes e ideas creativas.

Genios

Lee biografías sobre las vidas de personas cuyas mentes muestran los procesos de pensamiento uranianos, como *Einstein: The Life and Times*[3] de Ronald Clark; *The Unknown Leonardo,*[4] editado por Ladislao Reti; o *Prodigal Genius: The Life of Nikola Telsa*[5] de J. O'Neil. O deléitate con las ideas que hay en *The Structure of Scientific Revolution*[6] de Thomas Jun o *Chaos: Making a New Science*[7] de James Gleick.

Extraterrestres

El fenómeno de los ovnis y las experiencias de abducciones por parte de extraterrestres son uranianos. Intenta leer libros como *Communion,*[8] de Whitley Streiber, que relata sus experiencias de abducción, e *Intruders,*[9] de Budd Hopkins.

---

3. Ronald Clark, *Einstein: The Life and Times*, Nueva York, Avon Books, 1971.

4. Ladislao Reti, *The Unknown Leonardo*, Nueva York, McGraw-Hill Books, 1971.

5. John O'Neil, *Prodigal Genius: The Life of Nikola Telsa*, Nueva York, McKay (Tartan Books), 2002.

6. Thomas Jun, *The Structure of Scientific Revolutions*, Chicago, University of Chicago Press, 1970.

7. James Gleik, *Chaos: Making a New Science*, Nueva York, Viking, 1988.

8. Whitley Strieber, *Communion: A True Story*, Nueva York, Morrow, 1987.

9. Budd Hopkins, *Intruders: The Incredible Visitations at Copley Woods,* Nueva York, Random, 1987.

Este último libro presenta los resultados de su investigación de ciento treinta y cinco personas que afirman haber sido abducidas por extraterrestres. Estos libros amplían nuestra credulidad y nuestras ideas sobre la realidad.

Programas espaciales

¿Cuál crees que es el futuro de nuestro papel en el espacio? ¿Deberíamos programar viajes a Marte, o más lejos? Los campos de la ciencia y el espacio han entrado con éxito en el espíritu de cooperación entre naciones. ¿Deberían las naciones trabajar juntas en proyectos conjuntos en el espacio? ¿Cómo ves esto? Éste es un buen tema de debate para un grupo.

Electrónica

Cualquier juego de ordenador o videojuego es uraniano. Pasa una tarde en una sala de juegos. Juega a uno de aventuras en tu ordenador. Si tienes módem, entra en un *chat*.

Un fin de semana uraniano

He aquí una estrategia útil para cualquier momento en el que te sientas aburrido y a merced de la costumbre. Tómate un fin de semana para hacer todas las cosas posibles que se salgan de tu rutina normal. Visita sitios que no conozcas, haz cosas nuevas, prueba platos que nunca hayas comido, combina la ropa de una forma diferente, pasa el rato en lugares uranianos, e incluso lávate los dientes con la otra mano. Es un reto divertido intentar pensar en la mayor cantidad de divergencias posibles. Mi marido y yo lo hacemos habitualmente en febrero, cuando se instala el invierno. ¡Nos hemos divertido mucho y hemos tenido unas experiencias bastante extrañas siendo así de espontáneos!

Futuros tránsitos

¿Especular o predecir lo que crees que veremos manifestarse mientras Plutón continúa transitando por Sagitario? ¿Neptuno entrando en Acuario en 1998?

¿O Júpiter en Aries en 1999? ¿Cómo afectarán estos tránsitos al campo de la astrología? ¿De qué nueva manera será la astrología parte de nuestra cultura? ¿Puedes ver el potencial de la astrología con estos tránsitos en particular? Reúne a un grupo de amigos astrólogos. Como grupo, ¿qué prevéis? Expresad todas vuestras ideas. Dejaos llevar por la imaginación.

El año 2050

¿Cómo imaginas que será el año 2050? ¿Qué adelantos crees que habremos hecho como especie? Haz una serie de bosquejos que ilustren cómo adivinas que será tu vida cotidiana.

Meditaciones y visualizaciones

El andar de Urano

Camina rápidamente y de forma irregular, como si alguien estuviera dándote descargas eléctricas: gira, salta, haz cualquier cosa que se te ocurra. No te censures; simplemente, ¡hazlo!

Meditación de Urano

Viaja con tu imaginación fuera del sistema solar y de la galaxia, lejos de nuestro grupo de galaxias, más allá del centro galáctico, hasta las extensiones más lejanas del universo. (Hay algunas cintas de visualizaciones guiadas para hacerlo.)

Hay un corto cinematográfico muy bueno titulado *Powers of Ten*[10] que ilustra dramáticamente las distancias relativas, tan difíciles de visualizar. Empieza con una pareja que está haciendo un *picnic* en el Lincoln Park de Chicago. La imagen se va ampliando secuencialmente por encima de esa zona, saliendo de nuestro sistema solar, más allá de la galaxia, y luego regresa

---

10. Corto cinematográfico titulado «Powers of Ten», de *Powers of Ten, a Book of the Relative Size of Things in the Universe and the Effect of Adding Another Zero*, de Phillip Morrison, Redding, CN, Scientific American Library, 1982.

rápidamente, con imágenes, hasta la pareja inicial. Aunque se trata de un corto de diez minutos, pone el espacio en perspectiva y nos ofrece una experiencia directa de la enormidad del universo en que vivimos. También existe un libro con el mismo título, que describe el proceso de la filmación, pero si tienes la oportunidad de ver la película, hazlo.

Películas y música recomendadas

Películas de Urano

Todas las películas de *Star Trek; Alien (I, II y III); Men in Black; Independence Day; Ed Wood; Mondo Cane; La naranja mecánica; Blade Runner; F/X; Mad Max: Beyond Thunderdome; El hombre que cayó a la Tierra; The Last Days of Man on Earth; Slaughterhouse Five; 2001: Odisea del espacio; La trilogía de Star Wars.*

Música uraniana

Música techno; *Dig Your Own Hole* (The Chemical Brothers); *Dead Cities* (The Future Sound of London); *Homework* (Daft Punk); *In Sides* (Orbital); la música de los artistas más electrónicos, heavy metal o de jazz progresivo. Mucha música New Age, especialmente Kitaro. «Hard Rock» (John McLaughlin); «One World» (John McLaughlin); «Sheena is a Punk Rocker», «We're a Happy Family» y «I Don't Care», *Rocket to Russia* (The Ramones); «We Want the Airwaves», *Pleasant Dreams* (The Ramones); «Choke on This» y «Can't Change the World», *Choke on This* (Rhythm Pigs); «Rated X», de *Get Up with It* (Miles Davis); «Uranus, the Magician», *The Planets* (Holst).

19

Neptuno y Piscis

Neptuno es la energía planetaria más difícil de comprender porque, debido a su naturaleza, simboliza los fenómenos vagos, sutiles, ilusorios y poco claros. Saturno tiene la necesidad de construir una base psíquica, un ego desde el cual operar. Neptuno es una fuerza contraria en la psique, que niega al ego y lo disuelve; nos regala la percepción de que, en último término, uno no es el ego.

Neptuno está resumido en el principio de la entropía. Una cantidad dada de energía, cuando es liberada al ambiente, se diluye o se difumina gradualmente hasta que parece haberse disuelto en sus alrededores. Dicha cantidad de energía sigue siendo la misma, pero está tan difusa que ya no puede ser devuelta a su forma original.

Neptuno es una fuerza femenina que nos permite sacrificar los objetivos del ego y sumergirnos en el todo, en el vacío de la matriz cósmica, regresando con una imaginación y una inspiración más ricas, una mayor sensibilidad, receptividad y dedicación humana. Neptuno está vinculado a los sueños, a la intuición, la imaginación, la iluminación y el verdadero misticismo.

Las personas con una fuerte energía Neptuno/Piscis en sus horóscopos pueden ser sensibles, idealistas, espirituales, románticas y compasivas. Si están afligidas, Neptuno puede provocar miedos y fobias, malentendidos, dependencia y escapismo, especialmente a través del alcohol y las drogas. Neptuno es particularmente difícil cuando hay un ego débil, pues puede abrir al individuo a estas poderosas energías inconscientes, a veces con consecuencias drásticas. Quienes tienen poca energía Neptuno/Piscis pueden no ser conscientes de las dimensiones sutiles del espíritu. Pueden ser intolerantes, rígidas y poco compasivas.

Neptuno: una experiencia
(Este ejercicio es mejor cuando lo facilita un guía)

Imagina que eres un organismo de una célula y vives en un diminuto charco de agua. Ése es todo el mundo que conoces. Centra tu atención en la única célula de tu cuerpo. Visualízala claramente. Ahora, imagina el charco en el que vives. Empieza a llover otra vez. Tu charco se hace más grande. Se une a uno más pequeño que está al lado en el suelo. Concéntrate en tu cuerpo de una sola célula. Continúa lloviendo. Los diversos charquitos que hay a tu alrededor acaban uniéndose y formando un pequeño riachuelo. Ahora visualiza el riachuelo en el que vives.

Empiezas a flotar, fluyendo cada vez con más agua. Concéntrate en tu cuerpo de una sola célula. El riachuelo se convierte en un arrollo. Visualízalo. Estás moviéndote con el fluir del agua, descendiendo hacia un arrollo más grande. Estás empezando a ser impulsado con más rapidez por la fuerza acumulativa del agua. Concéntrate en tu cuerpo de una célula. Ahora el arrollo desemboca en un pequeño río. Visualiza el río en el que ahora vives. Éste va adquiriendo más fuerza, más volumen. Se abre paso hasta una bahía y sale al mar abierto. Concéntrate en tu cuerpo de una célula. Una ola te lleva, alejándote cada vez más de la orilla, arrastrándote hacia su gran cuerpo, empujándote con toda su fuerza hacia el interior de su enorme dimensión. Siente cómo flotas libremente, movido por el ritmo de las aguas.

(El guía te hace regresar a la bahía, al río, al arrollo, al riachuelo y al charco, recordándote continuamente que debes concentrarte en la única célula de tu cuerpo.)

Movimiento

El movimiento de Neptuno se visualiza mejor en el agua. Imagina que eres un pez que se mueve libremente y con fluidez. Tu columna es sutil, se puede curvar y girar fácilmente. Puedes viajar por las corrientes, arriba y abajo, como en una montaña rusa, o sobre la superficie, dejándote llevar por las olas.

Tanque de flotación

Si vives en una gran ciudad, es posible que hayas tenido acceso a un «tanque *shamadhi*», o tanque de flotación. Inventado por el investigador de delfines, John Lilly, se trata de una gran «bañera» cerrada, a la cual entras por una puerta. Después de cerrarla, te encuentras dentro de una cálida oscuridad absoluta. La bañera ha sido llenada con una solución salina que te permite tenderte y flotar fácilmente. La privación sensorial y la cálida sensación de flotación hacen que sientas que has vuelto al útero materno. Al principio, para algunas personas, esto puede dar miedo. Otras se adaptan rápidamente y encuentran que es una experiencia amorosa, feliz, de libre flotación.

Caminar a ciegas

Neptuno trata acerca de la dificultad para ver, de los consecuentes sentimientos de falta de control y la respuesta de la rendición. He aquí una experiencia para establecer un contacto más profundo con esos sentimientos que hay en nuestro interior. Se trata de un ejercicio ideal para cualquiera que tenga un Neptuno fuerte, ya sea de nacimiento o por un tránsito. Puede hacerse con un amigo o en grupo. (Necesitarás un pañuelo grande o una bufanda.)

En primer lugar, encuentra un compañero. Uno de vosotros cubre los ojos del otro con la venda y luego lo guía, preferentemente hacia el exterior, para dar una vuelta a la manzana o, si el tiempo lo permite, ir a una tienda de

comestibles u otro lugar público. Tanto si eres el guía como si eres la persona con los ojos vendados, mantente en contacto con los distintos sentimientos que experimentes. Después, comparte lo que has sentido. ¿Qué se siente al no poder ver o saber dónde está uno? ¿Cómo te sientes al ser dependiente? ¿Esto agita sentimientos respecto a alguna dependencia actual, o al tema del control? ¿Cómo se sintió el guía? ¿Qué se siente ante el hecho de que dependan de uno?

Ahora, intercambiad los roles y repetid el ejercicio. Examinad vuestras cartas natales. Comprobad cuáles son vuestros tránsitos actuales. ¿Te revelan más cosas sobre esta experiencia?

Variación Neptuno/Saturno: éste es un buen ejercicio para alguien con una combinación difícil de Neptuno/Saturno. Se hace mejor dentro de una casa. Pide a la persona que se fije especialmente en la habitación en la que se encuentra. ¿Cuán grande es? ¿Dónde están los muebles? ¿Las puertas? ¿Las paredes? Llévala caminando hasta las otras habitaciones, ayudándola a familiarizarse con la distribución de la casa y la relación de unas estancias con otras. Regresad a la habitación original. Ahora, haz que se cubra los ojos con la venda. Una vez hecho esto, condúcela hasta otra habitación. Dale entre seis y ocho libros para cargar, lo suficientemente pesados como para que le resulte difícil. Mientras tú vigilas que no tropiece con los muebles, pídele que encuentre el camino de regreso hasta su posición en la habitación original. (Como guía, sólo debes ayudarla cuando haya peligro de que se haga daño, o si parece estar sumamente frustrada.) Esta experiencia de sentirte ciego y cargado es una réplica de lo que uno siente con esta combinación en un aspecto difícil, natal o por un tránsito. Procesa estos sentimientos.

Sanación grupal

Formad un círculo y sentaos. Poneos cómodos, aflojad la ropa que apriete, quitaos los zapatos y relajaos. Tomaos de las manos y empezad a respirar profundamente. Tomad consciencia de un punto de luz sanadora que está entre vuestras cejas. Permitid que crezca lentamente y se haga más intensa. Dejad que llene toda vuestra cabeza. A continuación, expandidla hasta que incluya todo el cuerpo. Una vez hecho esto, cada uno debe visualizar que da la vuelta al círculo bañando a cada persona con su luz, una por una. Luego, turnaos para sentaros en el centro del círculo, por turnos. Cada vez que lo haga una nueva persona, centrad toda vuestra atención en ella. Enviadle sanación. Repetid su nombre en silencio, pidiendo que reciba vuestra luz sanadora. La persona que se encuentre en el centro debería intentar ser tan receptiva como pueda a la sutil energía espiritual que está siendo generada para ella.

Variación: sentaos en un círculo y comenzad a cantar en grupo. El canto más eficaz es el sonido cósmico universal «Aum» (se pronuncia «ah-omm»). Repetid esto a vuestro propio ritmo y pronto habrá una hermosa sinfonía vocal a vuestro alrededor. Dejad que se detenga por sí sola.

Vocablos

Yo formo parte de un grupo ritual en Chicago que, entre otras cosas, canta vocablos. Empezamos con el canto «Aum». Luego, cada uno de nosotros se expresa, permitiendo que fluya por su ser cualquier sonido que le parezca apropiado. Esto produce unos sonidos grupales inolvidables que persisten hasta que caemos en el silencio.

Formas sutiles de sanación

Neptuno está simbolizado por formas sutiles de sanación holística como los remedios de flores de Bach, la curación con gemas y cristales, y el equilibrio de energía del Reiki. Aprende más sobre ellas. Pide que te hagan una sanación. ¿Sientes sus efectos?

Un retiro contemplativo

De vez en cuando todos buscamos la soledad y apartarnos del mundo. Haz un retiro de una semana o de un fin de semana en un monasterio budista zen, o participa en un fin de semana intensivo en una comunidad espiritual.

Drogas y adicciones

Si quieres aprender más sobre el proceso sutil y en ocasiones insidioso de Neptuno, asiste a una reunión de apertura de Alcohólicos Anónimos o de

Hijos Adultos de Alcohólicos. Consigue una copia de los «Doce Pasos hacia la recuperación». Escucha lo que los miembros del grupo tienen que decir sobre sus vidas.

¿Eres hijo o hija de un alcohólico? ¿Eres alcohólico o drogadicto? Muchos de nosotros tenemos adicciones de otro tipo: el azúcar, el tabaco, el sexo, las relaciones, el trabajo o el éxito. Siguen siendo adicciones, ni más ni menos. ¿Las características de una persona afectada por el alcohol encajan contigo? ¿Necesitas ayuda?

¿Tu carta muestra una tendencia a las adicciones? Si es así, presta mucha atención durante los tránsitos difíciles de Neptuno.

Actividades de Neptuno

Entra en el mundo de Neptuno nadando en la piscina de tu barrio o haciendo submarinismo en tus próximas vacaciones. ¿Cómo te sientes en el agua? ¿En una piscina, en comparación con el mar? ¿Alguna vez tus temores se han llevado lo mejor de ti? ¿O no sientes ningún temor? ¿Esto se refleja en tu carta natal?

Fotografía

Neptuno está asociado al ámbito de las imágenes. Reúne unas cuantas fotografías. Incluye algunas personales y otras de revistas. ¿Está tu Neptuno en Virgo? Examina las fotos en busca de detalles. Analiza lo que ves. ¿Está tu Neptuno en Libra? Busca el sentido de equilibrio en las fotos. ¿Cómo están compuestas? ¿Hay un equilibrio de contrastes? ¿De color? ¿Está tu Neptuno en Escorpio? ¿Qué sentimiento se expresa en la fotografía? ¿Cuál era el estado de ánimo de la persona que la tomó?

Arte visionario

Existe un número cada vez mayor de artistas visionarios. *Visions of the Universe*[1] es una impactante serie de pinturas que representan al Sol, la Luna, los plane-

---

1. Kazuaki Iwasaki e Isaac Asimov, *Visions of the Universe*, Montrose, CA, The Cosmos Store, 1981.

tas y las estrellas, realizadas por Kazuaki Iwasaki. Está publicada por *The Cosmos Store*, una división de Carl Sagan Productions. Cualquier astrólogo que esté trabajando con métodos experimentales apreciará las bellísimas imágenes que hay en este libro.

Meditaciones y visualizaciones

El andar de Neptuno

Camina como lo harías un instante después de haber conocido a tu alma gemela. Muévete de una forma soñadora, flotante, alegre, sintiéndote feliz y en paz.

Meditación de Neptuno

En la tradición oriental, el campo de energía sutil que rodea a todos los seres vivos se conoce como el aura. El aura cambia constantemente de forma, color e intensidad, de un modo muy similar a lo que ocurre con el fenómeno llamado Aurora Boreal. De vez en cuando, nuestras auras se vuelven más porosas, absorbiendo energía psíquica de cualquier persona que esté cerca de nosotros. En ocasiones uno lo percibe, pues experimenta estados de ánimo inexplicables, sentimientos de confusión interior, o una sensación de adherencia, de dependencia. Para resolver esto, primero limpia tu aura ejercitándote físicamente y/o dándote una ducha. Deja que el agua corra de tu cabeza a tus pies. Imagina que arrastra las vibraciones perturbadoras. Sécate, vístete, siéntate e, inmediatamente, prueba esta meditación. Su propósito es crear la fortaleza interior para proteger tu aura.

Respira hondo unas cuantas veces y aquieta tu mente. Concentra tu atención en el chakra Ajna, el punto entre tus cejas. A continuación, visualiza un hilo de plata que sale de él, envolviéndote y creando un capullo protector plateado. Siente la seguridad de estar rodeado de este capullo lunar/solar.

Visualízate sumergido en esta energía absolutamente protectora. Di mentalmente: «Sólo absorberé energía de luz». Hazlo durante tanto rato como sea necesario para que sientas que vuelves al equilibrio.

Si crees que estás absorbiendo energía negativa de una persona y ésta continúa estando en tu entorno, refuerza esta visualización durante unos minutos antes de estar en su compañía. De este modo puedes fortalecer tu aura conscientemente.

Películas y música recomendadas

Películas de Neptuno

Leaving Las Vegas; Toy Story; cualquier película de animación, especialmente la mistificación animada de *Fantasía* de Disney, de Bruno Bozzetto; *Allegro Non Troppo; Lady Sings the Blues; Días de vino y rosas; Alguien voló sobre el nido del cuco; The Heart Is a Lonely Hunter.*

Música recomendada

Cánticos de Éxtasis, Visión (Hildegarda von Bingen); *Soma* (Steve Roach); *Music for Zen Meditation* (Tony Scott, Shinicki Yuize y Hozan Yamamoto); *Cape Code Ocean Surf* (Modos Recordings); *Sailboat Village* (Mood Recordings); «Sanctuary» (John McLauglin); *Discrete Music* (Brian Eno); *Tibetan Bells* (Henry Wolff/Nancy Hennings); *Ancient Echoes* (Steve Halpern y Georgia Kelly); *Music for Airports* (Brian Eno); «Lucy in the Sky with Diamonds», *Magical Mystery Tour* (The Beatles); «Lullaby» (Brahms); «Song of the Seashore» (James Galway); «Hosanna» (Berlioz); *Inside the Taj Mahal* (Paul Horn); «When You Wish Upon a Star», cantos gregorianos.

20

Plutón y Escorpio

Al ser el planeta más lejano de nuestro sistema solar, Plutón simboliza el nivel de cambio más intenso y más profundo posible en la psique humana. Es el poder femenino primordial que se introduce en la consciencia y no puede ser aplacado por medio de la voluntad o la razón. Mitológicamente, Plutón es la antigua diosa sumeria del inframundo, Ereshkigal, cuyos orígenes preceden a los del dios griego Hades y el dios romano Plutón. Ella simboliza el profundo viaje interior en el que se embarca cada uno de nosotros después de haber perdido algo valioso. Para la mayoría de nosotros, esto no se hace conscientemente, o de buena gana, sino por fuerzas internas que nos impulsan a entrar en el fuego purificador que separa un nivel de existencia del otro.

Plutón suena a proceso horrible y no deseado, pero cuando se contempla con toda la luz del alma, es un proceso necesario que devuelve el equilibrio a la psique profunda. En respuesta a este anhelo de penetrar en nuestras propias profundidades y conocer completamente al «Yo», nos enfrentamos a los «demonios» de un ego desequilibrado (*hubris*), del deseo y del poder. Al mantener nuestro coraje y tenacidad, dejamos ir a nuestros demonios particulares, integramos este poder en estado puro y emergemos con el don de la totalidad que contiene en su interior un almacén de riquezas psíquicas y espirituales.

Las personas con una fuerte energía Plutón/Escorpio exhiben una gran intensidad y un gran vigor, magnetismo sexual y carisma, y una capacidad para el esfuerzo inexorable y la sanación en profundidad. Si están afligidas, pueden estar sedientas de poder, ser egocéntricas, celosas, posesivas, coercitivas o crueles. Los individuos que tienen poca energía Plutón/Escorpio pueden ser víctimas del ataque violento de su propia energía reprimida al ignorar crónicamente lo que necesita ser cambiado, o pueden caer presa del abuso de poder por parte de otra persona.

Dado que Plutón tiende a expresarse mediante la intensidad y la complejidad, muchas experiencias plutonianas requieren guías competentes. Necesitamos ser conscientes de la posibilidad de que un individuo se sienta abrumado por las fuerzas inconscientes que ha liberado. Hay dos prerrequisitos para enfrentarse con eficacia a las energías de Plutón: habilidad para lidiar con los ámbitos profundos y, en ocasiones, terroríficos, y el tiempo necesario para procesar plenamente el material inconsciente resultante que ha sido estimulado.

Heridas chamánicas

El chamanismo es un fenómeno que se extiende por todo el milenio y ha sido parte de prácticamente todas las culturas del planeta. Un chamán es un sacerdote, o una sacerdotisa, que actúa como mediador entre los mundos de lo consciente y de lo inconsciente. Son sanadores de la psique que utilizan sistemas de símbolos e imágenes codificados, proporcionando un lenguaje para el inconsciente y un medio para expresar estados que, de otro modo, serían inexpresables.

En la antigüedad, los astrólogos eran los sacerdotes-chamanes. Actualmente, cada vez más astrólogos están volviendo al papel sanador imprescindible de «comadronas» de la psique, creando los medios y los métodos para ayudarnos a nosotros mismos y ayudar a los demás a enfrentarse con éxito a la energía de Plutón.

307

El concepto del sanador herido es significativo para los astrólogos que trabajan actualmente en calidad de sanadores. Carl Jung consideraba que un verdadero sanador es aquel que ha sido herido, que ha experimentado tanto la herida como el proceso de sanación. Como astrólogos, sólo podemos acompañar a los demás tan lejos como nosotros hayamos llegado. Para guiar a otra persona más allá del umbral de lo inconsciente, tenemos que haber viajado ahí nosotros mismos.

Los tránsitos de Plutón suelen activar traumas espirituales, físicos o emocionales que nos catapultan en el funcionamiento interno de esa crisis que nos hiere. Una vez que estas experiencias de sufrimiento, muerte y Renacimiento son integradas, podemos utilizar el conocimiento especial de esos poderosos estados para sanarnos y sanar a los demás. Al guiar a quienes están enfrentándose a las fuerzas plutonianas (algunos por primera vez) podemos ayudar a liberar y aliviar las presiones internas inconscientes y asistir a nuestro amigo o cliente para que comprenda, transforme e integre la energía de Plutón.

Hay una excelente experiencia de la herida de Plutón ideada por Jean Houston, llamada la «Herida Sagrada». Se trata de un proceso de tres horas que se realiza a solas con un guía, o con un grupo. Se hace una serie de preguntas para estimular la narración de la historia de tu herida y luego para que la repitas en sus proporciones místicas. Este ejercicio lo puedes encontrar en la revista *Magical Blend* (número 17, pág. 56) o en el libro de Jean, *The Search for the Beloved*, publicado por Jeremy P. Tarcher (Los Ángeles).

Otras buenas fuentes generales para leer acerca del mundo de los chamanes son los libros de Carlos Castaneda, en los que relata sus experiencias con el brujo Don Juan,[1] así como *Black Elk Speaks*[2] de John Neihardt, *Lame Deer: Seeker of Visions* de John Lame Deer y Richard Erdoes o *Shamanic Voices*[3] de Joan Halifax.

---

1. Carlos Castaneda, *The Teachings of Don Juan: A Yaqui Way of Knowledge*, Nueva York, Simon & Schuster, 1986. Véase también: Carlos Castaneda, *A Separate Reality*, Nueva York, Simon & Schuster, 1971, y *Journey to Ixtlan*, Nueva York, Simon & Schuster, 1974. (Trad. esp.: *Las enseñanzas de don Juan, una forma yaqui de conocimiento* y *Vaya a Ixtlán*, Madrid, Fondo de Cultura Económica, 2001.)

2. John Lame Deer y Richard Erdoes, *Lame Deer: Seeker of Visions*, Nueva York, Simon & Schuster, 1976. (Trad. esp.: *El don del poder: vida y enseñanzas de un hombre medicina lakota*, Palma de Mallorca, José J. Olañeta [Ed.], 2001.)

3. Joan Halifax, *Shamanic Voices*, Nueva York, E. P. Dutton, 1979.

El viaje chamánico

El viaje chamánico es un sistema de técnicas psicológicas y físicas para alterar estados de consciencia sin drogas y entrar en el ámbito «no ordinario» del chamán. Se trata de viajes profundos, llenos de imágenes, al «Inframundo» y al «Mundo Superior». Utilizando el trance, los tambores y las visualizaciones guiadas, uno entra, por una grieta en la consciencia, en territorio chamánico.

Una de las mejores fuentes y más fáciles de encontrar sobre el viaje chamánico es *The Way of the Shaman*[4] de Michael Harner. Harner ofrece una introducción elemental a las técnicas reunidas en su investigación como antropólogo y a partir de su experiencia con los chamanes sudamericanos y norteamericanos.

Línea de poder

Se trata de un ejercicio para ser utilizado con un grupo que ya haya interactuado al menos varias veces con anterioridad. No funcionará bien con un grupo nuevo.

En primer lugar, pide al grupo que forme una fila. Decide qué dirección representa el «Frente» y cuál la «Espalda» de la línea. Presta particular atención a las respuestas cambiantes de cada persona a medida que el ejercicio se va desarrollando. (Los participantes deben prestar atención a sus propias respuestas.) En grupo, distribuíos en orden, de tal manera que el miembro más poderoso esté en la parte delantera de la fila y el que lo sea menos al final de ésta. Cualquier participante puede mover a otro hasta una posición que considere apropiada para esa persona. Deja que la fila siga cambiando hasta que haya un consenso. (Es posible que esto no ocurra.) Como facilitador, observa el proceso detenidamente. ¿Hay alguien que haya ido inmediatamente al final de la fila? ¿Y a la parte delantera? ¿Y que permanezca en medio sin comprometerse? ¿Quién mueve a la gente? ¿Quién espera a que los demás decidan su posición? Esto revela con mucha precisión cómo se siente cada persona respecto de su poder entre los demás, así como la forma en que está limitada por ciertos sentimientos acerca del poder. Después del ejercicio, concede al grupo mucho tiempo para

---

4. Michael Harner, *The Way of the Shaman*, San Francisco: Harper & Row, 1980. (Trad. esp.: *La senda del chamán*, Valencia, Editorial Ahinsa, 2000.)

que exprese sus sentimientos y procese lo que ha surgido. Comparte tus observaciones. Haz que cada persona examine a Plutón en su carta natal y por tránsito. ¿Esto clarifica sus reacciones particulares?

Variación: éste es un ejercicio que puedes hacer a solas. Analiza una situación actual en la que estén implicadas otras personas. Determina y observa las líneas de poder. ¿Quién tiene más poder por derecho? ¿Quién tiene realmente más poder? ¿Quién se alinea con quién? Dibuja una tabla que muestre estas líneas de poder. ¿Dónde encajas tú? ¿Eres uno de los más poderosos? ¿O de los menos poderosos? ¿Estás satisfecho con tu posición en la línea de poder?

Secretos

Ésta es una manera interesante de activar tus sentimientos respecto a los secretos. En un grupo, reparte hojas de papel idénticas y bolígrafos. Cada persona escribe un secreto que nunca le ha dicho a nadie. Introduce todos los papeles dentro de un sombrero o un cuenco colocado en el centro. Los participantes se turnan para extraer un secreto y leerlo en voz alta como si fuese suyo. Si sacas el tuyo, léelo de todos modos. Extiéndete hablando sobre el secreto. Añade detalles. Sé consciente de tus sentimientos durante este proceso. ¿Qué sientes en relación con los secretos de los demás? ¿Alguno de ellos te conmocionó? En tu opinión, ¿hubo alguno «peor» que el tuyo? ¿Puedes comprender a quien escribió cada uno de ellos? ¿Qué se siente al revelar una parte privada de ti?

Terapias corporales

Las terapias corporales como el trabajo de liberación reichiano, la bioenergética y el rolfing tratan con la energía bloqueada dentro del cuerpo. Partiendo de la premisa de que las experiencias emocionales y traumáticas reprimidas y no integradas quedan atrapadas dentro del cuerpo como una especie de armadura, estas técnicas se concentran en la energía y en liberar estos traumas mediante posturas corporales específicas y sostenidas, o con un profundo masaje de los tejidos. *Rediscovery of the Body*, de Charles Garfield, es una práctica visión general de las terapias corporales.

Las partes de mí que no me gusta ver

Plutón nos pondrá en contacto con aspectos de nosotros mismos que no queremos reconocer. Se trata de una energía reprimida, disociada, que presiona desde el inconsciente para ser vista e integrada. ¿De qué partes de tu psique, que en realidad no has mirado o sobre las que no has reflexionado, has tenido vislumbres? Si esas partes continúan siendo dejadas de lado, es previsible que el próximo tránsito de Plutón las agite. ¿Qué puedes hacer ahora para empezar a aceptar esas energías reprimidas?

Resentimientos

Haz una lista de tus resentimientos. ¿Tienes resentimientos hacia alguien en tu vida actualmente? ¿Anteriormente se habían estimulado sentimientos similares? ¿Puedes reconocer que está en funcionamiento una pauta inconsciente repetitiva? Si estás en un grupo, dividíos en parejas. Hablad de vuestros sentimientos resentidos.

¿Sientes resentimiento hacia una persona en particular? Simbólicamente, colócala delante de ti en tu mente. De la manera más directa y tranquila posible, dile por qué sientes un resentimiento hacia ella. Sé específico. Intenta rodear a la persona y a ti con un círculo de amor para disipar la energía Marte/Plutón. Di: «Te perdono. Me perdono». Repítelo.

Variación: trabaja con un compañero. Uno de vosotros elige ser su propio Plutón. El otro es la Luna de dicha persona. La función de la Luna consiste en sentarse en silencio, observar y reflejar los sentimientos expresados por Plutón. Quien interpreta a este último debe decirle a la Luna cuáles son sus deseos, resentimientos, heridas, ambiciones, etc. Cuando haya agotado sus sentimientos sobre estas áreas, intercambiad papeles. (Fuente: Jeff Jawer.)

Ritual ceremonial

Los rituales ceremoniales se realizan en el mundo entero en todas las culturas sanas. Estos ritos profundamente simbólicos, y a menudo anuales, permiten que un individuo y la comunidad hagan una pausa dentro de las actividades cotidianas para volver a integrar las corrientes subterráneas primitivas y arquetípicas de la psique y a entrar en comunión con ellas. La danza anual del Sol del solsticio de verano de los nativos norteamericanos y otras comunidades ceremoniales es un ejemplo. Lo típico es que el ritual de estos nativos consista en cuatro días y cuatro noches de danzas, tambores y plegarias continuos. Algunos de ellos están abiertos al público y ofrecen la oportunidad de observar estos rituales ceremoniales tan especiales.

Vivir una decisión

Haz un viaje al reino de Plutón en un *rafting* desafiante y exigente por un río en medio de la naturaleza. Existen numerosos grupos de hombres, de mujeres, o mixtos que ofrecen este tipo de viaje en bote o en canoa. Una excursión de fin de semana tiene todas las características de Plutón. Es totalmente absorbente, exigente, y está llena de altibajos físicos y emocionales. Hay momentos de pura euforia, cuando uno navega con éxito por un rápido difícil, y otros en el que se nos para el corazón de puro temor cuando el bote se voltea y ves a tu amigo caer, totalmente a merced de las aguas turbulentas. Peor aún es la perspectiva de verte lanzado fuera del bote, o que éste sea succionado hacia un agujero. Cualquier cosa es posible cuando te enfrentas a una extensión difícil del río. Experiencias como ésta pueden ofrecer un maravilloso sentimiento de satisfacción.

La sexualidad

Marte y el Plutón más intenso están asociados con nuestra sexualidad. Ya sea a solas o en un grupo, ¡dedica unos momentos a recordar tu experiencia sexual más excitante! (Obviamente, esto no funcionaría bien en un grupo nuevo, o en uno en el cual no se haya establecido una confianza.) ¿Cuándo tuvo lugar tu última experiencia sexual excitante? ¿Puedes describírsela a una persona o al grupo?

Variaciones: ¿Qué parte de tu cuerpo no te gusta? Cuando te acuestas con alguien por primera vez, ¿qué parte de tu cuerpo te avergüenza? ¿Qué te excita sexualmente? ¿Qué partes de tu cuerpo son más eróticas?

Tantra

La ancestral práctica erótica del Tantra es un sendero plutoniano para llegar a estados más elevados de consciencia y de control. Empezando con la energía más accesible, la atracción sexual, se crea un trampolín hacia ámbitos más sutiles. Esta práctica cultiva la sexualidad integrando las fuerzas sutiles del cuerpo humano con el objetivo de alcanzar un equilibrio dinámico entre las energías duales y opuestas llamadas *yin* y *yang*. Éstos son algunos libros recomendados sobre el Tantra: *Tantrism: Its Secret Principles and Practices* de Benjamin Walker, *Tantra in Tibet* del Dalai Lama, Tsong-ka y Jeffrey Hopkins, *Tools for Tantra* de Harish Gohari, *Tantra for the West* de Marcus Allen y *Sexual Secrets* de Nick Douglas y Penny Slinger.

Los tabúes

Los tabúes, tanto personales como sociales, suelen estar basados en la moralidad. ¿Qué tabúes sociales se te ocurren? ¿Cuáles son tus tabúes personales? ¿Alguna vez has violado un tabú social? ¿Y uno personal? Si estás haciendo este ejercicio en grupo, ¿podrías hablar de ello con los demás?

Aniquilación nuclear

En un grupo, discutid qué probabilidades creéis que existen de que haya una guerra nuclear durante vuestras vidas. Dedicad tiempo a procesar los sentimientos que hayan aparecido durante esta conversación.

El sida

Este tema complejo está delante de todos nosotros. ¿Cómo nos enfrentamos al sida a nivel individual? ¿Y como cultura? ¿Y como comunidad mundial? ¿Cómo protegemos los derechos de quienes son portadores del virus y los de aquellos que no lo son? ¿Cómo pagamos esos enormes gastos médicos para un grupo tan numeroso? ¿Cómo nos enfrentamos al tema de las pruebas, la confidencialidad y los prejuicios? ¿Conoces a alguien que tenga el sida? ¿Conociste a alguien que haya muerto de sida?

Magia

La magia y las operaciones mágicas entran dentro de la categoría de Plutón. Muchos de nosotros hacemos magia inconscientemente a diario. En el nivel más simple, la magia es la habilidad de influir en el mundo por medios psíquicos. Es el poder de influenciar y, finalmente, controlar, nuestra propia realidad espacio-temporal y, a la larga, la de los demás. Un excelente libro para aprender más acerca de la magia es *Natural Magic: The Magical State of Being*[5] de Barry Saxe. Se trata de una lectura particularmente lúcida, bien documentada y fascinante. Melita Danning y Osborne Phillips también han escrito una respetada y conocida serie de libros sobre el tema: *The Magical Philosophy*.[6] Entre otras fuentes para el uso específico y técnico están *The Practice of Magical Evocation*[7] de Franz Bardon y numerosos libros de la ocultista Dion Fortune.[8]

Una hora para vivir

Has visto el futuro y sabes que sólo te quedan sesenta minutos de vida en la Tierra. ¿Qué le dirías a la gente de tu entorno? ¿Con quiénes tienes temas pendientes?

Escrúpulos

El juego de mesa «Escrúpulos» no podría ser más escorpiano. Es un juego de autoevaluación en el cual, maliciosamente, decides si vas a decir la verdad o una mentira. Este juego os coloca a ti y a tus amigos en una serie de situacio-

---

5. Barry Saxe, *The Magical State of Being*, Nueva York: Arbor House, 1977.

6. Melita Danning y Phillip Osborne, *The Llewellyn Inner Guide to Magickal States of Consciousness: Working the Path of the Tree of Life*, Minneapolis, MN: Llewellyn Publications, 1985 y *Mysteria Magica*, 2ª edición, revisada y ampliada, Minneapolis, MN, Llewellyn Publications, 1986.

7. Franz Bardon, *The Practice of Magical Evocation*, Wuppertal, W. Germany: Dieter Ruggeberg, 1975.

8. Por ejemplo: Dion Fortune, *Psyquic Self-Defense*, Wellingborough, Northamptonshire, Aquarian Press, 1985 (trad. esp.: *Autodefensa psíquica*, Madrid, Luis Cárcamo [Ed.], 1987), y *Sane Occultism*, Wellingborough, Northamptonshire, Aquarian Press, 1985.

nes éticas provocadoras a las que debéis responder, después de mucho reflexionar. ¿Posarías desnudo para una revista nacional por 10.000 dólares? Un extraño y tú paráis un taxi al mismo tiempo. Cuando éste se detiene, ¿insistes en que el taxi es para ti? Eres testigo de un accidente automovilístico en el cual una de las partes tiene, claramente, la culpa. ¿Te ofreces a prestar declaración? De vez en cuando respondes la verdad. O, anticipando cómo responderán tus amigos, das la respuesta contraria. Luego, debes convencer al grupo de la sinceridad de tu respuesta. Es muy escorpiano y hace reflexionar.

Meditaciones y visualizaciones

El andar de Plutón

El andar de Plutón es intenso e intimidante. Camina con poder, fuerza y pasión. Finge que eres Hades saliendo de las entrañas de la Tierra para capturar a Perséfone.

Películas y música recomendadas

Películas de Plutón

Mulholland Falls; Shawshank Redemption; Pretty Woman; Atracción Fatal; Instinto Básico; Testament; Bang the Drum Slowly; Deliverance; Shoah; My Fair Lady; El Padrino; The Lion in Winter; The Burning Bed.

Música recomendada

Hearing Solar Winds (The Harmonic Choir y David Hykes); *Tantric Songs* (Popul Vuh); *Totem* (Gabrielle Roth); *Chaotic Meditation* (Music of the Shree Rajneesh Ashram); *Dark Side of the Moon* (Pink Floyd); «I'm Not in Love» (10cc); «Preludio de Lohengrin» (Wagner) y gran parte de la obra de Wagner; la banda sonora de *Apoclypse Now*; *Te Deum* (Berlioz); «Battle of the Huns» (Liszt); «Una noche en el Monte Pelado» (Mussorgsky); *Gloria* (Vivaldi); Cho-ga: Tantric and Ritual Music of Tibet.

Comentario final:
la astrología por la experiencia
en el mundo

La historia reciente de la astrología por la experiencia ha sido bastante emocionante, y una serie de colegas han trabajado duro para su desarrollo. Me vienen a la mente dos ejemplos en especial: los «*Roots Conferences*» y los «*Planet Camps*». Kelly Hunter (de Vermont y las Islas Vírgenes) organizó «*Roots*», una serie de congresos celebrados durante seis veranos consecutivos (1988-1993). Siempre centrándose en tránsitos astrológicos dinámicos concurrentes, estos eventos aprovechaban la energía planetaria del momento e incluían cinco días de actividades interactivas y contemplativas, individuales y grupales. Los grupos de cuarenta a cien fueron facilitados por seis astrólogos de la experiencia, los cuales se turnaron para dirigir un proceso psicoespiritual en evolución hacia un final celebrador: normalmente una Danza de la Luna Llena al aire libre, de tres horas de duración (¡a veces toda la noche!), con músicos profesionales tocando la conga, con disfraces, una fogata, un glorioso cielo nocturno y un baile muy sentido. Definitivamente, astrología *viva*. Algo similar, aunque con sus sabores únicos, fueron los «*Planet Camps*», patrocinados en 1991 y en 1994 por la revista *Mountain Astrologer* (y en 1995 por otro grupo de fuertes «experiencialistas»), y el «*New Zeland Planet Camp*» de 1996, organizado por Christine Broadbent.

Jeff Jawer, uno de los fundadores de la astrología por la experiencia, ha estado trabajando con métodos experimentales desde mediados de los años setenta. Ha escrito varios artículos sobre la astrología por la experiencia y ha sido uno de sus defensores más dedicados en Estados Unidos y en Europa. Jeff y su esposa francesa, Danick, que es astróloga, cantante y músico, han dirigido talleres experimentales en Europa todos los veranos desde 1990. Son únicos y muy populares, y ponen énfasis en el uso del astrodrama y la música. Jeff y Danick presentan regularmente su trabajo en Francia, Alemania, Suiza y Holanda. En estos momentos se encuentran en San Diego, California, donde también ofrecerán animados talleres experimentales.

Es importante señalar que actualmente muchos de los principales congresos de astrología incluyen secciones experimentales en sus programas. El *United Astrology Congress* ha tenido una sección de éstas desde sus comienzos en 1986 (gracias, en parte, a Marion March), al igual que el congreso anual de la *Astrological Association* en Inglaterra, *The World Congress* en Suiza y los congresos patrocinados por el *Chiron Center* en Melbourne, Australia. En Estados Unidos, se han incluido regularmente talleres y secciones experimentales en los congresos del ISAR (*International Society for Astrological Research*) y del ARC (*Aquarian Revelation Conference*). Además, seis escuelas de astrología del mundo entero patrocinan talleres de experiencia (*Astrodata* en Zurich, el *Chiron Center* en Melbourne, el *Dublin Astrological Center* en Dublín), u ofrecen programas extensos de formación en astrología por la experiencia (*The Empress Center* en Londres, *Astrologskolen* en Copenague y *Stichting Achernar*, es decir, «Escuela de Astrología» en Ámsterdam).

En el mundo entero, ¡la astrología por la experiencia está *vivita y coleando*!

Por último, permíteme que te ofrezca una fuente para seguir la pista de estos emocionantes avances, *Astrology Alive: The Website*, en su dirección en Internet:

http://www.lightworks.com/Astrology/Alive/

Bibliografía

ACHTERBERG, Jeanne, *Imagery in Healing,* Boston, Shambhala, New Science Library, 1985. (Trad. esp.: *Por los caminos del pasado, presente y futuro de la visualización como instrumento de curación,* Madrid, Los libros del comienzo, 1994.)

ANGUS, S., *The Mystery of Religions,* Nueva York, Dover, 1975.

ARGÜELLES, José y Miriam, *Mandala,* Berkeley y Londres, Shambhala, 1972.

ARROYO, Stephen, *Astrology, Karma and Transformation,* Davis, Calif., CRCS Publications, 1978.

— *Astrology, Psychology and the Four Elements,* Davis, Calif., CRCS Publications, 1975. (Trad. esp.: *Astrología, psicología y los cuatro elementos,* Barcelona, RBA, 2004.)

BANDLER, Richard, y John GRINDER, *Frogs into Princes.* Moab, Utah, Real People Press, 1979. (Trad. esp.: *De sapos a príncipes,* Madrid, Gaia ediciones, 2004.)

BARBACH, Lonnie, *Pleasures,* Nueva York, Harper & Row, 1985. (Trad. esp.: *Placeres,* Madrid, Ediciones Martínez Roca, 1989.)

BATESON, Gregory, y Mary Catherine BATESON, *Angels Fear,* Nueva York, Macmillan. 1987.

BETTELHEIM, Bruno, *The Uses of Enchantment,* Nueva York, Arthur A. Knopf, 1977.

BOLEN, Jean Shinoda, *Goddesses in Everywoman,* Nueva York, Harper & Row, 1984. (Trad. esp.: *Las diosas de cada mujer: una nueva psicología femenina,* Barcelona, Editorial Kairós, 1993.)

BRENDRETH, Gyles, *Classic Puzzles,* Nueva York, Harper & Row, 1985.

BROWN, Barbara, *New Mind, New Body,* Nueva York, Harper & Row, 1975.

CAMPBELL, Joseph, *The Hero with a Thousand Faces,* Princeton, Princeton University Press, 1973. (Trad. esp.: *El héroe de las mil caras: psicoanálisis del mito,* Madrid, Fondo de Cultura Económica de España, 2005.)

— *The Portable Jung,* Nueva York, Penguin Books, 1976.

— *The Mythic Image,* Princeton, Princeton University Press, 1981.

— *Way of the Animal Powers,* San Francisco, Harper & Row, 1983.

CASTANEDA, Carlos, *The Teachings of Don Juan, A Yaqui Way of Knowledge*, Nueva York, Simon & Schuster, 1968. (Trad. esp.: *Las enseñanzas de don Juan*, Madrid, Fondo de Cultura Económica de España, 2005.)

— *A Separate Reality*, Nueva York, Simon & Schuster, 1971. (Trad. esp.: *Una realidad aparte*, Madrid, Fondo de Cultura Económica de España, 2001.)

— *Journey to Ixtlan*, Nueva York, Pocket Books, 1972. (Trad. esp.: *Viaje a Ixtlan*, Madrid, Fondo de Cultura Económica de España, 2001.)

CLARK, Ronald, *Einstein, The Life and Times*, New York, Avon Books, 1971,

CLYDESALE, Ruth, «A Solar Talisman, Marsilio Ficino's Holistic Astrology», en *Mountain Astrologer*, agosto-setiembre 1996.

CULLIN, Rodney, *The Theory of Celestial Influence*, Boulder, Colo., Shambhala Publications, 1984. (Trad. esp.: *La teoría de la vida eterna*, México, Ed. Yug, 1990.)

CORBIN, Henry, «The Jasmine of Fedeli D'Amore», En *Sphinx*, Vol. 3, Londres, The London Convivium for Archetypal Studies, 1990.

COULIANO, Ioan, *Eros and Magic in the Renaissance*, Chicago, University of Chicago Press, 1987. (Trad. esp.: *Eros y magia en el Renacimiento*, Madrid, Ed. Siruela, 1999.)

COWARD, Harold, *Jung and Eastern Thought*, Nueva York, State University of New York Press, 1985.

CRAFT, Bob, «Psyche y Eros», Dirección no publicada, Lucerna, The Astrology World Congress, mayo 1996.

CUMONT, Franz, *Astrology and Religion Among the Greeks and Romans*, Nueva York, Dover, 1960. (Trad. esp.: *Astrología y religión en el mundo grecorromano*, Barcelona, Edicomunicación, 1989.)

CUNNINGHAM, Donna, *Healing Pluto Problems*, York Beach, Maine, Samuel Weiser, Inc., 1986.

DEMPSEY, Charles, *The Portrayal of Love*, Princeton, Princeton University Press, 1992.

DOWNING, George, *The Massage Book*, Nueva York, Random House, 1972. (Trad. esp.: *El libro del masaje*, Barcelona, Ediciones Urano, 1987.)

ERICKSON, Milton, y Earnest Rossi, *Hypnotic Realities*, Nueva York, John Wiley and Sons, 1976.

FEDER, Elaine, y Bernard FEDER, *The Expressive Arts Therapies*, Engelwood Cliffs, N. J., Prentice Hall, Inc., 1981.

FICINO, Marsilio, *Marsilio Ficino's Book of Life*, Traducido por Víctor A. Velen y Elizabeth Velen, Nueva York, 1972.

— *The Letters of Marsilio Ficino* (Nueva York, Columbia University Press, 1985), 2:33.

FISHER, Helen, *Anatomy of Love* (Nueva York, Fawcett Columbine, 1992), 52. (Trad. esp.: *Anatomía del amor: historia natural de la monogamia, el adulterio y el divorcio*, Barcelona, Círculo de lectores, 1996.)

FLUEGUELMAN, Andrew, *The New Games Book*, Nueva York, Doubleday, 1976.

GARIN, Eugenio, *Portraits from the Quattrocentro*, Traducido por Víctor A. Velen y Elizabeth Velen, Nueva York, 1972.

GAWAIN, Shakti, *Creative Visualization*, Nueva York, Bantam, 1972. (Trad. esp.: *Visualización creativa*, Málaga, Editorial Sirio, 1990.)

GLEICK, James, *Chaos*, Nueva York, Viking Penguin Inc., 1988. (Trad. esp.: *Caos: la creación de una ciencia*, Barcelona, Editorial Seix Barral, 1995.)

GOMBRICH, E. H. *Gombrich on the Renaissance,* vol. 2, Symbolic Images, Londres, Phaidon Press, 1972.

GOVINDA, Lama Anagarika, *The Way of the White Clouds,* Boulder, Colorado, Shambhala, 1970. (Trad. esp.: *El camino de las nubes blancas,* Valencia, Fundación Tres Joyas, 1995.)

GROF, Stanislav, y Christina GROF, *Beyond Death,* Londres, Thames & Hudson, Ltd., 1980. (Trad. esp.: *Além da morte,* Madrid, Ediciones del Prado, 1996.)

GROF, Stanislav, *Beyond the Brain,* Albany, N. Y., State University of New York, 1985. (Trad. esp.: *Psicología transpersonal: muerte y trascendencia en psicoterapia,* Barcelona, Ed. Kairós, 1988.)

— *The Adventure of Self-Discovery,* Albany, N.Y., State University of New York, 1988.

Grolier Encyclopedia, Grolier Electronic Publications, 1992.

GROSSINGER, Richard, *The Night Sky,* San Francisco, Sierra Club Books, 1981.

GROWTOWSKI, Jerzy, *Towards a Poor Theatre,* Nueva York, Simon & Schuster, 1968. (Trad. esp.: *Hacia un teatro pobre,* México, Siglo XXI editores, 2000.)

HALEY, Jay, *Uncommon Therapy,* Nueva York, W. W. Norton, 1973. (Trad. esp.: *Terapia no convencional,* Buenos Aires, Amorrortu Argentina, 1994.)

HALIFAX, Joan, *Shamanic Voices,* Nueva York, E. P. Dutton, 1979. (Trad. esp.: *Las voces del chamán,* México, Ed. Diana, 1995.)

HALL, Nor, *The Moon and the Virgin: Reflections on the Archetypal Feminine,* Nueva York, Harper & Row, 1980.

HAMAKER-ZONDAG, Karen, *Astro-Psychology,* Wellingborough, Northampton, The Aquarian Press, 1980. (Trad. esp.: *Astro-psicología,* Madrid, Ed. Edaf, 1987.)

HARDING, M. Esther, *Woman's Mysteries,* Nueva York, Harper & Row, 1971. (Trad. esp.: *Los misterios de la mujer,* Barcelona, Ediciones Obelisco, 1995.)

HARNER, Michael, *The Way of the Shaman,* San Francisco, Harper & Row, 1980. (Trad. esp.: *La senda del chamán,* Valencia, Editorial Ahímsa, 2000.)

HESIODO, *Theogony: The Poems of Hesiod,* Norman, Oklahoma, University of Oklahoma Press, 1983. (Trad. esp.: *Poemas hesiódicos,* Madrid, Ediciones Akal, 1984.)

HIGHWATER, Jamake, *Dance: Rituals of Experience,* Toronto, Metheun, 1985.

HILLMAN, James, *Re-visioning Psychology,* Nueva York, Harper & Row, 1975. (Trad. esp.: *Re-imaginar la psicología,* Madrid, Ed. Siruela, 1999.)

— «Plotino, Ficino and Vico», En *Loose Ends,* Dallas, Texas, Spring Publications, 1975.

— *Archetypal Psychology,* Dallas, Texas, Spring Publications, 1983. (Trad. esp.: *El mito del análisis, tres ensayos de la psicología arquetípica,* Madrid, Ed. Siruela, 2000.)

— *The Thought of the Heart and the Soul of the World,* Dallas, Texas, Spring Publications, 1992. (Trad. esp.: *El pensamiento del corazón; el retorno del alma al mundo,* Madrid, Ed. Siruela, 1981.)

— *The Soul's Code,* Nueva York, London House, 1996. (Trad. esp.: *El código del alma,* Barcelona, Ediciones Martínez Roca, 1998.)

HOLST, Imogen, *Holst,* London, Faber & Faber, Ltd., 1974.

HOPKINS, Budd, *Intruders: The Incredible Visitations at Copley Woods,* Nueva York, Random House, 1987. (Trad. esp.: *Las increíbles visitas de Coply Woods,* Madrid, Ed. Edaf, 1988.)

HOWELL, Alice, *Junguian Symbolism in Astrology,* Wheaton, Ill.: The Theosophical Publishing House, 1987.

HOUSTON, Jean, *The Possible Human,* Los Angeles, Jeremy Tarcher, 1982. (Trad. esp.: *Si quieres es posible: una guía para alcanzar tu verdadero potencial,* Madrid, Ed. Edaf, 1998.)

JAWER, Jeff, «Living the Drama of the Horoscope», *Astrology Now,* 22 (1979), 12-15, 55-58.

JOHNSON, Robert A. *She,* Nueva York, Harper & Row, 1976.

JUNG, Carl, *Man and His Symbols,* Nueva York, Doubleday, 1964. (Trad. esp.: *El hombre y sus símbolos,* Barcelona, Ediciones Paidós Ibérica, 2002.)

— *Memories, Dreams, Reflexions,* Nueva York, Vintage Books, 1965. (Trad. esp.: *Recuerdos, sueños y pensamientos,* Barcelona, Editorial Seix Barral, 2002.)

— *The Archetypes and the Collective Unconscious,* Second edition, Princeton, Princeton University Press, 1968. (Trad. esp.: *Arquetipos e inconsciente colectivo,* Barcelona, Ediciones Paidós Ibérica, 1998.)

— «Civilization in Transition», en *Collected Works,* The Bolligen Series, vol. 10, pág. 90.

IWASAKI, Kasuaki, e Isaac ASIMOV, *Visions of the Universe,* Montrose, California, The Cosmos Store, 1981.

Kensington Ladies Society, *Ladies Own Erotica,* Berkeley, California, Ten Speed Press, 1984.

KLEIN, M. H.; P. L. MATHIEW; E. T. GENDLIN; y D. J. KIESLER, *The Experiencing Scale: A Research and Training Manual,* Bureau of Audio-Visual Instruction, Madison, University of Wisconsin Extension, 1970.

KELEMAN, Stanley, *Your Body Speaks Its Mind,* Nueva York, Simon & Schuster, 1981.

KRAMER, Joseph, *Fire on the Mountain: An Intimate Guide to Male Genital Massage,* EroSpirit Research, Inc. Disponible en USA en el *Tantra Magazine Bazaar,* 1-800-341-8272.

KRISTELLER, Paul Oskar, *Eight Philosophers of the Italian Renaissance,* Stanford, California, Stanford University Press, 1964. (Trad. esp.: *Ocho filósofos del Renacimiento italiano,* Madrid, Fondo de Cultura Económica de España, 2005.)

KRIYANANDA, Swami, *The Spiritual Science of Kriya Yoga,* Chicago, The Temple of Kriya Yoga Press, 1985.

KUHN, Thomas, *The Structure of Scientific Revolutions,* Chicago, University of Chicago Press, 1970. (Trad. esp.: *La estructura de las revoluciones científicas,* Madrid, Fondo de Cultura Económica de España, 2005.)

LACHAPELLE, Doris, y Janet BOURQUE, *Earth Festivals,* Silverton, Colorado, Finn Hill Arts, 1976.

LAME DEER, John, y Richard ERDOES, *Lame Deer: Seeker of Visions,* Nueva York, Simon & Schuster, 1976.

LARSEN, Gary, *The Far Side Gallery,* Kansas City, Andrews, McMeel and Parker, 1985.

LEVINE, Stephen, *Who Dies?* Garden City, N.Y., Anchor Books, 1982.

LEWIS, Howard R, *Growth Games,* Nueva York, Bantam Books, 1972.

LINGERMAN, Hal A. *The Healing Energies of Music,* Wheathon, Ill., The Theosophical Publishing House, 1983.

LOWEN, Alexander, *The Language of the Body,* Nueva York, Collier Books, 1971. (Trad. esp.: *El lenguaje del cuerpo,* Barcelona, Herder, 2005.)

MARIECHILD, Diane, *Motherwit,* Trumansburg, N.Y., The Crossing Press, 1981. (Trad. esp.: *El poder de la diosa: una guía para desarrollar la intuición femenina,* Barcelona, Ediciones Obelisco, 2001.)

MATTHIESSEN, Peter, *The Snow Leopard,* Nueva York, Bantam Books, 1978. (Trad. esp.: *El leopardo de las nieves,* Madrid, Ed. Siruela, 1992.)

McEvers, Joan, *Metaphysical, Spiritual and New Trends in Modern Astrology,* Minneapolis, Llewellyn Publications, 1988.

McKim, Robert H. *Experiences in Visual Thinking,* Boston, PWS Engineering, 1980.

Milne, A. A. *Winnie the Pooh,* Nueva York, Dell Publishing Company, 1982. (Trad. esp.: *Winnie de Pu,* Barcelona, Ediciones La Magrana, 1988.)

Moore, Thomas, *The Planets Within: The Astrological Psychology of Marsilio Ficino,* Lindesfarne Press, 1982, pág. 58.

— *Care of the Soul,* Nueva York, HarperCollins, 1992. (Trad. esp.: *El ciudadano del alma: cómo dar profundidad y significado a nuestras vidas,* Barcelona, Círculo de lectores, 1994.)

— (Ed), *The Education of the Heart,* Nueva York, HarperCollins, 1996.

Moreno, Joseph, *Psychodrama,* Vol. 1, Beacon, N.Y., Beacon House, 1946.

Morrison, Phillip, *Powers of Ten: A Book of the Relative Size of Things in the Universe and the Effect of Adding Another Zero,* Redding, Conn., Scientific American Library, 1982.

«Motherpeace Tarot Deck», Nueva York, U.S, Games Systems, Inc., 1981.

Mullin, Glenn, *Death and Dying in the Tibetan Tradition,* Londres, Routledge & Kegan Paul, 1986.

Mylonas, George E. *Eleusis and the Eleusinian Mysteries,* Princeton, Princeton University Press, 1961.

NASA Adventure Game, School of Public Administration 786, University of Southern California.

Neihardt, John G. *Black Elk Speaks,* Nueva York, Pocket Books, 1972. (Trad. esp.: *El alce negro habla,* Palma de Mallorca, Olañeta, 2000.)

Nichols, Michael P., y Melvin Zax, *Catharsis in Psychotherapy,* Nueva York, Gardner Press, 1977.

Nin, Anais, *Little Birds,* Nueva York, Bantam 1980. (Trad. esp.: *Pájaros de fuego,* Barcelona, Plaza & Janés, 1988.)

— *Delta of Venus,* Nueva York, Bantam, 1985. (Trad. esp.: *Delta de Venus,* Barcelona, Círculo de lectores, 1991.)

Novalis, en Christopher Bamford, «The Magic of Romance, The Cultivation of Eros from Sappho to the Troubadours», *Alexandria,* vol. 2, Grand Rapids, Mich., Phanes Press, 1993.

O'Neil, John, *Prodigal Genius: The Life of Nikola Telsa,* Nueva York, McKay (Tartan Books).

Panofsky, Erwin, *Renaissance and Renascences in Western Art,* Nueva York, Harper & Row, 1960. (Trad. esp.: *Renacimiento y renacimientos en el arte occidental,* Madrid, Alianza editorial, 2004.)

Perera, Sylvia Brinton, *Descent of the Goddess,* Toronto, Inner City Books, 1981.

Reich, Wilhelm, *The Function of the Orgasm,* Nueva York, World Publishing, 1971. (Trad. esp.: *La función del orgasmo,* Barcelona, Ediciones Paidós Ibérica, 2001.)

Reti, Ladislao, *The Unknown Leonardo,* Nueva York, McGraw-Hill, 1974.

Rice, Edward, *Eastern Definitions,* Garden City, N.Y., Anchor Doubleday, 1980.

Rolf, Ida P., *Rolfing,* Nueva York, Harper & Row, 1977. (Trad. esp.: *Rolfing: integración de las estructuras del cuerpo humano,* Barcelona, Urano, 1994.)

Rose, Jeanne, *Jeanne Rose's Herbal Body Book,* Nueva York, Putnam Publishing Group, 1976.

Rudhyar, Dane, *Astrology and the Modern Psyche*, Vancouver, Wash., CRCS Publications, 1976.

— *Person Centered Astrology*, Nueva York, Aurora Press, 1980.

Satyeswarananda, Swami Giri, *Lahiri Mahasay: The Father of Kriya Yoga*, Publicado por él mismo, 1983.

Saxe, Barry, *The Magical State of Being*, Nueva York, Arbor House, 1977.

Schermer, Barbara, «Psyche's Tasks: A Path of Initiation for Women», En *Astrology for Women*, editado por Gloria Star, St. Paul, Llewellyn, 1997.

Snow-Smith, Joanne, *The Primavera of Sandro Botticelli*, Nueva York, Peter Lang, 1993.

Spolin, Viola, *Improvisation for the Theater*, Evanston, Ill., Northwestern University Press, 1963.

Springer, Sally P., y George Deutsch, *Left Brain, Right Brain*, Edición revisada, Nueva York, Freeman, 1985. (Trad. esp.: *Cerebro izquierdo, cerebro derecho*, Barcelona, Editorial Gedisa, 1984.)

Sprinkle, Annie, y Maria Beatty, *Sluts and Goddesses*, Disponible en USA en el *Tantra Magazine Bazaar*, 1-800-341-8272.

Starhawk, *The Spiral Dance*, Nueva York, Harper & Row, 1979.

Stephenson, F. Douglas, *Gestalt Therapy Primer*, Nueva York, Jason Aronson, 1975.

Strieber, Whitley, *Communion: A True Story*, Nueva York, Morrow, 1987. (Trad. esp.: *Communión*, Barcelona, Plaza & Janés, 1988.)

Tanner, Ton, y Cynthia Connop, *Secrets of Sacred Sex*, Triple Image Film Productions, Disponible en USA en el 1-800-2LIVING.

Tarnas, Richard, *Prometeus, the Awakener*, Oxford, Uriel Press, 1993.

Walker, D. P. *Spiritual and Demonic Magic*, Notre Dame, University of Notre Dame Press, 1975.

Walsh, Robert N., y Frances Vaughan, eds, *Beyond Ego*, Los Angeles, J. P. Tarcher, 1980.

Whitmont, Edward C. *The Return of the Goddess*, Blauvelt, Nueva York, Garber Communications, 1984. (Trad. esp.: *El retorno de la diosa: el aspecto femenino de la personalidad*, Barcelona, Ediciones Paidós Ibérica, 1998.)

Wilber, Ken, *Up From Eden*, Boulder, Colorado, Shambhala, 1983. (Trad. esp.: *Después del edén: una visón transpersonal de la evolución humana*, Barcelona, Editorial Kairós, 1995.)

— *A Sociable God*, Nueva York, McGraw, 1982. (Trad. esp.: *Un Dios sociable: introducción a la sociología trascendental*, Barcelona, Editorial Kairós, 1988.)

Williamson, Ray A. *Living the Sky*, Boston, Houghton Mifflin, 1984.

Wind, Edgar, *Pagan Mysteries in the Renaissance*, Nueva York, W. W. Dutton, 1968. (Trad. esp.: *Los misterios paganos del Renacimiento*, Barcelona, Barral Editores, 1972.)

Woods, Margo, *Masturbation, Tantra and Self-Love*, San Diego, Mho and Mho Works, 1981. (Trad. esp.: *El amor a sí mismo. Tantra y Autoerotismo*, Santiago de Chile, Ed. Cuatro Vientos, 1995.)

Yates, Frances, *The Art of Memory*, Chicago, University of Chicago Press, 1966. (Trad. esp.: *El arte de la memoria*, Madrid, Ed. Siruela, 2005.)

Yogananda, Paramahansa, *Autobiography of a Yogui*, Los Angeles, Self-Realization Fellowship, 1974. (Trad. esp.: *Autobiografía de un yogui*, Buenos Aires, Siglo XX, 1960.)

Índice analítico

contrarrestar a Saturno con
Marte, 171-172; técnicas para
contrarrestar a Urano;
experimentar y transmutar a
Urano, 175-176; contrarrestar
a Urano con Saturno, 174
Erotic Interludes (Barbach), 246
erótica, vida; *ver también*
sexualidad imaginaria, 111-
112; recuerdo de, 101-102;
influida por Venus, 246
escuchar, 231
espacio sagrado, creación de, 97-98
estados oníricos, 178-179
[ilegible]
formas de danza para, 126;
Venus en, 105-107
escrúpulos, 314-315
espíritu, encarnación del, 101
espiritualidad, influida por Júpiter,
262
espiritualizar, definición, 44
¡Es tu vida! 217
evolución, 56
«Ejercicios de la Memoria
Evolutiva» (Houston), 213
éxito, 238
experiencia
anecdótica, 156; para
equilibrar los chakras, 169; en
astrología por la experiencia,
39-40, 61-63; en relación con
el alma, 38; represión de la, 83;
enseñar astrología mediante la,
76-83, 162
experiencias cercanas a la muerte,
282
experiencia sensorial
para enseñar astrología, 76, 77;
influida por Venus, 93-94,
238-240

F

facilitador, proceso para, 140, 146,
194-195
«*Fanfare for the Common Man*»
(Copeland), 126
fantasía; *ver también* imaginación
sexual, 111-112
fantasía espacial, 289
The Far Side (Larson), 289
felicidad, 52
feminidad
celebrarla en grupo, 91-97,
217; principio cósmico
femenino, 91; aparición de la,
211; influida por Neptuno,
295; reflexión sobre la, 133;
influida por Venus, 237
Ficino, Marcilio
astrología de, 44-53;
comentado, 36-44; Terapia del
Alma, 46
fiestas, 245

fiesta temática, 265
filosofías del mundo, 265
Fitzpatrick, Carl, 72
fotografía, 301
Frawley, David, 91
Freud, Sigmund, 56, 59
fronteras, experimentar las, 272-
275
Fuego
influyendo en los grupos, 190;
comunión con el, 23; enseñar
astrología por la experiencia
con, 76, 77; unión con la
Tierra, 95-96
[ilegible]
Fuller, Buckminster, 290
fútbol americano, 256

G

Gandhi, Mahatma, 172
garabatear, 157
Garin, Eugenio, 36
Géminis
formas de danza para, 126;
Venus en, 95-97
Géminis/Mercurio/Virgo, técnicas
de astrodrama, 223-235
genio, 290
gente de otras culturas, 266
galimatías, 232
Gran Madre, 28, 60
Grof, Stanislav, 64, 179
Grupos de celebración, para la
Diosa, 87
Gurdjieff, G. I., 183
gusto, experimentar, 93, 238, 240

H

habilidades, mejora de, 223-227
hablar
limitado en grupos, 188; para
enseñar astrología, 77
Hades, 70-71
Hall, Nor, 101
Hartiwick, David, 74
Herbal Body Book (Rose), 248
herida, fuerzas en, 105-107
herida chamánica, 306-308
Hermes, 223
héroe, 60
héroe, el viaje del, 200-202
The Hero with a Thousand Faces
(Campbell), 201
Hillman, James, 35, 37-39, 85
historia del nacimiento, 276
hogar, 216
hombre cósmico, 167
hombre superior, 203
horóscopo; *ver también* horóscopo
vivo
«mandala natal» del, 23, 121;
contemplación del, 130-133;
imagen sanadora del, 123;
horóscopo vivo, 98-104; como
mandala, 139-146; experiencia

participativa de, 33
horóscopo vivo; *ver también*
técnicas de astrodrama;
análisis de la carta del
horóscopo, 140; cierre, 145;
intercambio, 145-146;
establecer metas, 141;
intervenciones, 143-145;
esbozo / forma básica, 140;
planetas, 140-141, 142, 143;
interpretar papeles, 142, 143-
144; montar el escenario, 143;
variaciones, 147-148
Houston, Jean, 54

I

idolum; *ver* imaginación
imágenes
comunicación con, 118-120;
imágenes guiadas, 200, 211-
213, 276-277; sanar con, 151-
163; para los tránsitos de
Neptuno, 159-160;
fotografías, 301; para los
tránsitos de Plutón, 160-163;
para el retorno de Saturno,
155-156; para el tránsito de
Saturno, 156-157; utilizadas
con clientes, 152-154
imágenes, tableros de, 79-81, 118-
120,
imaginación
aspectos de la, 36-37; en el
astrodrama meditativo, 146-
147; y memoria, 101; relación
con la psique, 36, 39; «escuela
de», 50
imaginar, 36-39
improvisación, 136-139
incienso, 93-94
inconsciente
comparado con el ego, 287;
manifestación de símbolos
oníricos de, 128-130; personal
y colectivo, 56-57, 154, 162; y
la individuación psíquica, 56-
57, 154-162
individuación, proceso de, 56-57
infancia, 215, 216-217
influencias, efectos sobre los
chakras, 168
inframundo, 105, 305, 309
iniciación
al amor, 86; movimiento en la,
28-29
inspiración, de la belleza, 103-105
instintos, 105-107, 251
intelecto
comparado con las emociones,
187-188; relación con la
psique, 37; síntesis de, 95
intelectualismo
comparado con la experimentación, 61-62

Venus/Tauro/Libra, técnicas de
    astrodrama, 237-250
viajes al extranjero, 266
vino, cata de, 243
virgen, definida, 101
Virgo
    formas de danza para, 126;
    Venus en, 101-103
Virgo/Géminis/Mercurio, técnicas
    de astrodrama, 223-235
visualización; *ver también*
    afirmación; meditación;
    visualizaciones creativas, 211-
    213, 228
Visualización creativa (Gawain)
    212
vivir «al límite», 312

De Vita Coelitas Comparanda
    (Ficino), 41
vocablos, canto de, 300
Vogel, Karen, 219
volcán, 160-161

W
Walker, D. P., 42
The Way of the Shaman (Harner),
    233
The Way of the White Clouds
    (Govinda), 309
Who dies? (Levine), 203
Wilber, Ken, 64
Wind, Edgar, 50
Winnie the Pooh, 182

Women's Mysteries (Harding), 212
Woods, Margo, 91

Y
Yates, Frances, 51
Yo
    arquetípico, 55; descubrimien-
    to del, 105-107, 199-204,
    262, 281, 305; amor por el,
    91-92, 99-101, 189; como
    protagonista, 38
Yo/Tú, modelo de la psique, 148-
    149
Yoga Sutra (Patanjali), 166
Yogananda, Paramahansa, 167
Yukteswar, Swami Sri, 165

Índice

Segunda parte
Planetas y signos